房地产行业培训

地产精英培训系列

地产营销力

房地产广告物料的底层逻辑与使用方法

杨涛　范世兴◎著

中国经济出版社
CHINA ECONOMIC PUBLISHING HOUSE
·北京·

图书在版编目（CIP）数据

地产营销力：房地产广告物料的底层逻辑与使用方法／杨涛，范世兴著．-- 北京：中国经济出版社，2022.10（2023.1 重印）

ISBN 978－7－5136－7092－0

Ⅰ．①地… Ⅱ．①杨… ②范… Ⅲ．①房地产市场－市场营销学 Ⅳ．① F293.352

中国版本图书馆 CIP 数据核字（2022）第 168355 号

责任编辑　葛　晶
责任印制　马小宾
封面设计　任燕飞装帧设计工作室

出版发行　中国经济出版社
印 刷 者　北京柏力行彩印有限公司
经 销 者　各地新华书店
开　　本　710mm × 1000mm　1/16
印　　张　20.75
字　　数　213 千字
版　　次　2022 年 10 月第 1 版
印　　次　2023 年 1 月第 2 次
定　　价　68.00 元
广告经营许可证　京西工商广字第 8179 号

中国经济出版社　**网址** www.economyph.com　**社址** 北京市东城区安定门外大街 58 号　**邮编** 100011
本版图书如存在印装质量问题，请与本社销售中心联系调换（联系电话：010－57512564）

献给所有的地产人！

推荐语

（排名不分先后）

在房地产行业风雨飘摇的今天，必须重新理解地产营销，如何精细化管理，如何颠覆式创新，在《地产营销力》这本书中都能找到答案。作为地产营销的老兵，我有一些读后感和大家分享：

1. 营销为经营服务，理解好经营和生意本身，才能做出正确决策。

2. 做营销一要面向客户，二要面向一线营销人员（包括渠道人员），做好贝壳倡导的“对客户好，对经纪人好”，很多问题都能找到答案。

3. 做好房地产营销，要先人后事，无数事实证明：同样的项目在不同操盘手手中会有不同的命运。人是营销的核心要素。但是在过去 10 年行情大于能力的规模赛中，似乎并没有沉淀太多的具有穿越周期能力的营销人。本书提到了 disc 性格测试，我们可以在今天通过一些工具来评判一名操盘手的能力、性格、意愿、潜力，让选人更科学，成功率更高。

我特别认同作者在书中提到的认知和认知差的观点，只有不断提升认知水平，才能取得超越竞争的结果。那么，如何提升认知呢？简单的方法就是，从总经理的角度思考营销问题，要对经营、对市场、对客户有更深入的理解，要不断获取信息，在新的信息中找到经营的最佳击球点，一击即中。

——王勐　中骏集团执行总裁

从业 15 年，这是我真正意义上看到的第一本能够通过科学、量化的手段进行地产营销分析的书。在地产行业下行的大背景下，业内的同行的确需要不断进步、不断迭代，这可能也是这本书给我最大的感受。

——陈硕　远洋秦皇岛项目群营销总监

艺术源于生活，但高于生活；营销源于案场，但高于案场。本书内容深入浅出、扎实易懂，却又直击根本，充满真知灼见。实践是检验真理的唯一标准，随着行业生态及技术生态的不断变化，之于术的层面的策略也会日新月异，但本书表述的众多关于营销底层的认知却值得认真借鉴与思考。

——蔡雪梅　E-lab 创始人

不要只看射门集锦，还要了解整场赛况，理解场外战术。这本书对如何“进球”，进行了全程细致推演。

——小丰　《小丰现代汉语广告语法辞典》《七宗醉》作者

从业十余年，这是我见到的最不枯燥的地产营销专业图书，虽然采用了小说体，但是从中也能窥见各种地产营销方法，引人入胜。在市场下行的当下，这本书是营销人的必备“良药”。

——苏绪柒　地产自媒体人

营销真正该做的，是扎扎实实地把每一件事做对，就可以超越 90% 的对手，跑赢市场。当下黯淡的乱战市场，需要具有宏观、中观以及微观能力的营销洞见者，为项目“拨乱反正、拨开迷雾、拔除杂草”，照亮前程，让项目走向光明。

图灵营销这本书源于对实战的思考和总结，可以指导日常实践。一看就懂，一学就会；一本在手，操盘无忧。

——路应刚　地产自媒体人

大家都是做销售的，都深知购买是冲动决策。那么，如何让客户冲动？如何让销售更高效？从实践经验到系统方法，从故事影响力到地产营销力，我在这本书里看到了热爱、专业与善意，愿与行业好学人士一起认真阅读。

——黄章林　品牌营销专家、阿那亚研究会召集人、文旅学盟首席培训师

这是本书名就耐人寻味的书，而且书中人物的名字都是地产营销中关键问题的谐音，这让读者读起来更有代入感，物料使用场景也生动呈现，对广告和营销活动的策划很有启发。建议售楼员们人手一册认真阅读，联系售楼工作实际，为自己的思想注入新动力。

——程鸿蔚

黑铁时代，剩者为王；根植一线，降维操盘。希望这本《地产营销力》给你营养，给你启发，助你先剩后胜！

——郑振飞　山东新智盟地产策略机构董事长、《地产操盘手》作者

想在黑铁时代顺利通关到达彼岸的兄弟们，绝对不能错过涛哥这本“实战秘籍”。故事的讲述深入浅出，从无形无状的营销心理学中提取了操控运行的代码和公式。原来，广告推广不仅是“感性”的，更是“理性”的，一旦可以用“理性”驾驭“感性”，便可以如此随心所欲，得心应手。

——林瞰　上海菩悦资产运营中心总经理

行业陷入至暗时刻，范老师的新书犹如一盏明灯，给恐惧、彷徨的地产营销人指明了方向。“不是方法论无用，而是你没有去用。”项目一滞销就想到降价格、加渠道佣金，最后的命运就是被渠道绑架。地产总们躬身入局沉下心，带领团队读透这本书，用好书中的方法论，必定可以带领项目破局！

——刘显才　九龙辰品创始人

地产人在至暗时刻对抗焦虑最好的方式就是投资自己的大脑，多学习、多跨界。世兴把自己多年实战的经验和案例毫无保留地分享出来，给了还在地产行业奋战的营销伙伴们一剂“良药”。看别人的故事，思考自己的问题，愿看到这本书的地产同行可以剥开云雾见光明！

——曾筱静　抖音地产大V

范老师是一个实干派的营销人，很少做花里胡哨的东西。他来项目的第一天做的第一件事就是盘客。他经常跟我们强调“营销就是要找效率”，他也确实是这样做的。无论项目的阵地包装，还是案场的物料，抑或置业顾问的话术、说辞和接待培训，他都亲力亲为，并且把想法全部变成现实。和这样的人合作，很放心。

——郑瑞华　腾飞地产营销副总经理

小范老师是我在他的“知识星球”上认识的。当时，我把项目情况直接发到他的微信上了，没想到他竟然回复了，这样才有了后来不远千里的项目培训和合作。他们整个团队驻扎现场，深入一线，做客访，走访老社区，并从物料、说辞、出街广告等方面做了有针对性的包装，还组织了销讲大赛，给案场带来了很大变化。

——孙颢明　河北久明源房地产开发有限公司总经理

如今做房地产行业，靠的不仅是人力、体力、劳力，更多的是对行业专业知识的运用。本书从项目实战、心理战术、客户把握、内部管理、计策计谋等多方面，系统化、案例化、生动化地讲述了如何将房地产营销的作用最大化，是行业入门必备。

——郭文青　向前一步文化传播创始人

咋一看像教材，再一读是小说，细一品是涛总深耕地产营销二十余年的积累，也是他对这个行业深沉的爱。“一切答案在客户”，是指导营销人前行的底层逻辑；众多工具和方法论，让初入行业的地产小白拿来即用。在行业低迷的当下，希望“老中医”的这碗“板蓝根”，能帮助苦难的营销人从“绝望之谷”爬上来，走上“开悟之坡”。

——刘垚　中建玖合地产集团营销总监

地产营销是一门科学，以前我一直没有找到一本拿来即用的教材让大家学习。这本书我通篇阅读，非常畅快，故事案例中穿插系统理论，读来醍醐灌顶，又不枯燥乏味。在这个浮躁的行业和下行的市场里，能沉淀下来这样一本好书，实属不易。

——张智晴　鸿坤集团营销负责人

序一 | PREFACE

地产下半场，粗放营销一去不回

2018 年，在万科秋季例会上，“活下去”的口号被喊出来。

经济增速放缓、少子老龄化袭来、国家高质量发展战略实施、“三道红线”要求出台……种种因素叠加，每个房地产从业者都知道，中国房地产行业必将停止高歌猛进的扩张。

彼时，多数人的感受还只是初秋微寒，觉得还有时间购置御寒衣物，储备过冬食粮。

2020 年初，新冠肺炎疫情暴发，拨快了地产行业变革的时针。

2021 年，地产行业走出了塌陷式的行情，但暴雷、降薪、裁员、失业……波及了无数从业者和他们的家庭。

2022 年初，万科董事会主席郁亮先生说：“中国房地产行业已进入‘黑铁时代’。”在中国房地产行业发展史中，这种民间表述直接跳过了“青铜时代”，足见行业转变来得太快，大多数人都猝不及防。

作为一个地产营销人，在这个快速下滑又接连塌陷的过程中，我听到也看到了很多人的出局。有人为了还房贷和满足家庭开支，兼职开滴滴、跑代驾，我认识的一位营销总监，甚至利用每个周末跑到公园门口卖风筝补贴家用。

我还看到更多的从业者仍在局中。在甲方或乙方竭力战斗，挣扎求生。只不过那份努力，在下行的势能之中显得苍白无力。

在市场艰难的时候，地产营销人有多少种苦？招不到优秀的置业顾问团队，自渠团队没有活力，项目总下沉瞎指挥，营销中心驻场瞎指挥，没钱投广告，没钱做活动，渠道绑架……

我讲一个真实的案例。某公司城市营销总，被公司调入他负责的一个重难点项目担任项目营销总，他负责的其他项目则由集团营销中心暂时托管。同时，集团要求城市总经理要下沉管营销，集团营销中心要派人驻场支援……

于是，这个项目就变成了城市总经理、项目总、营销中心总监、营销中心策划总监、营销中心策划经理 5 个人，指挥项目营销总、策划经理、销售经理 3 个人。

这样一来，不仅造成了听不见炮火的指挥一线干活的，更严重的是外行指导内行。各个非营销部门的职能领导提要求、给建议，看起来完全贯彻了集团的方针，下指令的也都用心了。结果却是一线工作一团乱麻，生不如死地做了一堆无用功。

两个月后，那个原城市营销总被离职，然后，换人，继续；再换人，再继续……

类似的情景我见过很多，我相信你也一定见过很多，甚至正在经历着。

从什么时候开始，没钱打广告，没钱做活动，团队没干劲，好用的人招不来的？是从被分销绑架的那一刻开始的吗？

我的理解是，这真怪不到渠道分销头上。这一切，怕是从行业开始“高周转”时就埋下了隐患。我们太习惯“快”了，快到不喜欢深入思考，快到高压之下公司不给营销人扎实做事的时间，快到没有时间读书、听课……

我眼里的地产营销，多少是有一些“畸形”的。

比如广告。最普遍的地产广告，无论是文案，还是画面，都无法从任何一本专业书里找到理论依据，只有对调性、高大上、高逼格的空洞追求。哪有什么大卫 · 奥格威，哪有什么杰克 · 特劳特，哪有什么华与华……

在下行的市场周期里，普遍存在着一种非常搞笑的现象：新项目入市，一定要拔高调性，高度直逼“我是全宇宙第一”。然后，销售期画风突变，直接变成“抄底特价 6000 元 / 平方米起”。广告该做的事，一点都没做。

“我知道我的广告费浪费了一半，但不知道是哪一半。”每当我看见那些“宇宙第一”的广告时，我就想说：“你不是浪费了一半广告费，而是浪费了全部。”正是因为这样的情况大量存在，才会有“广告无用论”，才会有分销绑架论。

这些“畸形”，大多是因为“快”到没时间读书、学习造成的。所以，有时候慢一点，反而快。

比如读书，积累方法论很慢，但只有具备充足的理论基础，才能获得超越常人的认知洞察力。

比如 OKR[①]，就是一步一步突破瓶颈，直到达成目标，而这一步一步是需要时间的。

比如本书中会谈到客户访谈的重要性，要花时间找到项目中能跟客户需求真正匹配的价值点。先瞄准，再开枪。但实际上，很多人都习惯了“干就完了”。

比如，总想一招制敌，一招不行再想一招，结果半年、一年都过去了，还是原地踏步；反而是扎扎实实做动作的，两三个月就能脱胎换骨。

……

我们有两家独立运营的兄弟公司：图灵营销和金满贯销售。图灵营销致力于辅助项目提升销售力的“超级案场”服务的打造；金满贯销售致力于难点项目的大包代理。

从 2016 年公司成立至今，我们成功地啃掉了一些硬骨头，积累了一些经验，践行了一些科学方法在地产营销中的运用，并挑选了其中的一部分，写到了这本书中。

本书受艾利·高德拉特博士《目标》一书的启发，也采用了小说体。

具体原因有三：一是能力有限，写不出教科书式的严谨；二是小说体有故事情节，读起来会轻松一些；三是案例不方便实名制，谁也不愿意当那个反面典型。所以，书中提到的两个项目，是根据若干个真实案例艺术创作出的虚拟项目。我们将这两个项目以故事的形式展示出来，试图给出以下这几个问题的参考答案：

1. 陷入困局的项目，如何解套，进入正向循环？

2. 如何充分挖掘、解读、传递项目的价值？

3. 广告到底有没有用，怎么做才有用，怎么做才能解绑分销？

---

① OKR（Objectives and Key Results）即目标与关键成果法，是一套明确和跟踪目标及其完成情况的管理工具和方法，由英特尔公司创始人安迪·葛洛夫（AndyGrove）发明，并由约翰·道尔（JohnDoerr）引入谷歌使用。1999 年，OKR 在谷歌被发扬光大，之后在 Facebook、LinkedIn 等企业广泛使用。

4. 优秀的置业顾问不好招，能否通过其他办法解决接待水平的问题？

与此同时，我们对很多所谓的“行业常识”提出了质疑，试图表达我们的理解。我们认为营销没有什么大招，即便偶尔有一两个例外，那真的是例外，可遇不可求。

营销真正该做的是，扎扎实实把每一件事做对，就可以超越 90% 的对手，就可以跑赢市场。以科学的眼光来看，在现实行业中，很多事都没做对，根本就是错的。

本书绝大部分内容的撰写是由我的合伙人范世兴完成的，公司很多同事也参与了审阅、建议、修改以及素材收集、设计等工作。

2017 年，在老东家的年会上，吴老师讲了这么一句话，让我记忆犹新：“奋斗，就是每一天很难，可一年一年越来越容易；不奋斗，就是每天都很容易，可一年一年越来越难。”

彼时还没有广泛流行“长期主义”的说法，但我眼里的老东家，就是一直在践行长期主义。即使离开后，我也将这样的价值观写进了自己公司的企业文化中。

冯唐说：“在无能为力，不知道干什么的时候，就去读书。”在此时的市场行情下，除了干好手头的事，正是读书的大好时机。读书就是一件能够体现长期主义的事，吴老师那句话，在读书这件事上同样适用。

李笑来说：“哪有什么知识变现，每个人都会的东西变不了现，只有人与人之间的认知差距，才能变现。”

愿读到这本书的有缘人，能有些许收获，能使用一些工具跑赢市场，帮企业多省钱、多赚钱。

我在实践中发现，用好本书讲述的方法论，是能够跑赢市场，赚到认知差的钱的。如果企业运用方法论得当，收获的必然是亿元级的额外利润。

此时，距 3 月 28 日上海市政府宣布全城封控刚好一个月，希望疫情早点结束，希望祖国昌盛、世界和平，希望百姓能好好做事，好好过日子。

杨涛

2022 年 4 月 27 日

于郑州滨河国际新村

序二 | PREFACE
少做无用功，学了就能用

本书第一次完稿是在 2021 年 5 月中旬，之后的 7 月，郑州遭遇罕见特大暴雨，8 月疫情反弹，11 月又一波疫情来袭，2022 年元月初，疫情卷土重来。

再次执笔全身心地改稿，已经是 2022 年的春节了。这大半年来，房地产业发生了翻天覆地的变化，用四个字来形容就是“兵荒马乱”。不确定的时代，失控的行业，地产人的处境更是凄惨：降薪、辞退、失业……时代抛弃你时，从来都不会说声再见！

怎么办？跨行业转型吗？这倒是一个不错的选择。可是，平白无故地拿什么去转型？转型可不是临时抱佛脚的抢救，更不是逆风翻盘的赌注，转型是厚积薄发的结果。

我特别喜欢一句话：“仁者如射，射者正己而后发，发而不中，不怨胜己者，反求诸己而已矣。”简单来说就是，不管什么问题，归根结底都是自己的问题，都要从自己身上找原因。

谁不想追逐好的行业，谁不想去好的公司，谁又不想得到好的工作机会呢？殊不知，任何你所羡慕的行业都是潮起又潮落，阴晴又圆缺。房地产行业在高光之后，必然也会迎来市场下行，但你很难再改行。

试想：你 30 多岁了，在这个行业扎根了好多年，还想转型到风口行业，又伴随好运从头开始，想得美！

王小波说过：“生活就是个缓慢受锤的过程，人一天天老下去，奢望也一天天消失，最后变得像挨了锤的牛一样。”

所以，真正决定自己命运的，是个人的能力，让自己变强能解决 99% 的问题。管它什么黄金白银，什么破铜烂铁时代，这是我们的时代，唯有能力，穿越周期，唯有能力，是你的护身符。

看看下面这段文字：

在蜜罐子里泡了十几年的中国房地产业，终于迎来了这场风雨飘摇的严冬，无论这场行业灾难的发生有多少诱因，都脱不了自身必须深深反省的原罪！

行业巨亨，无一例外，遵从克隆，复制着成功的经验，模式制胜，迅速扩张。

这样一台又一台的“复读机”，铺满我们生活的每一座城市，掌控着行业的风向。经验模式是追逐利益成功的道路，也是走向死亡的道路。

所有人都急着赶路，没有人懂得慢慢前行；所有人都在模仿，没有人愿意创造。房子是谋求暴利的赌注，从来不是改变生活的建筑。

这个时代深深地病了。

当行业有了统一模式的出口时，也意味着灾难的发生。行业因为大多数开发商对时代的无所作为而羞耻。

然而，真正的勇者与智者，越是在灾难面前，越能显示出超越常人的力量。

是时候，为这个行业拭去灰尘了。

……

以上内容摘自2012年成都优点给麓湖的推广方案，现在看来，依然经典不过时。尤其是放到当下的房地产市场环境中，反而增添了几分戏剧色彩和讽刺意味。

地产人需要反思：我们多久没有看到过这样经得起咀嚼的案子了？多久没有执笔过这样经过深度思考的案子了？高周转提供给了甲方标准化复制的捷径，也在一定程度上剥夺了乙方专业的张力和思想的锋利。

大多数时候，思考并不是件轻松愉快的事。专业躺平的这十多年，如果习惯于粗浅的快乐，就会对那些深刻的、需要思考的内容缴械投降，躲在已经被归纳好的“真相和真理”的舒适圈内。

所以，我更喜欢亲爱的广告和知鱼广告为麓湖提供的方案里的那句文案：

我才懒得延缓或阻止一个行业的死亡。

赶快，把高周转的遗像，镶上边框。

然后，把它挂在墙上！

然后，和整个过去，告别！

时代变了，适者生存，苟且红利，剩者为王。

让自己变得更好，才是解决一切问题的关键。

2013 年，我正式进入房地产行业，一入行从事的就是广告文案写作工作。我遇到了很多新人都会遇到的困惑：不知道怎么写广告，也没有人告诉我单页应该怎么写，折页应该怎么写。领导说："反正就那些东西，品牌、地段、交通、景观、户型、物业，你看着写呗。再不行，抄会不会！"

所以，我翻阅着其他项目的物料，还有网上流传的广告作品集，在抄抄补补中写了将近一年的地产文案。好不好，有没有用，不知道，反正雄踞城央、繁华环伺、尊崇府邸、耀世典藏……都是这样写的，领导很认可，所服务的甲方很喜欢，过稿也很快，我自己好像也很有成就感。

后来，我入职了梦寐以求的行业知名广告公司，遇见了一批顶尖的从业者，他们激情满满，热衷创意，写得一手好文案，但熬夜是常态。下班后，他们会弹弹琴、喝喝酒、唱唱歌，自诩要"有趣而不无聊地加班"。他们确实教会了我一些写文案的方法和技巧，但我依然不知道文案这样写、广告这样做有没有用、有什么用?

直到 2017 年，我正式加入图灵营销，遇到了公司创始人杨涛。他在龙湖地产从业 8 年，操盘了当时龙湖地产最有难度的几个项目，素有"地产老中医"之称。这样的经历，让他真刀真枪地练出了真本事。他的成本意识和效率思维，指引我走出了多年的认知误区，也解答了我的困惑。幸得他作为我的引路人，我得以回归广告本源，开启科学有效的职业新征程。

回过头来看，以前引以为傲的"广告推广不为销售负责""广告就是广而告之，只负责传播，把人吸引来"等论调，以及受此观念影响诞生的许多纯粹追求创意、调性、逼格的房地产广告，都是一种误导，并不适用于现在的房地产市场。

以前是房地产行业的高光时刻，城市化高速发展，绝对的卖方市场，千人抢房大战，开盘即清盘……反正房子都好卖，和做不做广告、做什么广告没多大关系，很多从业者也错把行情当能力，误把运气当本事。

而现在，黄金白银时代一去不复返，房地产行业已经进入了青铜时代，有人甚至认为是赤裸裸的黑铁时代。曾经习以为常的“电梯模式”变为了“攀岩模式”，行业风口没了，红利消失了，每走一步都在考验我们的体能和实力。

王志纲老师说：“看时局，小道理要服从大道理。”这个时代的大道理就是共同富裕。在“房住不炒”的大基调下，房地产行业将回归正常行业，回归民生属性。

大环境是我们无法改变的，这本书也绝不贩卖焦虑，任何的沮丧哀怨都是在浪费生命！

从业者没有捷径可走，专业和基本功的优势将凸显。对于营销人来说，价格不是营销人所能左右的，但具有价值感的设计、解读、传递能力，或者说效率，是营销力的差距所在。书中提及的营销方法论以及销售力物料，就是房地产营销的基本功。

顾名思义，《地产营销力：房地产广告物料的底层逻辑与使用方法》这本书希望展示给从业者科学有效的广告意识和思维，书里提供的只是正向的参考和启发，而不是放之四海而皆准的标准答案，绝大部分问题的答案都是“it depends”，看情况！

这本书做了体系的搭建，你可以把它理解为一个“整理箱”，为的是让经验的积累更有价值。书中的道理并非我们原创，我们只是梳理整合，把它用到了房地产营销领域，而且收到了一定的成效。

当然，也不是说其他形式的广告、物料就是错的，我们只是选择了一种效率更高的营销路径。

书中的内容，既有杨涛老师多年营销心得的浓缩，也有我和同事在图灵营销这个平台对理论和实操进行的沉淀，希望读者一听就懂，一看就会。同时，也希望这本书能够成为一本兼具指导性和实操性的房地产广告营销指南，对你有所启发。

我一直有搜集和收藏资料的习惯，所以这次在书中引用了大量之前收集的案例，它们集中呈现了碧桂园、恒大、万科、保利、龙湖等房企的案场实践精华。当然，在写作本书的过程中，我也参阅了《奥格威谈广告》、定位经典丛书，以及华与华、叶茂中等权威作者和实效机构等营销咨询公司公开的方法、案例，同时融合了行为经济学、心理学等学科的知识。

书中虚拟了两个地产项目，分别是上篇中的别墅项目和下篇中的刚需项目。我们试图围绕这两个案例，借助一些营销方法论，展示如何让案场的区位图、项目单页、户型单页、价值展板、名片、手卡等广告物料的使用更加科学有效。

本书采用小说体，为了便于理解和记忆，主要围绕两个角色来设定故事情节，力求最大限度地还原方法论的本质并再现策略诞生的过程。书中绝大部分内容都取材于我们的真实工作经历。

成长是亘古不变的底层逻辑，希望每个还在房地产行业坚持的你，像海绵吸水一样学习，像战士战斗一样实践。走正道，向内求，掌握穿越周期的能力，一生坚持必成功！

希望这本书能成为你成长路上的垫脚石，助你向时代交付更高的价值。

可能，你会对这些营销方法论或者这套销售力物料嗤之以鼻，也可能你会觉得这些早就过时了，但无论如何，请任性地实践一次。

无它，要相信科学！

范世兴

2022 年 5 月 1 日

目　录 | CONTENTS

上　篇

下 篇

复　盘

上 篇

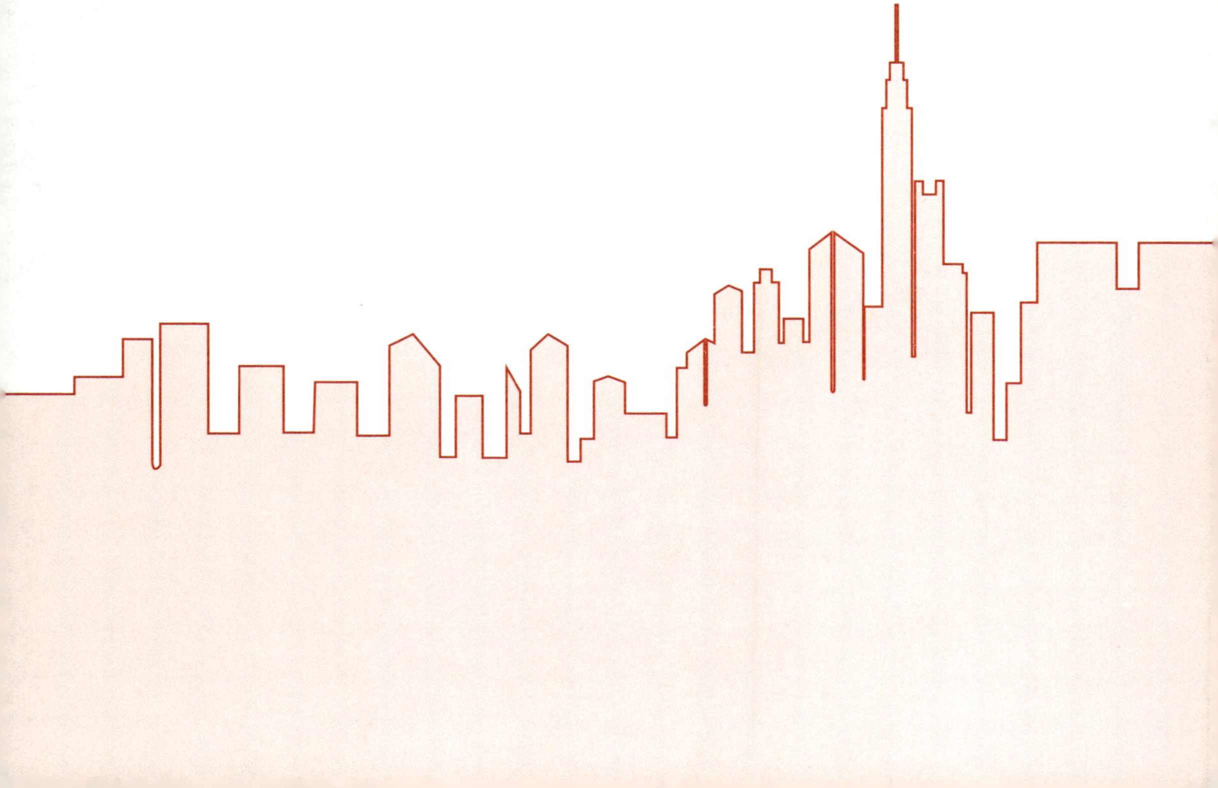

人物角色表

肖受历：图灵公司老板

赵笑律：图灵公司策划

林　沛：图灵公司策划

郭三胖：图灵公司策划

辉　哥：图灵公司文案

大　熊：图灵公司设计

刘　白：图灵公司设计总监

梅　哲：兰园营销总监

景　丽：兰园销售经理

夏　芒：兰园策划经理

崔　华：兰园策划专员

文　第：兰园置业顾问

周　爱：兰园置业顾问

赵笑律笔记

时间：2 月 23 日　地点：兰园售楼部

兰园情况介绍：

兰园，位于京州市清水区，东三环与蓝玉路交会处向东 2 公里，隶属主城区“京州新区北部区域”核心发展区，清水区东移版块，也是区域最后一个地块。

京州市是一个人口过千万的省会级城市，其中，北部区域总规划面积约 111 平方公里，将以电子信息、金融服务、科技研发为主导产业，同时，依托芙蓉湖 CBD 和万亩生态湿地、27 公里森林保护带、鸿沟河等四条滨水廊道、十余个公园系统，建成一座低碳生态、宜居宜业的现代化新城。如图 1–0–1 所示。

整个区域住宅限高 45 米，规划容积率低于 2.5，没有 15 层以上的高层建筑，主要以洋房别墅为主。

兰园西侧紧邻东三环，南侧紧邻云斯高速和北三环湖底隧道，加之东四环和北四环也在项目附近，出门即可直接上高速路或快速路，能瞬时通往京州市任一方向。

兰园距京州大学城约 3 公里，到芙蓉湖 CBD 仅需 20 分钟车程，到高铁站也不过 15 分钟车程，到一路之隔的芙蓉湖更是 10 分钟车程即达。

兰园总占地面积3000亩，是京州市三环旁“见林不见墅”的高端别墅区。整体容积率 1.3、绿化率 38.6%，堪称“芙蓉湖 CBD 修养身心的城市后花园”。

兰园也是一个追求极致艺术的楼盘。在京州市，如果兰园称自己是艺术楼盘第二，没有任何一个楼盘敢自称第一。它对艺术的偏执，从案名上就可见一斑。

一期名为塞尚的森林，产品为法式独栋 + 联排别墅；

二期名为达利的花园，产品为法式双拼别墅 + 洋房 + 小高层；

三期名为卢梭的艺境，产品为新亚洲风格洋房 + 小高层；

四期名为莫奈的湖，产品为法式叠拼别墅 + 洋房 + 小高层。

每一期的园林景观都倾注了开发商总裁的个人情怀：向日葵主题园林、

玫瑰主题园林、满天星主题草坪、印象派风格全龄儿童活动区。就像兰园早期广告所写的那样：兰园的理想，就是成为兰园。

现在，兰园推出的是五期纯叠墅组团——梵高的院子，依然延续了追求极致艺术的基因，不仅打造了梵高主题儿童乐园、星空主题艺术园林，而且对样板间进行了迭代升级——装饰成了爱马仕风格。

五期梵高的院子，总占地面积 50 亩，容积率仅 0.87，绿地率为 35%。该地块本是二期达利的花园的景观示范区，随着前四期产品售罄，兰园就对景观示范区进行了地产开发。不过，这也直接导致五期叠墅紧邻二期和三期的小高层。再加上兰园拿地时间早，目前，梵高的院子还剩 51 年产权。

所不同的是，五期梵高的院子并没有延续之前的法式建筑风格，而是采用了现代风格。外立面以黄金麻石材、深棕铝型材、大面积落地窗构成，并配以 GRC 混凝土挂板，这样能带来大面积的采光面，以及良好的观景效果。

五期梵高的院子，其产品为 170—210 平方米的叠拼别墅（上叠 + 下叠），总价在 500 万—700 万元，累计 16 栋 200 套。电梯直接入户。上下叠均赠送挑高约 5.6 米（可以将三房分隔成五房）、面积约 39—138 平方米的地下室，斜坡式采光 + 三扇采光面满足地下室使用要求。同时，户户送花园（北院 26—33 平方米，南院 56—132 平方米）。

虽然每户都有两个车位的配置，但是跟其他别墅项目送车位不一样的是，兰园的车位需要花 50 万元购买。

兰园所处区域路网实在太差，仅有北边的几条新路正在修建。唯一能通往项目的主干道蓝玉路，在货车的频繁碾压下，路面早已坑坑洼洼、破烂不堪，开车经过时颠簸不已。尤其遇到下雨天气，积水现象非常严重，实在影响项目形象。

加之梅笛思国际软件园、银柯智慧谷刚刚开始建设，整个区域几乎就是一个大工地。如图 1–0–2 所示。

区域里仅有兰园和紫晶苑（机关家属院）两个高端社区，十分缺乏人气。生活配套设施更是严重不足，商业街仅有一家便利店和一家药店开业，集中式商场还停留在规划图纸上；虽然签约的艾利斯顿国际小学已经开学，但是幼儿园和中学何时落地还在洽谈中。

在营销推广上，兰园更是要将“艺术”进行到底。售楼部活动是梵高艺术展、3D 沉浸式艺术展、米其林梦幻美食节；广告打造的视觉效果是蒂芙尼蓝，主画面风格是安迪沃霍尔的波普艺术，广告语调性十足——“一号人物的世界名片”“世界豪宅　献礼大人物”。

实际销售情况是，200 套叠墅，累计去化 39 套。2021 年蓄客三个月，6 月份开盘卖了 32 套，之后的两个月每个月能卖两三套，但是最近半年只卖了 2 套。

销售业绩一直不见起色，集团频频施压，各条线领导纷纷指导救火，操盘手几度换人，仍无济于事。眼下，营销费用更是捉襟见肘，而佣金提高到 30 万元 / 套，分销都不愿意合作。更严重的是，团队士气低落，已经掀起离职风波。

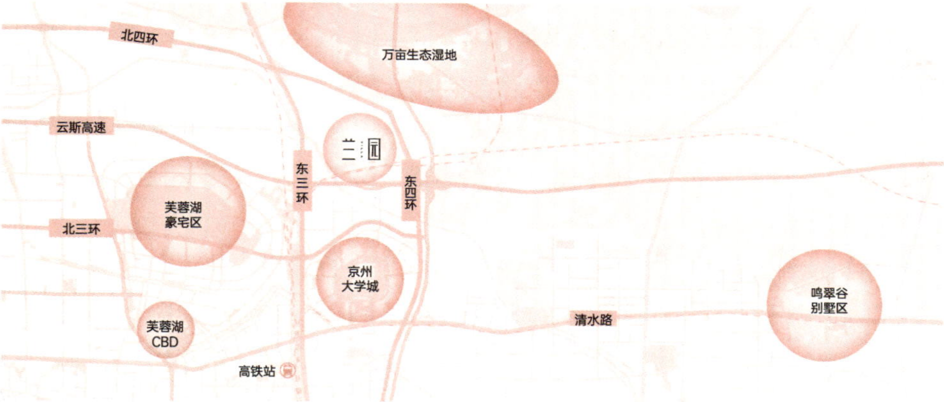

图 1-0-1　兰园在京州市的竞争格局

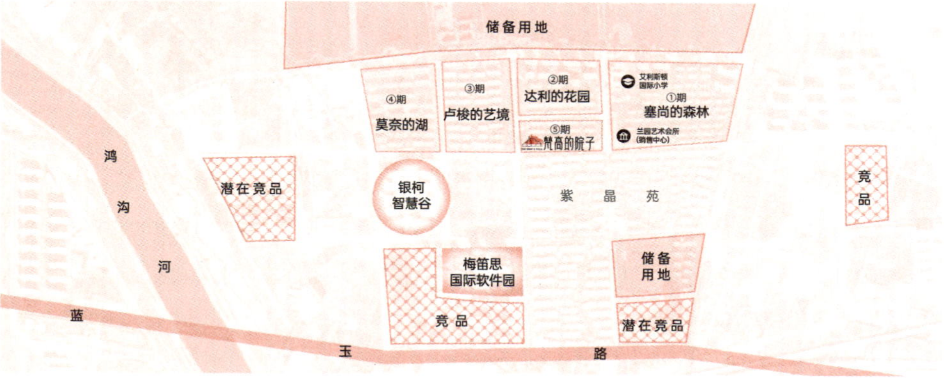

图 1-0-2　兰园区域现状

1. 雪上加霜——费用少、卖不动，团队动荡

第 1 天　阴转小雨　风力 3-4 级

天空犹如生气的孩子的脸，上午还只是有些阴沉，这会就下起了淅淅沥沥的小雨，雨点密密地斜织着打在窗台上，溅起一片片水花，打在玻璃上，发出微微的清脆声响，好像奏起了一支欢快的舞曲。

赵笑律却没有心思欣赏这些，他实在困得不行了，不停地揉眼睛、打哈欠，眼泪也止不住地往外流。兰园是他来图灵公司以后正式负责的第一个项目，今天是新的月份的开始，也是和甲方的第一次项目周例会。肖受历临时有事来不了，赵笑律便带着文案辉哥和设计大熊来了。

说好的下午 2:00 开始，现在已经快 2:40 了，还没见项目营销总监梅哲和项目销售经理景丽的影子。项目策划经理夏芒说集团领导突然到访，他们临时被叫去开会了。

赵笑律拼命眨眼抵抗，奈何困意来势汹汹，万般无奈之下，他只能起身去卫生间洗把脸，出来的时候，迎面撞见了项目策划专员崔华，他问崔华："梅总和景经理说什么时候回来了吗？我等得快困死了。"说完又打了个哈欠。

崔华无奈地摊开手，摇了摇头："谁知道什么时候回来啊！项目卖得不好，集团领导都盯着呢，今天这个来指导，明天那个来视察，谁来都要指挥一番。我 3:00 还约了活动公司说事呢，这下可好，不知道要等到什么时候，真是耽误事！哎，这大周一的就不让人好过。"

赵笑律本想安抚一下，也不知道该说些什么，只能勉强挤出一丝微笑，说："好吧，再等等吧，估计也快来了。"

赵笑律并没有进会议室，而是直接下到了一楼案场。虽然是第二次来兰园，但他依然震惊于案场的艺术包装。因为景丽和肖受历私交的缘故，上一周来时，双方已经达成了口头合作协议，当时赵笑律就对案场喜欢得不得了，当场拍了很多照片。

"既然开会时间不定，干脆好好感受一下艺术气息，提升一下审美吧。"赵笑律心里默默地想着，便开始仔细地端详起来。不过，他只能凭着印象中置业顾问的讲解回忆个大概。

案场的挂画和楼上会议室里的一样，都采用丙烯颜料配工笔山水，中西合璧，碰撞出独特的美感。至于意境什么的，赵笑律就看不出个所以然了。洽谈区沙发全部采用丝绒质地泼墨山水笔触，原料供货商和爱马仕的专用供货商是姊妹品牌。桌面摆设也颇为讲究，圆盘方桌是“天圆地方”的体现。

售楼部随处可见的雕塑作品、艺术摆件的风格或古典或现代，风格迥异，生动有趣，俨然一个文化展览馆。最震撼的是，沙盘顶部那几千根水晶棒，由黑白灰构成的六种渐变色系，再现了玉兰花经典元素。不过，偌大的售楼部除了一个大沙盘、墙上的 LED 大屏幕，以及几个证件公示展板外，并没有更多的销售物料。

可能是天气的缘故，案场并没有客户，只有保洁阿姨在擦拭着户型模型。置业顾问也都无所事事，无精打采地坐在接待台后面，他们都把头埋得很低，以至于赵笑律走到接待台正对面时，基本上看不到他们的头。

快走到售楼部大门时，赵笑律看见了轮值的置业顾问周爱，周爱正低头看着手机，并没有注意到赵笑律。上周赵笑律和肖受历来兰园时，景丽就是安排周爱来接待的。那次，周爱讲解完之后，肖受历很满意，当时就对赵笑律夸赞道：“还不错，销售说辞熟练，介绍也很详尽，一个滞销楼盘能留住这么好的置业顾问很不容易了。”

正在这时，赵笑律透过玻璃大门，看见不远处一名形象岗正举着伞护送两个客户往售楼部这边走来。到了门口，形象岗拿走雨伞，赵笑律才看清是一对中年夫妻。等形象岗拉开门，客户走了进来，周爱这才不慌不忙地收起手机迎了上去：

“您好。咱们是第一次来吗，有没有联系过我们的置业顾问？”

“第一次来。”男客户说。

“我叫周爱，是二位的置业顾问。”周爱回答。

“你们这路是真差，坑坑洼洼，还有积水，脏死了。”女客户一边整理衣服，一边抱怨。

“非常抱歉，路确实不太好。不过，这件事已经提上日程了，下个月就会修。”周爱向顾客解释着。

赵笑律见有客户来，便跟了上去听听。

“咱们兰园紧邻芙蓉湖，距高铁站车程仅 10 分钟，旁边就是东三环。目前在售的是五期梵高的院子，不仅打造了梵高主题的儿童乐园，还创新性地规划了星空主题艺术园林。二位考虑多大面积的户型呢？”周爱直接问。

“呃……”中年夫妻彼此看了一眼，不知道怎么回答。

“我们这的户型面积在170—210平方米，都是叠拼别墅，上下叠都做到了独门独院，二位想买多大面积？”周爱又问。

“不知道啊，我们先看看吧。”女客户说。

“在您的私家花园里，可以约朋友来BBQ，可以举办各种party。咱们的售楼部就是会所，设置了多种公共空间，能充分满足业主的社交需求。除此之外，三楼还设置了一个可变空间，会不定期举办各种艺术展，这些照片拍摄的都是之前做过的展览活动。另外，五期的样板间也进行了迭代升级，装饰成了爱马仕风格，咱们去看看吧。”周爱也不看客户的反应，一股脑地说了很多。

赵笑律疑惑地打量着周爱，这个戴着CHANEL耳环的女孩，并没有按照正常流程接待客户，让人感觉有点急于成交，而且整个人的状态也不好，没有太多激情，这和上次给肖受历和赵笑律讲解时的周爱判若两人。

赵笑律便不再听了，他推开售楼部大门，想出去透透气。

两侧墙体融入竹子和鲜美的芳草，分列的樱花和海棠正繁花似锦。不远处层层递进的叠水装点出仪式感，清澈的水面在雨水的敲打下，正泛起层层涟漪。

一阵风吹来，虽然已是三月，但春寒料峭，赵笑律不禁打了个冷战，顿时清醒了很多，也不再瞌睡了。他裹了裹衣服，转身进了售楼部。

回到会议室，旁边的大熊和辉哥都趴着睡着了，其他人则低头刷起了手机。

3:10左右，赵笑律隐隐约约听到一阵急促的高跟鞋碰撞地板的声音。这时，策划崔华赶紧提醒：“领导来了！领导来了！”销售主管立即收起手机，赵笑律也赶忙叫醒了大熊和辉哥。

果然，高跟鞋的声音越来越近，不一会儿工夫，营销总监梅哲急匆匆地闪进了会议室，销售经理景丽紧随其后。落座后，梅哲扫视了一圈，很和善地说：“临时有点事耽误了，今天的会议由景经理来主持。”梅哲说完看向了景丽，说道：“景经理，开始吧！”

赵笑律正诧异着，景丽正了正身子说道：“我和梅总一会还要去集团开会，今天的会议只有20分钟，你们捡重点说。”

景丽环顾了一圈，见夏芒不在，便示意崔华来汇报。崔华愣了一下，便按照正常流程汇报了起来。好在周报平时都是他写的，正好对内容也非常熟悉。

当大家刚把注意力放到投影上时，赵笑律听到一声关门声，他回过头发现，梅哲已经出去了。这时，景丽直接打断了崔华的汇报，说："这几页过，市场这些就不要说了。"

这时夏芒也进来了，他预感到气氛不对，便悄悄地找了个靠里的座位坐了下来。崔华并没有注意到夏芒的进来，赶紧翻到上月的营销总结部分，刚讲了三页，景丽又打断了他，说："停停停，总结这些也过，直接告诉我这周要怎么办？"

崔华有些不知所措，小心翼翼地汇报了这周的工作计划。

"没了？就这些？"景丽皱着眉头盯着崔华。崔华已经有点胆怯了。在这个项目快两年了，也和景丽共事了两年，他很清楚景丽的脾气，预感到一场暴风雨就要来了。

崔华小声地说："没……没了……"然后看向了坐在斜对面的夏芒，似乎在向他求救。但夏芒假装没看见，并没有吱声。

"这周要做的艺术展活动和上个月那场名画展活动有什么区别？不是一样的吗？上个月做了以后，来访了多少组客户？成交了几套？你们心里没个数吗？没有效果的活动为什么还要提？就不知道动脑筋想点新活动！"

景丽看了看手机，向后靠了靠身子，抬高嗓门吼道："夏芒呢？人呢？"夏芒赶紧往前倾了倾身子，抿着嘴，默不作声。

"坐那么远干什么？"景丽生气地问道，"这方案你看了吗？又在提拿特价房当噱头，上个月没有特价房吗？上上个月没有特价房吗？结果卖了几套？你们天天都在干吗呢？就这个工作态度，房子能卖好吗？成天懒懒散散，有点困难就想躺平，上个月我们已经被集团通报批评，黄牌警告了。我们项目这么好的位置，这么好的产品，半年只卖了 2 套，卖成这个鬼样子，怎么还有脸向集团要钱做活动、投广告？"

此时，赵笑律已经有点坐立不安了，他的肾上腺素开始加速分泌了。和这样的领导共事，确实很可怕，这是赵笑律第二次见景丽了，她比上个星期看起来更憔悴了。虽然才 34 岁，但特别沧桑，身材瘦削，皮肤暗淡无光，脸上也长满了痘痘。景丽事业心极强，能拼能干，做事雷厉风行，从置业顾问一路做到今天的销售经理，至今单身。“熬最晚的夜，敷最贵的面膜”，就是她最真实的写照。

夏芒嘴里念念有词，看得出他已经心生不满了，小声地抱怨道：“我们也没闲着啊，天天都在熬夜加班啊，已经尽了最大努力了。”

景丽直直地瞪着他训斥道：“别给自己脸上贴金了，苦劳能当饭吃吗？每个月售楼部几十万元的成本支出，就卖了这点房子，还好意思叫苦吗？”

“市场不好，客户都在观望，我们能有什么办法？”夏芒依旧不依不饶。

“还抱怨起环境了啊，就你自己市场不好，别人就好吗？别人不照样一个月卖一二十套。自己没能力就说没能力，还怪罪大环境，怎么你到哪儿，哪儿的大环境就不好啊，你是破坏大环境的人啊！我很确定地告诉你，集团马上要裁员了，可能还会降薪，如果你没有办法在这里推动工作，解决问题，不如趁早卷铺盖走人！”景丽的怒火更旺了。

“我们项目又不降价，客户都嫌贵。现在活动不让做了，广告也不让投了，价格又没优势，分销还不愿意合作，我们拿什么卖过别人？”夏芒也有些急眼了，这几个月以来的销售压力确实压垮了太多人，他也濒临崩溃。

景丽大发雷霆：“降价你就能卖好了？我没时间听你们的借口了，我也不需要任何解释，我需要的是实际表现，我需要的是卖房，我需要的是业绩！”

夏芒正想回嘴，景丽却伸出手摆了摆，制止了他。

末了，景丽停顿了片刻，看向赵笑律，说道：“肖总今天没来，你回去转告一下，我们项目这种情况该怎么办？尽快提交一个方案，要不然老是这样不卖房，对咱们也不利。”

赵笑律用力点点头，说：“嗯，好的。”

“我要去集团开会了，你们有需要的话，可以再沟通沟通。”说完，景丽就起身离开了。

崔华顿时松了口气，尴尬地朝赵笑律笑了笑。夏芒似乎还在气头上，一言不发地低着头刷起了手机。

“你不是约了活动公司开会吗？”赵笑律看向崔华，问道。

“改到明天了。”崔华回答。

一直到会议结束，赵笑律也没见梅哲回来。

“梅总今天是怎么啦？还没开完会就走了。”赵笑律忍不住问道。

崔华摇了摇头，说：“我也不知道，以前都是梅总主持会议的，他很少缺席。”

夏芒看着赵笑律，诡异地笑了笑：“呵呵，你懂的。”

回到公司已经下午 5:00 了，肖受历正好在办公室，赵笑律便向他详细汇报了今天开会的情况。“晚些时候我跟景丽通个电话，之后咱俩再沟通。”肖受历说完便点了一根烟，一番吞云吐雾之后，又补充道：“你顺便找策划要一下最近几个月的月报，还有成交客户的数据分析。”

“好的，没问题。”赵笑律回答，随即便给崔华打了个电话，崔华很快就把资料发到了他的微信上，并留了一段语音：我把周报也发你了一些。不过，我觉得你们参考的价值并不大，因为里面提到的很多活动、销售政策都没有落地。我们总裁特别讲究审美，她把个人情怀都注入到了这个项目上，坚持以艺术为主线，在推广、活动上也追求调性，但是很多想法都太虚了，执行不了。

平时上下班路上，赵笑律确实在公交候车亭、路牌上看到过兰园的广告，但广告的审美是他这个直男理解不了的。所以，当肖受历告诉他让他负责兰园这个项目时，他第一时间就订阅了一门西方艺术课。

赵笑律正翻看着兰园的资料，不知过了多久，突然听到肖受历在喊他的名字，便快速起身，一路小跑着过去了。

此时，雨依然在淅淅沥沥地下着，像是在窗外挂了一层帘子。肖受历的办公室大门敞开着，赵笑律径直走了进去。见肖受历拿着手机，正在拨通景丽的电话。他转过身来，示意赵笑律坐下。这时电话通了，肖受历也坐了下来，并把手机开成外放，放在两人中间的桌子上。

“景经理，这会有空了吗？”肖受历问。

“肖总，我刚开完集团的会议，正在回项目的路上，一会还要去开销售的晚会。”景丽略显疲惫地回答。

“嗯，那我们简单聊一聊吧。今天什么情况啊？”肖受历试探着问。

“我先说一下集团的人事变动，梅总要被集团调到其他项目了，兰园这个项目目前没有合适的营销总接替，所以就暂时让我来统管整个项目。”景丽说道。

“啊？这么突然？究竟发生了什么？”肖受历一脸惊讶。

“我都见怪不怪了，梅总已经是项目第三任营销总了。梅总来的这两个月，一套房子也没有卖，虽然有市场的原因，但卖得这么差实在说不过去，正好集团资金也紧张，正准备考虑裁员和降薪呢。说好听点，梅总是调走了，其实就是被裁掉了。”景丽无奈地解释着。

肖受历下意识地点点头，附和了一句：“市场确实挺差的，那梅总运气也够背的。”

“其实，梅总是被集团硬塞过来的。梅总当时在集团另一个刚需盘上，项目卖得很好，但兰园没有营销总，就把他调过来了。不像其他项目那么灵活，兰园是集团的标杆，总裁花了很多心思，各方面都很重视。尤其在广告推广上，也是力求美、好看。你想啊，一个大老爷们，天天被要求美，要求艺术，多痛苦啊。我在公司待了四五年了，能理解总裁的喜好，梅总完全是被逼着接受的。”此时，明显感到景丽的语气缓和了很多。

“强扭的瓜不甜呐！”

“可不是嘛，岂止是不甜，还有毒！今天下午，没预先通知，集团几个领导就直接来项目上了，其实就是来试探和问责梅总的，见着梅总就直截了当地问他接下来打算怎么卖房子？

梅总说该用的招都用过了，现在必须降价，并大幅提高分销激励。集团领导一听就来气了，说：‘要是这么简单，要你有什么用？’他们说话也不好听，当场就说要是这个月业绩还没有提升，就把梅总换掉。

梅总也受不了这气，直接呛集团领导：‘你们集团的人就知道动嘴，卖得不好了，就这个来指导，那个也来指导，有本事你们来卖啊。’结果双方闹得很不愉快。

梅总当时就打算不干了，周例会也不想参加了，我劝了他好一会，他才不情愿地去了，并强调由我主持。谁知道在会议室坐了不到五分钟就走了，之后再也没回来。后来，我回集团开会，就是要讨论梅总的去留问题。”

“哈哈，梅总也是个直性子，被逼得没法了。”

“我今天还领了一面旗子呢，绿色的，上面写着‘最熊操盘手’。”

“啊？还有这样的操作呢？”

“是啊，也不知道哪个副总裁从哪个知名房企带来的‘先进’经验，要求集团所有项目每个月都要评选一次。除了销售业绩占大头之外，还要考核项目每个月的来访量、举办活动的新颖度以及广告画面、朋友圈海报的美感、调性等，最后计算总分，得分最低的就送一面‘最熊操盘手’的绿色旗子，得分最高的获得‘最牛操盘手’的红色旗子，倒数第二名会发黄牌警告。同时，在集团月度大会上公布相关情况，操盘手要亲自上台领旗子，不能代领。这面旗子本来是给梅总的，结果梅总要撤了，就给我了，哈哈……”景丽自嘲道。

“那你也真够点背的，成了背锅侠。”

“集团本来说梅总走了就不发这个旗子了，但是考虑到要公平、公正，所以就让我先领走，还要求一定要挂在自己办公室最显眼的位置，时不时还会派人来检查。一旦发现旗子没挂起来，直接罚款1000元，见一次罚一次！”景丽气愤地又补充了两句。

“那这个要挂到什么时候啊？”

“直到下一个月度会议，新排名出来为止。”

“哎哟，这可真够损的啊！”

“可不是吗！其实最悲催的还是梅总，两个月前，他负责的刚需项目卖得特别好，他是‘最牛操盘手’，这回来兰园了，先是被黄牌警告，现在又成了‘最熊操盘手’。”

“这就跟坐过山车一样，高光时刻与低谷全经历过了。不过，最终还是业绩说了算！”

“所以啊，肖总，我急需你的帮助。咱俩认识也一年了，你知道我是销售出身，没干过营销，这方面你是专业的。我为什么敢接兰园营销总监的职位，就是因为我今天再次向集团推荐了你们，集团算是默认了。如果集团不同意和你们合作，我也没那个底气在这个节骨眼上揽下这一摊子事！”景丽不无恳求地跟肖受历说。

“感谢景经理信任，我们压力山大啊！”肖受历下意识地点着头。

“有压力，才有动力嘛。”

“那集团有什么支持吗？比如营销费用上……”

“营销费用很难批下来，因为前两个月做了两场大活动，还签了一年路名牌的广告位，钱已经花光了，集团也不愿意再投入了。”

“那这很棘手啊！”

“所以才会找你啊，谁让你是‘地产老中医’呢！”

“哈哈，老中医也没有起死回生的灵丹妙药啊！你们没有营销费用，那换个物料的钱总有吧？”

“这个肯定有，要不也太寒碜了，就是大活动、新广告的投入没有了。”

“那还差不多。”

“肖总，还有更棘手的事，就是集团要求一个月见效。”

“这太急了啊！这不是立马就能见效的事啊。你都说我是‘老中医’了，中医就是稳扎稳打，逐步见效的。”

“哈哈，我也知道不现实，所以，跟集团争取了两个月，不能更长了，只有两个月。如果情况持续恶化，甚至连两个月都没法给你，现在已经有置业顾问在提辞职了。”景丽略显焦虑地说。

“好吧，我们只能全力以赴了，希望两个月之内有起色，让集团看到变化，然后再考虑两个月之后的事。”

“另外，就是合作分销的事。我们早就联系了几家分销公司，但是人家都不感冒，觉得这项目都卖不动，再给带客户就是浪费，我们都把佣金提高到30万元/套了，他们还是不太愿意合作。我一直在约各个分销公司负责人吃饭，明天晚上约了一个，争取早点把这事确定下来！”

“你们集团是怎么想的啊？营销推广不愿意多投入一分钱，分销佣金却这么高，而且还求着人家合作？”

“没办法，分销见效快，这个节骨眼了，先多卖点房子活下去吧。”

“行吧。”

“我们也要参与集团的月度评选吗？万一画面审美拖你后腿，得个黄牌警告或者来个‘最熊操盘手’，我可担待不起啊！”

“这个再说吧，眼下最重要的是卖出房子。”

“行吧。”

“肖总，明天上午你们再来开个会吧，集团派发了很多工作任务，咱们一起商量一下。”

“可以，明天上午几点？”

“暂定9:30吧，有变动我再通知你。”

“行，没问题！”

“肖总，我先去路边吃碗拉面，大半天都没吃东西了，早就饿了，一会还要去开案场的销售晚会。”

“好的，你这真够辛苦的。明天见！”

挂断了电话，肖受历拿起桌子上的烟和打火机，迅速点燃了一根烟。他一边吞云吐雾，一边感叹道：“行业是真动荡啊，做营销的永远都是最苦逼、最高危的。以前卖不好，大不了换个广告公司背锅，再不济干掉一个策划背锅。现如今，连营销总也自身难保了。”

“没想到梅总真的不干了，太突然了！”赵笑律说。

“是啊，也就是这一天的事。”肖受历说。

“肖哥，今天开完会我跟崔华聊了一会，他说现在大家的状态都不好，没干劲，每天就是开各种会，不停地加班写方案、想活动，给领导汇报吧，也是各种批评，之后就会陷入再想、再改、再被否决的无限循环中，以至于现在都不知道要干什么了，好像干什么都是错的。”

“方向不对，努力白费，他们太缺战略指导了。”

“关键你说没指导吧，那集团领导隔三岔五就会来开会、出招，也没少忙活！”

“可不是吗，项目难卖了，集团各条线的领导都要掺合一下，结果就是一个人干活，N 多人指挥。关键还都不专业，团队只能跟着瞎忙了，营销毕竟不是试出来的，也不是大干快上全面撒网什么都要干。”肖受历喝了口茶，接着说。

“营销总也很难啊，背负着任务指标，却根本不给时间扎扎实实地狠抓案场基本功，老板就想赶快上个动作，恨不得立刻就见效，马上就卖房。”

“崔华还说到了一个小插曲，每次汇报方案的时候，梅总都是不吭声。他会先问一遍大家的意见，如果大部分人都觉得这个想法很好，梅总就会一阵猛夸，然后当着所有人的面说：‘你说得太好了，这个事就交给你负责了。’后来，他们再有什么想法也都不敢提了，生怕给自己找麻烦。”

“哈哈，还能这样啊。”肖受历又喝口茶，接着说，“行吧，我们就不操心甲方内部的事了，做好自己分内的工作吧。”说完，肖受历看向了赵笑律：“怎么样啊，刚才景丽打电话你都听见了，对这个项目有什么感受啊？”

“好难啊，我觉得广告推广解决不了兰园这个项目的问题。”赵笑律说。

肖受历给赵笑律添了杯茶，笑着说：“那不正好能体现我们的优势和价值嘛。”

“可是，肖哥，我们毕竟是个广告公司啊。”

“我们确实是广告公司，但营销才是我们的内核。”肖受历又吞云吐雾了一番，严肃地说，“谁告诉你广告公司就解决不了销售的问题？”赵笑律怔怔地望着肖受历，不知道怎么回答。

“你不是看过《一个广告人的自白》吗，大卫·奥格威怎么说的？做广告的目的是什么？卖产品。同样地，房地产项目做广告的目的是什么？卖房，对不对？”

“嗯嗯。”赵笑律点点头。

“不只是你，还有很多同行，有些甚至是业内资深人士，都说广告是解决传播的问题，卖房子是销售的事。这特别让我费解，同样是做广告，怎么其他行业做广告是为了销售，而到了房地产行业，广告就不为销售负责了呢？”

“我刚入行的时候就听过一种说法：广告分两种，房地产广告和其他。”赵笑律补充道。

“这还标新立异出了一个房地产广告门派，难怪要违背常理呢。不过，这也不怪你们，从你们入行第一天开始就被带跑偏了，这也是为什么之前有些广告公司的朋友来我们这上班很痛苦，待一两个月就受不了辞职了。本质上是因为他们觉得我们这天天提营销，根本不是广告公司，更像是代理公司。”肖受历说。

“其实，刚开始我也不太适应。”赵笑律不好意思地笑了笑，接着说，“但是，看了公司总结的营销方法论，还有推荐的书，我觉得广告人就应该向营销人转变。传播只是营销的一部分，广告人应该拓展自己的能力边界，除了要懂传播，还要懂产品、懂定价、懂渠道。”

“营销是系统的、全面的，不是你做个事件炒作或者搞一次噱头传播就能解决问题的。我们为甲方服务，就是要帮甲方建立正确的营销观，并通过成体系的营销动作，帮助他们提高效率多卖房。”

肖受历说完便起身走向旁边的书架，他一边找书，一边头也不回地问道“兰园的月报和成交客户分析资料要到了吗？”

“已经发我了。”赵笑律回答。

“记得也发我一份。”

“好的！”

肖受历很快便找到了一本书，转过身直接递给了赵笑律：“《目标》这本书你拿去看，一定要看，接下来的工作用得上。”

赵笑律赶紧起身接过书，书很厚很沉。他扫了一眼封面，赫然写着“企业管理小说成功典范”“简单而有效的常识管理”。赵笑律第一次知道这本书，他正疑惑着：一本看似和营销无关的书怎么会对工作有帮助呢？

肖受历打断了他的思考："今天先这样吧，回去把兰园发来的资料看看，明天上午我们去兰园开会，你也先想想下一步项目要怎么办。"

"好的，肖哥。"

赵笑律起身准备离开，肖受历不忘拍拍他的肩膀，微笑着说："这个项目很有挑战性，但我保证也会很有趣！"

房地产营销工具箱

工具 1 广告人应该向营销人转变。传播只是营销的一部分，广告人应该拓展自己的能力边界，除了要懂传播，还要懂产品、懂定价、懂渠道。

工具 2 营销是系统的、全面的，不是你做个事件炒作或者搞一次噱头传播就能解决问题的。我们为甲方服务，就是要帮甲方建立正确的营销观，并通过成体系的营销动作，帮助他们提高效率多卖房。

2. 被任务捆绑——集团高压下的硬指标

第 2 天　暴雨　风力 5-6 级

赵笑律出了门才发现，雨下得比在家的时候更猛烈些了，时不时还裹来一阵狂风，刮得他分不清东南西北。赵笑律吃力地撑着伞艰难地往前走着，听着豆大的雨点打在伞上的响声，他感觉伞顷刻间便会支离破碎似的。

从家到地铁口，往常步行只需要五分钟，今天赵笑律足足走了 15 分钟才到。紧赶慢赶，好在上班并没有迟到。肖受历今天比往常提前到了公司，他没有进办公室，径直走到了赵笑律的工位前，说道："走吧，今天天气不好，早点走，免得迟到了！"

赵笑律赶紧收拾好东西，又叫上辉哥、大熊，一行四人便出发了。

上午 9：30，兰园会议室里一片寂静，除了豆大的雨点打在窗户上发出"嗒嗒嗒"的声音，像是在跳踢踏舞。窗外依然暴雨倾盆，丝毫没有减小的意思。

这是景丽正式接手兰园主持的第一个会议，所有人都正襟危坐，景丽似乎也感觉到了一丝沉闷，试图缓解紧张的气氛，便笑着看向大家："都往前坐啊，就这几个人，都这么怕我吗？"夏芒、崔华和两个销售主管便往前挪了挪，赵笑律几人也往前坐了坐。

"我先传达一下昨天下午集团会议精神。"景丽把嗓门压得很低，如果不是大家坐得近，恐怕她的声音就要完全被雨点拍打窗户的声音淹没了。

昨天下午，景丽的任命仪式由集团总裁亲自主持，除了集团营销中心班子、兰园项目总、集团 PMO（Project Management Office，项目管理办公室）成员也全体列席，足见集团当下对兰园项目销售的重视程度之高。

此次会议只有"会"没有"议"，总裁在会上总结：兰园项目目前遇到的销售困难是暂时的，销售遇阻的核心原因是项目营销团队没有贯彻落实好集团的策略。兰园作为集团的重点战略项目，从产品定位阶段就倾注了很多心血，无论是立面风格、景观手法，还是产品细节，集团都投入了大量的人力、物力来反复论证打磨，力求打造成京州市第一艺术美学生活社区，进而为集团开创一个全新的 TOP 级产品系。

集团对兰园的投资也超出了指导标准，不仅斥资6000万元打造了超一流的体验区，还聘请大师设计了京州市首屈一指的4000平方米的“城市艺术馆”级营销中心。

在营销方面，集团的战略意图一直是输出极致的艺术生活美学。从对外出街广告，到体验区、样板间，再到售楼部活动、接待过程，都要全方位进行展现。

在执行过程中，总裁认为项目始终没有达到集团的期望，导致项目的价值输出不足，没能撬动销售。本次人员调整，总裁希望景丽带领团队抓紧落实集团要求，全方面拔高兰园项目的调性。项目广告要跳出竞品，有足够的高度；案场服务标准要给客户极致尊贵的体验；现场接待人员要懂艺术，懂生活美学，真正讲出项目理念。

总裁还强调，作为集团重难点项目，PMO成员、项目总必须下沉一线，全面支持和参与兰园的营销工作，全员对销售结果负责，限时两个月，如果项目仍然没有起色，挨个问责。

听景丽传达完集团会议精神，大家都面面相觑，默不作声。赵笑律心里更是“咯噔”一下，他预感到后面的工作将会困难重重。窗外的雨还在拍打着窗户，不过，已经不是在跳踢踏舞了。雨点每敲打一次窗户，更像是在敲响一次警钟。

这时，景丽打开了投影仪，开始拆解并分配工作任务，见表1-2-1所示。

景丽一条一条地念着表格里的内容，一项一项地落实工作，所有人都瞪大眼睛盯着屏幕，仔细寻找着跟自己有关的工作事项。

赵笑律已经开始神游了，他的心情就和窗外的天空一样灰蒙蒙的。景丽每读一项工作清单，他都觉得跟雨点拍打窗户一样，那么机械、无趣。

“景总，除了这些工作，其他的呢？”夏芒不等景丽念完，便皱着眉头打断了她，“调整价格、增加分销激励的事，集团怎么说？还有咱们申请费用，投放今日头条信息流广告的事，给回复了吗？”

“集团不同意动价格，财务给我看了报表，目前的售价已经低于成本了，现在卖掉的利润缺口后面都要背回来。”景丽淡淡地说道，“目前集团定的分销佣金是30万元/套，已经占到总房款的5%了，算是市场上最高的了。项目的营销费用已经严重超标，集团不同意再增加了。至于线上广告，集团认为无法衡量效果，很有可能是白花钱，还不如给分销，卖一套付一套的费用。”

表 1-2-1 营销工作拆解

	事项	责任人	周一	周二	周三	周四	周五	周六	周日
销售线	针对内场工作制定专项考核制度	销售主管	原 8 项案场标准化、制度化考核						
	购买工装	崔华	选购			购买到位			
	说辞调整	销售主管	区域沙盘说辞	项目沙盘说辞	体验区说辞	五证说辞、品牌说辞	政策利好说辞	客户观望破解说辞	竞品 / 户型对抗说辞
	项目直播	销售主管	每天 1 次，置业顾问轮流直播，以宣传项目价值为主，全员观看并转发						
	抖音视频	销售主管	每人每天发 1 条，以解说促销政策和渲染热销氛围为主						
	个人资源拓展	销售主管	每人每天在 5 个微信群宣传项目（群人数大于 300 人），每人每天新加微信好友 5 人						
	维护老业主	销售主管	每天维护 10 个老业主，主要以微信发送消息的方式进行，内容为天气提醒、正能量新闻等						
	艺术类培训		梵高（责任人：崔华）	莫奈（责任人：夏芒）	毕加索（责任人：大熊）	塞尚（责任人：周爱）	安迪沃霍尔（责任人：销售主管）	文艺复兴三杰（责任人：销售主管）	西方艺术史（责任人：赵笑律）
	全民经纪人	销售主管	引导客户注册全民营销系统并进行定期维护，每个置业顾问每天完成 2 组任务						
案场服务	手冲咖啡	崔华	选购咖啡机	找老师		水吧员培训			
	烘焙	崔华	筛选甜品	购买烘焙机	找老师		水吧员培训		
	茶艺	崔华	选购茶台			找老师		水吧员培训	
	物业暖心服务需要的 23 种物品	崔华	确定清单并购买	眼镜布、老花镜、暖宝宝、板蓝根	充电器、挂烫机、棉签、口罩	黏毛器、指甲剪、耳挖勺	创可贴、儿童卫生巾、毛毯、尿不湿	湿巾、梳子、皮筋、鞋刷、鞋油	一次性护唇膏、护手霜、洗面奶

续表

	事项	责任人	周一	周二	周三	周四	周五	周六	周日
策划线	二季度营销策略	景丽、夏芒							
	3 月营销计划	夏芒、崔华							
	周末绘画活动	夏芒、崔华	确定分供方	画面审核	画面发制作		前宣	执行	后宣
推广公司	二季度推广策略	夏芒、崔华、赵笑律	撰写	完稿、汇总	专题会讨论				
	4 月推广计划	夏芒、崔华、赵笑律	撰写	完稿、汇总	专题会讨论				
	VI 升级	大熊	设计	完稿、汇总	专题会讨论				
	主推广语	辉哥	撰写	完稿、汇总	专题会讨论				
	一阶段画面	大熊	设计	完稿、汇总	专题会讨论				
	销售喜报刷屏稿	辉哥、大熊	每天 1 篇						
	集团品牌刷屏稿	辉哥、大熊	每天 1 篇						
	项目价值刷屏稿	辉哥、大熊	每天 1 篇						
	公众号推文	辉哥、大熊	每天 1 篇，主要内容为卖点、工程节点、阶段性活动以及物业纪实等						
	抖音直播海报	辉哥、大熊	直播海报必须提前 1 天定稿						
	销冠 / 服务之星	辉哥、大熊	每周更新单图						
	周末活动物料	辉哥、大熊		活动画面设计			前宣		后宣

景丽拆解完工作，会议室鸦雀无声，每个人都面色凝重。赵笑律心里暗暗叫苦，这个工作量，就算每天熬到凌晨也完不成啊！最关键的是，就算都按计划完成了，两个月内要靠这些动作逆转销售也是不可能的。

会议结束后，等夏芒、崔华，还有两个销售主管都离开了，景丽才转过头来对肖受历说："肖总，需要你们的全力支持啊！"

"景总，我刚没好意思问，确定要这样做吗？"肖受历苦笑道，"这工作量太大了，还没计算返工时间呢，很有可能完不成啊！"

"总裁发话了，谁也改变不了。"

"那行吧，我们全力配合。不过，我不想泼冷水哈。"

"我心里也没底，我这刚接手，先试试看效果吧，到时候再看怎么办。"景丽说。

"没问题。"肖受历看了一眼手机，接着说，"景总，还有一个事，我看时间还允许，能不能找置业顾问做一下客访，我们想了解一下成交客户的情况。"

"今天够呛啊，有两个人请假，而且你看这工作清单，今天的任务还没开始执行呢！"景丽一边收拾东西，一边说，"没事，肖总，还有时间，下次吧！"

"那行吧！"肖受历无奈地答道。

回公司的路上，雨越下越疯狂，黑沉沉的天就像要塌下来一样。狂风卷着暴雨，暴雨赶着狂风，风和雨联合起来追赶着天上的乌云。暴雨像无数条鞭子，狠命地往路上抽打，整个天地都处在混沌之中。

坑坑洼洼的蓝玉路到处都是积水，本来还愤愤不平的赵笑律，瞬间被颠簸得毫无脾气。很快，车就上了三环高架，路面平坦了许多。肖受历专心开着车，赵笑律则无聊地望着窗外，一行四人都不吭声。

"今天的工作清单都清楚了吗？"肖受历打破了沉默。

"清楚啊，我都记了。"赵笑律回过神来，有气无力地说，"我特意数了数，不包含其他的，每天固定必须完成的工作就有 13 项，这不是'13 难'吗？"

"哈哈，'13 难'，那我们占了几难？"

"'6 难'！基本上都是海报、物料设计，他们对画面要求又高，肯定得来回折腾。"赵笑律叹了口气，便把头靠在了车窗上。雨点打在车窗上，溅出星星水花，两三滴聚在一起，又顺着车窗滑落。赵笑律开始羡慕这些顺流而下的雨点了，毕竟它们才是自由的。

“任何项目都需要磨合。”肖受历笑着说道，“先配合着甲方来呗。”

“我就怕白忙活一场，房子卖不动，咱们反而成了替罪羊，还被干掉了。”赵笑律不无担忧地说。

“干掉就干掉呗，尽人事听天命！”肖受历安抚道，“这样吧，咱们就按一个月时间来合作。如果一个月后他们还是这样瞎折腾，咱们就主动终止合作，好不好？”

赵笑律被雨淋湿的心总算得到了一丝慰藉，他和辉哥、大熊三人相互看了一眼，算是默认了。

“既然这样的话，这一个月你们就挺住，辛苦一下。”肖受历停顿了片刻，末了又加一句，“说不定有转机呢！”

3. 团队濒临崩溃——忙碌不代表有价值

第 10 天　晴　风力 2-3 级

赵笑律住的地方距离公司并不远，坐地铁只需要半小时。5 号线是他的专列，每天接他上下班，风雨无阻，从不晚点，更不堵车。正是充分利用了早晚坐地铁的这一个多小时时间，他看完了图灵公司送的三本必读书目——《超级符号就是超级创意》《写给大家看的设计书》和《高效能人士的七个习惯》。

此刻的赵笑律正坐在一个角落里，车厢里人很多但并不拥挤。今天比较幸运，还能有个座位。他戴着耳机，将背包抱在胸前，头靠着车厢闭目养神。

最近的一周是赵笑律作息黑白颠倒的一周。兰园“13 难”就像一座大山，横亘在眼前，晚上加班熬夜已经是常态，书看得也少了，肖受历推荐的《目标》他才看了一半。为了避免睡过头、坐过站，赵笑律把耳机音量调到最大，这样有助于提神，让自己保持清醒。耳机里播放的是严伯钧讲的有关西方艺术课程，这是他为了做好兰园这个项目，特意花 200 块钱买的音频课。

当肖受历说要把兰园项目交给他负责时，赵笑律的内心非常忐忑，这毕竟是一个高端别墅项目，甲方还特别追求艺术性，他生怕拖了后腿，只能一个劲儿地补课。

没过多久，地铁就到站了。赵笑律走出清水东路站，一出站台，就能看到蓝天新都会。一个月前，赵笑律正是在这栋写字楼里接受了肖受历的面试，并开启了他的职业新旅程。

赵笑律学的是广告学专业，毕业 4 年，最开始是在房地产广告公司工作，写文案、写方案、写提案，大多数都是拼拼凑凑。后来又去了微信运营公司，带了个小团队，写方案、写推文，顺便学习了制作 H5 和小视频的技术。可是，他却觉得越干越没劲，甚至感觉越来越不会做广告了。

当初赵笑律选择广告学专业，是因为这个专业看起来很“酷”，还能创造商业价值。可毕业后做了 4 年房地产广告工作，不仅没觉得“酷”，更让他反省自己的工作到底有多少价值。

大卫 · 奥格威、杰克 · 特劳特、迈克尔 · 波特、叶茂中、华与华……这些行业“明灯”的理论和实践曾经让赵笑律兴奋不已，他和众多年轻人一样，受到这些“明灯”的鼓舞，怀揣着梦想与热血投身广告行业。

然而，现实却很残酷，他经常被要求绞尽脑汁想各种创意形式，一定要别人没做过的，一定要能轰动全城的，最好是不用花钱的……还有按照甲方各层级领导的“感觉”反复修改广告语，直到能体现项目的高端形象为止。设计稿也会不停地返工，更换各种画面元素，直到能凸显项目的调性为止，甚至字体的颜色、大小也要一点一点地试，直到领导们满意。而这些精心打磨的东西，大多数情况下就是一张很可能没有人会点开的朋友圈海报。当然，也可能在经历了无数个熬夜折腾之后，又改回了初稿。

赵笑律最终下定决心辞职，倒不是因为经常加班的工作强度，而是感受不到工作的意义，更看不到未来的希望。

有一天，赵笑律无意中看到了图灵公司创业一周年的纪念文章，他深受触动。这是一家号称以营销结果为导向的房地产广告公司，倡导学习型文化建设，鼓励员工看书。这让本就爱看书的赵笑律欣喜不已，他当即决定要去应聘。

果然，图灵公司最不缺的就是书了。办公区的墙边、角落，还有很多工位上都摆满了书，既有与房地产广告工作相关的案例集、字体库、包装设计、建筑设计等，还有一多半书看起来与房地产广告毫无关联，而且大多是赵笑律没看过的。想想也是，在房地产行业工作几乎把个人时间都压榨殆尽了，别说非专业书籍了，就是专业书籍都没时间去读。

肖受历的办公室也有很多书，靠墙一排的书架上已经被塞得满满当当，赵笑律还清楚地记得第一次见肖受历时的情景。当时他随着人事推门而入，肖受历正瘫坐在办公室的椅子上看书。见有人进来，他才缓缓放下跷在桌子上的腿，又放下手中的书，起身跟赵笑律打招呼。没想到，肖受历竟然是个一米八多的大高个，他皮肤有点黑，下巴留了一撮胡须，特别抢眼。

一眨眼一个月过去了，在这段时间里，赵笑律一边熟悉着图灵公司的营销方法论，一边跟着同事接触正在合作的项目：山上的度假别墅、市中心的滞销盘、商业购物广场等。赵笑律听到最多的一句话就是，不是方法论没用，而是你没用，这句话也渐渐成了他的口头禅。

可眼下，对兰园项目来说，不是方法论有用没用的问题，而是压根就用不上。赵笑律做的所有工作完全是在迎合甲方领导的喜好，根本不能解决项目的销售问题。以前项目上就能做决定的事，现在集团各条线下沉，所有工作成果他们都要审核。一个推广方案改了一个星期，至今还没确定；为了提升案场服务，需要采购一批甜品，比价了五家供应商，一直拖到周六才火急火燎地确定……这一个星期，赵笑律收到的最多的反馈意见就是“不美”“不好看”。可是怎样修改得美，怎样设计得好看呢？不知道，只能一点一点地改，一点一点地试，尽管忙活了一个星期，其实真正完成的任务并没有多少，几乎都是半成品状态。

赵笑律身心俱疲，兰园项目的工作仿佛又让他回到了之前的状态，天天瞎忙，没有任何意义，他甚至一度怀疑来到现在的公司是个错误的选择。不过，既然答应了肖受历一个月的服务期限，他只能坚持，哪怕天天加班熬夜，也要挺过这个月。

赵笑律正在梳理今天的工单，抬头的一瞬间发现有个人在向他招手。他定睛一看，竟然是肖受历。他瞥了一眼电脑上的时间，这才九点半，今天怎么来这么早。正纳闷着，便拿上笔记本电脑，紧跟着肖受历走进了办公室。

待两人坐定后，肖受历便开始摆弄茶具，接着从桌子下边拿出茶叶，一番忙活后，肖受历问道：“最近怎么样啊？”

“累啊，天天加班，感觉身体被掏空了。”赵笑律直言不讳。

“那把兰园这个项目交给你负责有压力吗？”肖受历继续问。

“老实说，不仅有压力，还有点害怕。”赵笑律微笑着说，“我很担心做不好，怕把项目做丢了，最后给公司丢脸。”

“哈哈，放心好了，别这么悲观，这不还有我坐镇呢嘛！”肖受历喝了几口茶，接着说，“昨天晚上，景丽给我打电话了。”

“啊？什么情况？”赵笑律感觉又有什么大事发生，立即打起了十二分的精神。

“你觉得呢？”

“不会又换营销总了吧？”

“那倒不至于！”

“肖哥，别神神秘秘的了，快说啊！”赵笑律有点急不可耐了。

肖受历点了一根烟，不紧不慢地说：“景丽上任也有一个星期了，集团考核的任务指标也执行一个星期了。昨天晚上，他们去团建，景丽的初衷是想犒劳一下大家，谁知道酒后各种吐槽全来了，尤其是置业顾问，一大半人说受不了，每天都是在应付各种检查，身心俱疲，都没心情接待客户了。

‘天天直播、拍视频，干脆转行做直播带货得了；每天还必须在 5 个微信群里发项目广告，不是被踢出群，就是要发红包；每天还要加 5 个微信好友，群都没有了，去哪里加好友；每天要在朋友圈发十多条项目动态，朋友直接私信要屏蔽我。’

大家越抱怨越怨，越诉苦越苦，都嚷嚷着要辞职，团队濒临解散。等大家发泄完之后，景丽当场就拿出电脑和团队一起复盘了最近一周的集团任务，发现所有事项都超期，注定不可能完成，而且毫无希望。”

赵笑律无奈地摇摇头，笑了笑，说道：“他们崩溃，我们也跟着遭殃啊，我们天天也是加班熬夜的。”

“哈哈，无意义的忙碌，本身就没有价值，还是一种内耗！”肖受历又吸了口烟，一番吞云吐雾之后，接着说，“然后大半夜的，景丽就给我打电话，说这样弄下去，不仅没有半点起色，很有可能等不到两个月，团队都没了。她打算再次跟集团申请降价，花钱做活动，并大幅提升分销激励。”

“肖哥，那你是怎么打算的？”赵笑律问。

“我劝她不要急，再看看有没有更好的办法。”

赵笑律长舒了一口气，倒显出几分轻松，笑着说：“转机真的来了啊！”

“别高兴得太早，真正的挑战还在后面呢！”肖受历给赵笑律泼了盆冷水，接着说，“集团每天的工作任务咱们该配合的正常配合，明天上午咱们俩去项目上找景丽私下沟通，顺便做一下客访。”

赵笑律微微点了点头。

“《目标》你看完了吗？”肖受历突然问道。

“看了一半了。”

“觉得怎么样？”

“小说体很容易上瘾，根本停不下来！但是最近加班熬夜太多，就没继续往下看。”

“哈哈，确实是一本很经典的书，我推荐给很多人看过，我以后要是有机会写书了，一定要写本小说体的。”

“肖哥，如果不介意，写书的事我愿意参与。”一听到写书，赵笑律顿时又兴奋了起来。

“没问题，会有这一天的。”肖受历给自己倒了杯茶，也给赵笑律续了杯，接着说，“早点看完，兰园没准马上就用得上了。”

“今天晚上争取看完！”

“还有，明天去开会的时候把《目标》也带着。”

房地产营销工具箱

工具 1 不是方法论没用，而是你没用。

工具 2 无意义的忙碌，本身就没有价值，还是一种内耗。

4. 转化率 > 来访量——寻找营销关键瓶颈

第 11 天上午　晴　风力 2-3 级

像往常一样，上午 9：30，肖受历和赵笑律来到了兰园售楼部。景丽正在开会，就让他们先去自己的办公室等候一下。

两人推开门，那面绿色的旗子就映入眼帘，尤其是“最能操盘手”几个大字特别显眼。肖受历和赵笑律相视一笑，便在沙发上坐了下来，赵笑律顺手从包里拿出《目标》翻看了起来。

大概过了 20 分钟，伴随着一阵急促的高跟鞋声，景丽瘦削的身影一闪而进。她顾不上和肖受历他们打个招呼，便抓起桌子上的水杯，咕咚咕咚喝了几大口，然后就顺势一屁股瘫坐在了椅子上。

“肖总，你们可来了，快来拯救我于水深火热之中吧！”景丽说完长叹了一口气。

肖受历笑了笑，正准备答话时，景丽又说道：“本来昨天就想让你们来的，但是集团各条线领导天天都来指导工作，会一个接一个地开，每个领导来，我都要把这半年内做过的所有动作重复一遍。项目例会也不让我主导了，审核流程也变长了，我什么也拍不了板，我都不知道我这个营销总当得有什么意义。我私下跟领导反映，集团定的任务指标不合理，他们说我又在找理由。”

景丽一口气说了很多，把这么多天来内心的压抑和不爽全部倾泻了出来。

“你也是背锅侠，刚上任就卷入这场混乱中。”肖受历试图安慰她。

“昨天晚上，集团副总裁还当着所有人的面批评我，说让我上任是为了拯救这个项目，拯救这个差劲的团队，可我却做得一团糟，还不如梅总呢。”景丽说着说着就哽咽了，“我快坚持不住了，大家也都要崩溃了，团队快要解散了。”

肖受历和赵笑律面面相觑，都不知道该怎么办。这么多天的连轴转，对一个刚上任的女营销总来说，确实是不能承受的工作之重。景丽也意识到自己有些失态，迅速抽了一张纸巾，擦了擦眼角，又捋了捋头发，问道：“肖总，你觉得这个项目该怎么办啊？还有没有救啊？”

“集团的做法太聚焦‘销’而忽略了‘营’，更关注短期效果，存在一定的风险隐患。”肖受历说，“景总，我第一次来兰园，看完体验区和样板间，心里就踏实多了。产品本身并没有什么硬伤，一定是其他什么地方做错了。”

景丽听到这，顿时就来了兴趣，像突然间抓住了救命稻草一样，立即从椅子上坐了起来，问：“那我应该从哪里着手？接下来该怎么办？我一点头绪都没有。”

赵笑律这才得以看清景丽的面容，神色黯淡，满脸疲惫，眼眶也熬得通红，脸上的痘痘也比之前更严重了。

“别急，景总。”肖受历站起身，问道，“你这有白板吗？”

“有，隔壁会议室就有。”景丽也站了起来。

赵笑律预感到肖受历要开始大手笔一挥，大讲干货了。他抢先一步跑了出去，很快就把白板拉了过来，景丽示意他摆在沙发区，随即也拿着笔记本走了过来。

肖受历走到白板前面，说道：“景总，接下来咱们探讨一些理论知识，来梳理兰园遇到的问题。”

景丽点了点头，肖受历便拿起马克笔，在白板最上方写下了一个公式：成交量 = 转化率 × 来访量。“这是销售成交的万能公式，也是房地产营销的底层逻辑，任何一个楼盘的营销动作都逃不过这两件事：转化率和来访量。”

景丽看着白板，若有所思。肖受历又说道：“景总，我们先不论哪个项目，单看这个公式，你觉得首先应该专注在哪项工作上？”

“来访量啊！”景丽不假思索地回答。

“为什么呢？”肖受历追问。

“因为如果连客户都没有，怎么卖房子呢？兰园现在就是客户量太少了。”

“这样的话，兰园应该多投放广告，多做活动才对啊。”

“对，我正想跟集团申请费用呢！”景丽说。

“可是如果集团还是不批营销费用，兰园根本没钱投广告，基本的暖场活动都做不了，怎么办？”肖受历再问。

“所以，这让我很头疼啊，感觉做什么都不太对。”

“而且兰园之前也做过艺术展这样的大活动，来访量也很高啊，可是这半年卖得并不好。”肖受历刻意轻描淡写，尽量不去揭景丽的伤疤。

“嗯……”景丽一时语塞，也不知道怎么回答。

“转化率低，客户不成交，没有坚实的案场作为基础，售楼部来再多客户都是白搭。只有转化率高了，销售的‘杀客’能力强了，才能不浪费每一组客户，所以，营销要先解决转化率的问题，再解决来访量的问题。”

景丽不再吭声，默默地做着笔记。肖受历接着说：“假如售楼部来访量很大，人气很旺盛，置业顾问就不可能花很长时间给每一位客户讲解到位，更像导游接待，走马观花似地把接待流程走一遍，甚至还会刻意筛选客户。这样就会导致真正有买房需求的客户体验变差，甚至心生不满，因为现场的落差而给项目差评，进而推断项目的产品也不行。

同样的，置业顾问每天接待几十组客户，没有时间和精力把区域、项目、产品都讲透，一天下来只能记下客户姓名，却记不清客户是谁，有什么购买意向，更别说客户的需求与痛点了。所以，一味追求高来访量更多的是心理安慰，只会徒增体力负担。来访量大、成交慢，因为认知不等于认同，更应该把精力聚焦到转化率上，客户认同项目了，更多的来访量才有价值和意义。”

肖受历又拿起马克笔，在“转化率”这三个字旁边重重地画了个圆圈。“我们再继续思考，转化率高了或低了会给项目带来什么结果？”肖受历又在“转化率”三个字下方画了两个箭头，左边箭头下方写上“高转化率”，右边箭头下方写上“低转化率”，如图 1–4–1 所示。

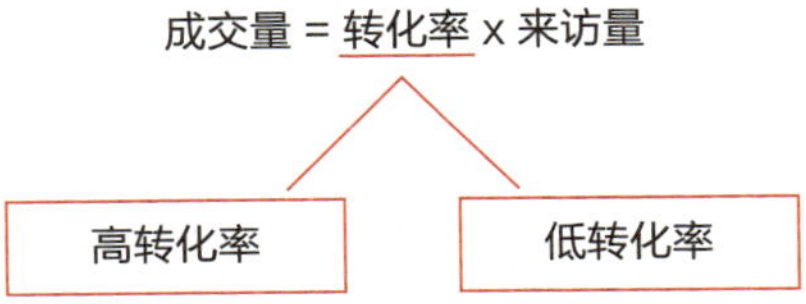

图 1–4–1　成交公式

“先看高转化率，转化率高了项目会怎样？”肖受历看向赵笑律。

“销量就上来了。”赵笑律说。

“项目必然卖得好，对吧。”肖受历接着说，“一个项目卖得好了，会带来什么好处？”

肖受历又在白板上一边写一边说：“先看分销。项目卖得好了，资金空间大，给分销结款就更及时，分销的积极性就更高，带访的量和质也就会相应提高。这样的话，即使后来适当降低佣金，分销依然愿意合作，就可以把节省下来的一部分佣金腾挪到其他需求更迫切的地方。”如图 1–4–2 所示。

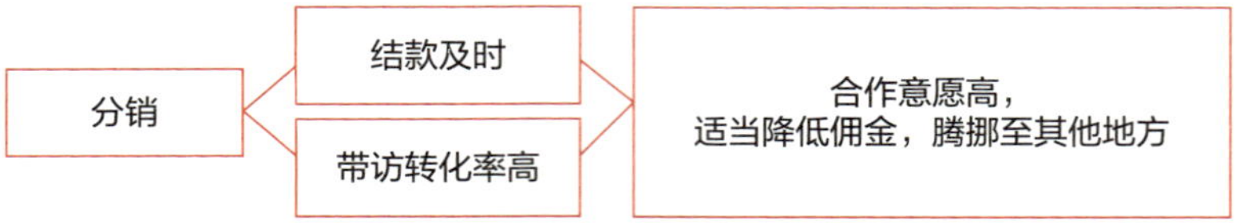

图 1-4-2 项目好卖时对分销的影响

“再看第二个好处，项目卖得好了，对营销动作及费用有什么影响。首先肯定是有钱投广告了，项目在市场上就能获得更大的曝光量，分销也会更容易带客户，反过来会给项目直接带来成交，进而节省分销的费用。其次，项目卖得好了，就有钱做活动了，就更容易吸引新客户到访，同时能更好地维系老客户，进而提高老带新的比例。最后，项目卖得好了，就有更多的钱来提升售楼部的硬件设施，比如对样板间进行改造升级，增加 VR 看房等体验设施，客户的体验感好了，口碑自然就好了。”如图 1-4-3 所示。

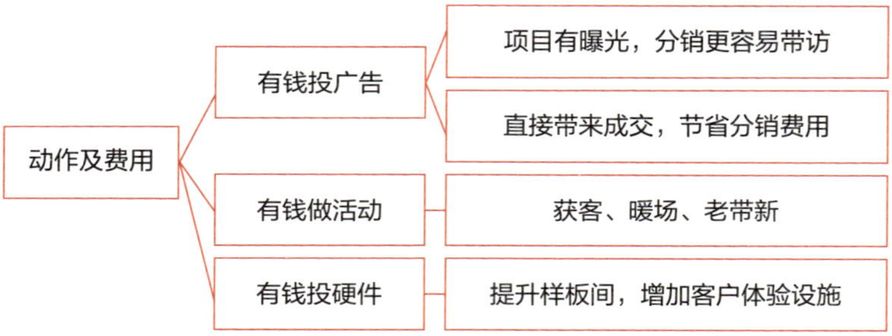

图 1-4-3 项目好卖时对动作及费用的影响

“再看对团队的好处。项目卖得好了，营销总就会获得更多的信任，集团就会进行更多授权，就不会出现集团各条线都来瞎指挥的局面；项目卖得好了，案场策划及销售团队收入更高了，平时加的班熬的夜也就有价值了。没事经常搞搞团建，团队士气高涨，离职率降低，甚至会吸引强人加入。”如图 1-4-4 所示。

图 1-4-4 项目好卖时对团队的影响

肖受历一边写一边说着，景丽不停地记着笔记，赵笑律则一边聚精会神地听着，一边用手机录着音。

“项目好卖了带来的这三大好处，都有助于项目开展系统且长效的营销动作，进而促成项目和分销更良性的合作，项目营销动作更多更自由，团队良性循环，最终让集团有利润，团队少干活、多挣钱。更关键的是，集团一旦接受了这套机制，就会持续投入，这样，营销费用就从‘一次消费’变成了‘持续投资’，持续投资越多，项目运转就越好。”如图 1-4-5 所示。

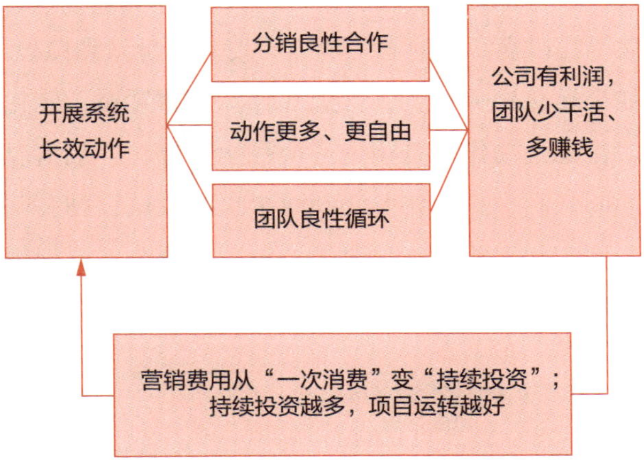

图 1-4-5　项目好卖时有助于开展系统长效动作

“这样整个系统模型就运转起来了，这就是高转化率带来的‘正循环模型’！”肖受历停顿了片刻，指了指白板，如图 1-4-6 所示。

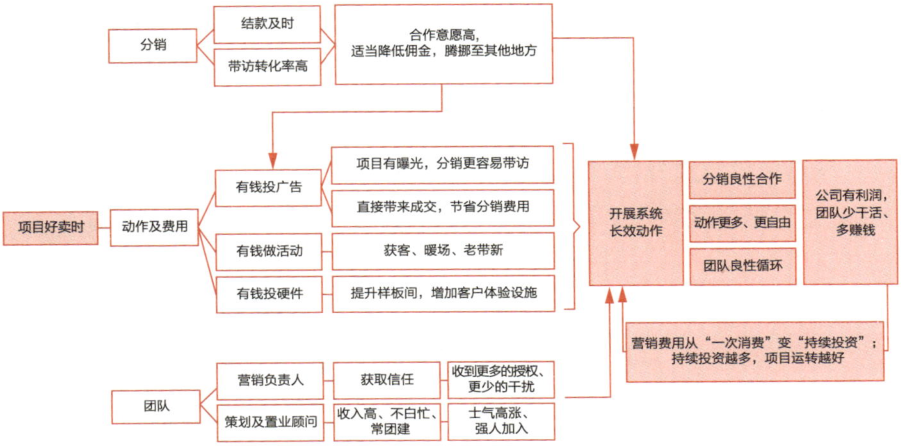

图 1-4-6　正循环模型

景丽记完笔记，抬起头看着肖受历，眼睛里都带着光。她不停地啧啧称赞，脸上的愁容也消失了，瞬间焕发了新的精气神。

肖受历这才坐了下来，他似乎一直在搜寻着什么，又看了看赵笑律，欲言又止。赵笑律却还在盯着白板上的内容，并没有觉察到肖受历的异常。景丽这才突然意识到了什么，然后大笑着说："对不住，对不住，肖总，我忘了上茶水。"说罢，立即给吧台打了个电话，不一会儿，茶水、果盘就端上来了。

肖受历连喝了几口水，趁着思绪清晰，他又起身站到白板前，说道："我们再来看看，如果转化率太低了，会怎么样？毋庸置疑，转化率太低了，项目必然卖不好。首先是动作及费用上。项目卖不好，一般情况下营销预算都会超标，而且之前做的推广动作及活动效果也都没法评估。基于此，如果项目上再申请广告推广和做活动，一般都会被公司否决。原因很简单：项目没钱！"如图 1-4-7 所示。

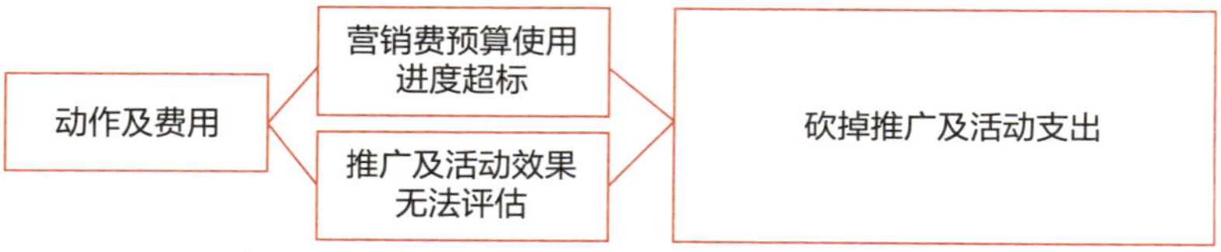

图 1-4-7　项目不好卖时对动作及费用的影响

"再看操盘过程。项目卖不好，基本上都会受到公司的重点关注，如果再提出做什么营销动作，大概率要被质疑。各路领导，甚至跨职能的领导也要来指点布置工作，可他们不懂营销也没精力学，只能跟着感觉走。本来是让听得见炮火的人做决策，让听得见炮火的人呼叫炮火，现在是听不到炮火的指挥一线的，外行指导内行。"如图 1-4-8 所示。

"这个总结得太到位了，我现在就深受其害。"景丽忍不住插话道。

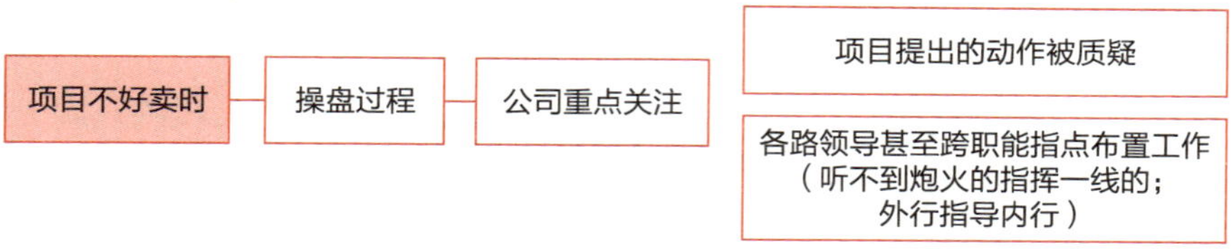

图 1-4-8　项目不好卖时对操盘过程的影响

肖受历笑了笑，接着说："我们继续看，项目卖不好对团队最大的影响就是营销负责人频繁更换，而且老板没有耐心，反复求快。每个营销总一上任都被要求立刻见效，马上就解决问题，根本不给你时间慢慢调理，不行就换人。

还有，案场策划和置业顾问的日子更是不好过。卖不好必然导致收入降低，频繁加班，辛苦受累，关键还时不时就被怼、被骂。时间长了，团队士气低落，掀起离职潮，如果团队的核心人员离职，损失会非常大。"如图 1-4-9 所示。

图 1-4-9　项目不好卖时对团队的影响

"总的来看，砍掉营销动作和费用、跨职能指挥、团队涣散，必将导致项目长效的营销动作都无法展开，公司只愿意为分销付费，算不出回报的一律不做，慢慢地，项目也只能单纯依赖分销卖房了。如果连分销都卖不动了，就只能继续降价，并提高佣金刺激分销带客，最终不仅榨干了公司利润，还会稀释员工价值，后患无穷。一旦项目被分销捆绑，无异于饮鸩止渴，花出去的钱都打了水漂，没有任何资产沉淀，反过来更加剧了项目长效动作无法开展的局面。"如图 1-4-10 所示。

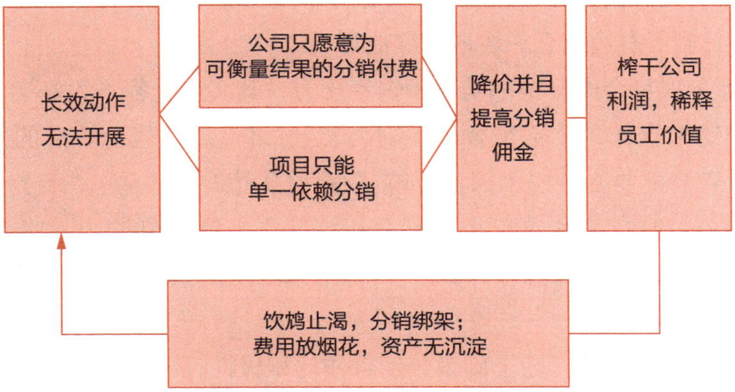

图 1-4-10　项目不好卖时导致长效动作无法开展

“这就是项目低转化率带来的‘负循环模型’！基本上卖不好的楼盘都有这样的通病，恶性循环之下，破圈很难！”如图 1–4–11 所示。肖受历放下马克笔，坐到位子上，又连喝了几口水。

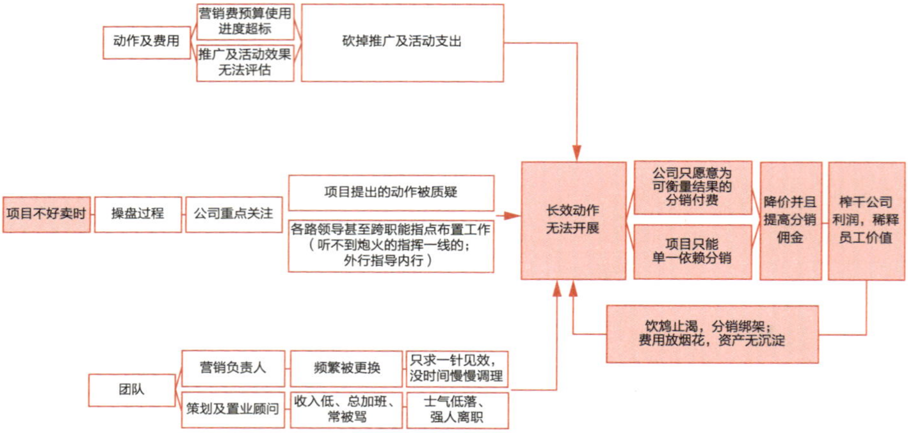

负循环模型

图 1–4–11　负循环模型

“这两张图太有用了，我先拍个照。”景丽拿起手机，又担心拍得模糊，走近几步“咔嚓咔嚓”一阵猛拍，这才心满意足地回到了座位上。赵笑律也走上前去拍了几张照，这些知识他也是第一次听肖受历讲起。

“肖总，你说兰园也卖得不好，也没被分销捆绑啊，为什么分销不愿意合作呢？”景丽问道，“我们给的佣金都已经 30 万元 / 套了，是目前市场最高的了，绝对到天花板了，我还天天约分销负责人吃饭，根本约不到。”

“还是转化率的问题。”肖受历又起身拿起马克笔，白板上已经写得密密麻麻了，只剩下右边还有一块地方够他写了。

“大部分项目合作分销都是迫于销售压力，其实房子都不太好卖。如果想要撬动分销来合作，就必须舍得‘割肉’，付出一定的代价。总的来说，分销的合作意愿主要受这三个因素影响。”肖受历边写边说道：“佣金点位、结佣速度和成交难度，从这三个因素分析，基本上就能判断出一个项目合作分销的基本情况了。”说话的间隙，一幅玫瑰图已经呈现在了白板上，如图 1–4–12 所示。

“首先看佣金点位，为了刺激分销合作的积极性，项目要付出的一个代价就是给到持平甚至高于市场的佣金点位；再看结佣速度，这个主要影响的是

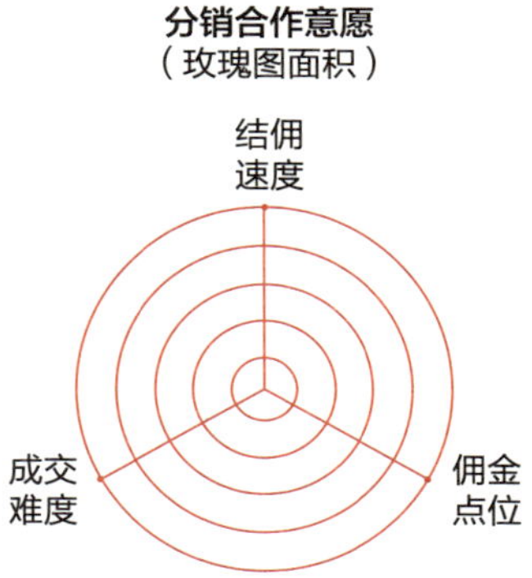

图 1-4-12 分销合作意愿图（玫瑰图面积）

分销的带客积极性，结佣速度快，分销经纪人自然会持续跟进，当然，结佣速度也会受到成交难度的影响，毕竟，成交不好的项目，也不太可能有充足的资金及时付给分销。对于滞销项目来说，想要降低项目的成交难度有两个方法：一是降价，二是提高案场转化率。”

肖受历停下来喝了几口水，然后笑着问道：“景总，这两种方法你会选哪一种？”

“之前肯定是毫不犹豫地选择降价了，但是刚才听你说了那么多转化率的重要性，现在我肯定是选择提高转化率了。”景丽毫不避讳自己内心的想法。

肖受历笑了笑，接着说道：“其实一提到转化率，很多人会习惯性地觉得这是长线动作，并不是一朝一夕能够改变的。因此，这时候要降低项目的成交难度，达成业绩，就剩下最直接、最有效的快招了——大幅度降价，这也是很多滞销项目的首选方法，一方面能给分销经纪人邀约带访的信心，另一方面足够的让利优惠能刺激客户心动成交。我们先来分析一下，一个滞销项目持续降价的后果。”如图 1-4-13 所示。

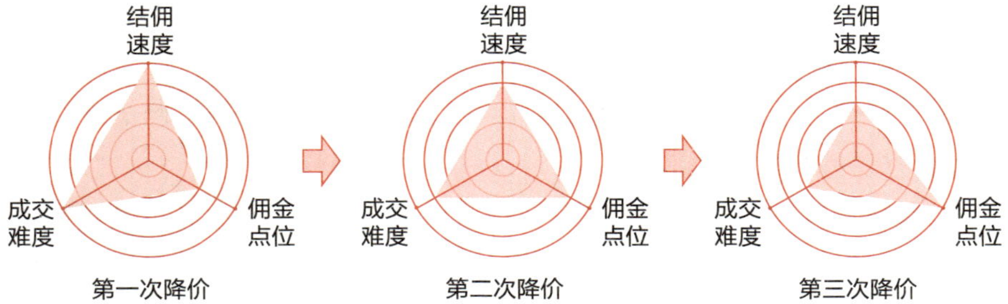

图 1-4-13 连续降价对分销合作意愿的影响（玫瑰图面积）

不一会儿工夫，白板上又多了三个玫瑰图，肖受历转过身说道：“第一次降价，分销经纪人在高佣金的刺激下，带客积极性迅速高涨，项目成交难度陡然降低，业绩上涨明显，分销的结佣速度也得以加快。

但是，很快政策疲惫、市场观望，甚至老业主维权等因素又让项目卖不动了，业绩再次下滑，怎么办？分销要求再降价，再提高佣金。于是，项目第二次降价，业绩虽然略有改善，但只是昙花一现，而且明显不如第一次。尽管分销的佣金提高了，但是业绩并不理想，结佣速度反而变慢。再往后就没法降价了，因为项目价格已经触底，可是项目不能“躺平”，还要卖房，怎么办？只能继续提高分销佣金，结果销量依然没什么改观，结佣更难，曾经的‘速效救心丸’也彻底失灵。”

“更严重的是，两次降价带给市场的负面影响正在扩大，很有可能项目很长一段时间都缓不过劲儿来。”赵笑律补充道。

“总的来看，整个过程的核心驱动点就是降价，直到利润尽失，降无可降。这里面最大的问题就是，错把‘降价’带来的成交难度降低，理解成转化率的提升。”

肖受历继续说道：“第一波业绩之后，团队实际的杀客能力及转化率并未能得到提升，而市场和客户对于现有价格已经适应，接下来想要取得持续性的业绩，必然会陷入更深一步的分销恶性循环中——通过不断地提高奖励，刺激分销或自渠多带客户。

这样一来，一方面，来访量快速增加，但是很容易造成水客增多，置业顾问就会挑客，甚至不愿意接待，时间长了就容易和分销产生矛盾；另一方面，在一轮又一轮的政策刺激中，置业顾问也会对价格产生依赖，认为非低价不能卖房，非分销带访准客户不能卖房，最终可能会导致项目转化率更低。”

“我总算是明白了，为什么很多项目会陷入分销绑架而不能自拔了。”景丽摊了摊手，无奈地说道。

“所以，转化率才是核心问题。”肖受历说完，又在白板上画了两个玫瑰图，如图 1-4-14 所示。

“如果项目转化率提高了，项目成交难度就会降低。那么，分销带来的客户也更容易成交，项目卖得好有钱了，结佣速度就会变快。”肖受历看着白板上的图，接着说，“如果持续提高转化率，项目的成交难度还会继续降低，哪

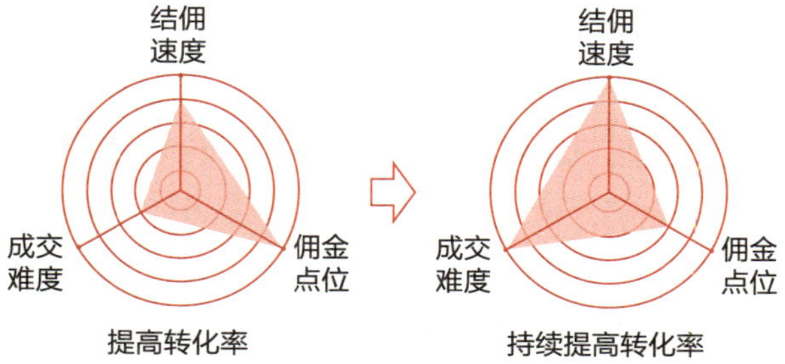

图 1-4-14 持续提高转化率对分销合作意愿的影响（玫瑰图面积）

怕佣金降低了，分销还愿意带客户，只要项目卖得好，分销带客户来就能成交，成交了就有钱挣，哪怕少挣一点，也好过挣不到钱吧。如果项目的转化率低了，房子都卖不掉，分销带了客户又不成交，佣金再高我也赚不到钱，又有什么意义呢？还不如给其他佣金低的、能卖动的项目多带几组客户呢。”

“难怪兰园的佣金提高到 30 万元一套，都没有分销愿意合作呢？原因在这啊！”景丽恍然大悟。

“这就是决定分销合作意愿的玫瑰图，高转化率会给自渠、分销赋能。”肖受历指了指白板，然后坐下来喝了几口水，又把杯子倒满。

“还好这白板够大，否则根本写不下。”赵笑律看着密密麻麻的白板心想。

肖受历停顿了片刻，继续说：“有些事情真的是急不来的，大多数时候我们‘急’，不是因为时间紧张怕来不及，而是因为我们太贪心，总妄想着只用极少的时间就得到最好的东西。其实，转化率做扎实了，就是最快的营销路径。有时候慢一点、稳一点可以避免拉抽屉、走弯路，慢一点反而是最快的，这是快与慢的辩证法。”

“原来‘慢一点反而快’并不是鸡汤啊！”赵笑律心想，但他并没有说出来。今天的内容太干了，他需要时间好好咀嚼、消化。

肖受历又起身拿起马克笔，在白板的右上角空白处边写边说道：“提高转化率就是在提升性价比，除了靠‘降价’，营销更应该做的是如何让客户充分认识到项目的‘性能’。举一反三，项目所有的营销动作，包括宣传推广、示范区呈现、分销带客等都需要依靠置业顾问的接待转化才能转变为成交。所以，提升转化率是所有案场都绕不开的一道坎，花费多大精力都不为过。”

肖受历一边踱着步，一边捋着他那标志性的胡须，然后转过身看向景丽和赵笑律，继续说道："最重要的是转化率也是整个房地产营销的 TOC！"

"TOC？"赵笑律感觉有点熟悉，但一时又没想起来在哪见过。

肖受历拿起马克笔，走到白板前面，在"转化率"三个字上面写了"TOC 关键瓶颈"几个字，看见赵笑律皱起了眉头，便说道："忘了？《目标》啊！"

赵笑律这才恍然大悟，想起《目标》里提到了一个瓶颈理论，即 TOC（Theory of Constraint），难怪这么眼熟。

"书呢？"肖受历问。

赵笑律赶紧把书递给了肖受历。

"景总，TOC 与精益生产、六西格玛并称为全球三大管理理论。"

肖受历把书举在手里，继续说，"TOC 就出自我手里的这本《目标》，这是一套书，我都看完了，我觉得最经典的还是这本，它写的是一家濒临倒闭的工厂，通过聚焦 TOC 的改善，达到系统各环节同步、整体改善的目标，并在三个月内让工厂化险为夷，转亏为盈。任何系统至少存在着一个瓶颈，否则它就可以有无限的产出，只有打破系统的瓶颈，才能提高系统的产出。"如图 1-4-15 所示。

见景丽有些疑惑，肖受历拿起马克笔，在白板右下角画了起来。

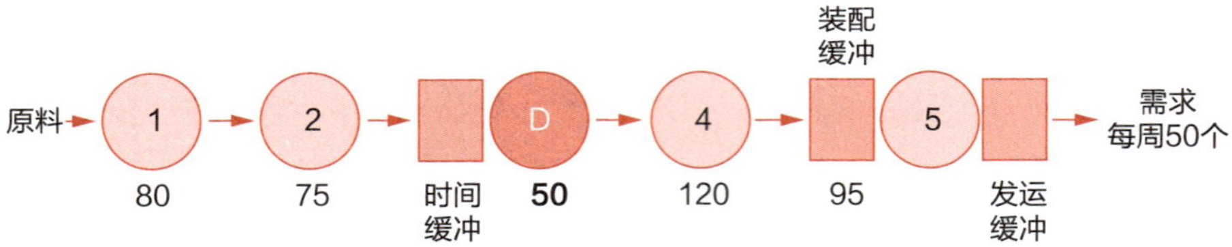

图 1-4-15 TOC 决定流水线产出工序

画完之后，肖受历转过身来，说道："我们以这个工厂的流水线为例，一个成品需要经过 5 个环节才能生产出来，每个环节下边的数字是此道工序每周可以生产的零件个数，那么，哪一道工序是瓶颈呢？"

"工序 D。"景丽说。

"没错，工序 D 就是 TOC，它的产出决定了整个流水线的产出。只有工序 D 的产出最大化，才能使整个流水线的产出最大化。"肖受历补充道，"如果工序 D 损失一小时，就等于整个流水线损失一小时，其他四个非瓶颈环节即使节省一小时，对整体产出也没有任何贡献。"

肖受历把书递给了景丽，景丽一边翻看一边说："这不是一本营销书啊！"

"是的，这是一本小说体管理书，但是和营销的底层逻辑是相通的。"肖受历说道，"任何系统都可以想象成由一连串的环所组成，环与环相扣，这个系统的强度取决于最弱的一环，而不是最强的一环，如图 1-4-16 所示。

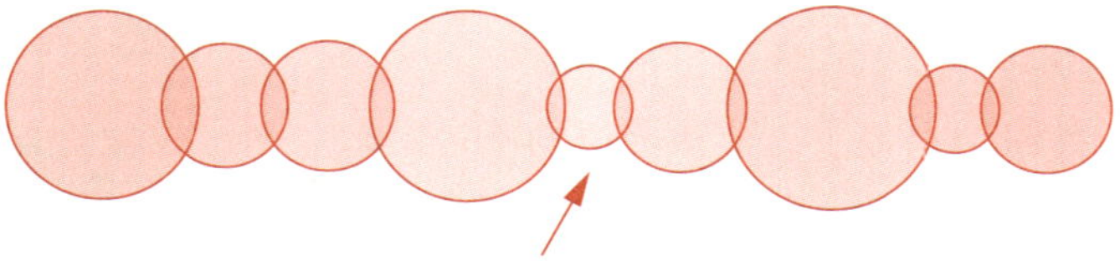

图 1-4-16　系统的强度取决于最弱的一环

拿兰园项目来说，我们的产品、物业服务、案场活动这几环都做得很到位，但转化率这一环却很弱，假如兰园的转化率提升 10%，整个项目的销量就会增加 10%，这是确定的；假如来访量增加了 10%，案场的客户是多了，但很可能对销售来说还是无济于事，因为这并不是 TOC。"

肖受历捋着他标志性的胡须，沉思了片刻说："其实，TOC 给了我两点启发：第一个启发是如何集中利用有限的资源，促使系统达到最大的效益。我们已经找到了 TOC，接下来就要集中力量突破这个瓶颈，毕其功于一役，直到新的瓶颈冒出来。因为每个阶段，有且仅有一个 TOC。"

"肖总，如果说兰园营销费用很充足，你是建议先解决转化率问题，还是对外打广告提高来访量？"景丽问道。

"先提升转化率，无论兰园有没有费用。"肖受历停顿了片刻，接着说，"景总，我之所以被称为'地产老中医'，是因为我之前在开发商负责的都是疑难盘、问题盘，甚至是死盘，就是别人卖不动的项目让我来卖，这种项目腾挪空间有限、资源有限，所以动作必须正确、精准。

我的成本意识很强，所以每投一次广告，每做一次物料，都是要解决问题的，不是胡乱拍脑门定的。如果所做的营销动作都没有效果，那不是浪费嘛？而且浪费的不只是钱，更重要的是时间。

所以，不该花的钱一分都不要乱花，该花的钱不要有丝毫犹豫。要想达成预期目标，必须从转化率下手，才能得到显著改善。只有核心问题解决了，其他连锁问题才能迎刃而解。对的事情坚持做、重复做，才能最终实现项目破局。"

“那第二个启发是什么？”赵笑律问。

“第二个启发就是如何用常规逻辑推演，解决复杂的问题。”

“肖哥，能具体说说吗？我没听太懂。”

“景总，兰园业绩不好，是不是已经产生很多问题？”肖受历问。

“是啊，而且是连锁反应，比如团队士气低落，外部市场评价差，客户口碑不好等。”景丽说。

“如果一件事结果错了，应该检讨的不是结果，而是过程。比如兰园，结果是卖得很差，但我们最应该做的是回归成交的根本逻辑。”肖受历又用马克笔指了指白板上的成交公式，接着说，“也就是要检讨这个成交过程，到底是哪个环节出了问题，而不是靠着过往的经验投广告、上活动、找分销，甚至降价，可能做了很多动作，团队又忙又累，结果还是卖得不好。关键在于所有人都不愿意思考，如果能静下心来梳理一下，也许能少做很多废动作。”

肖受历又指了指白板上的内容，说道：“今天说这么多，就是想说明一点：用简单常识，处理复杂问题。复杂的解决办法是行不通的，问题越复杂，解决办法越要简单。”

赵笑律又盯着白板上的内容，陷入了沉思。或许，营销就是这么简单，真的只是常识而已。

“肖总，这些你怎么不早说呢？”景丽醍醐灌顶，连说三遍“为什么不早说”。

“我说你们也得听得进去啊。”肖受历苦笑着说。

“兰园太需要这个了，正本清源！”景丽说。

“关键是你们总裁定的任务指标，我也没办法改啊。”肖受历无奈地摊了摊手。

“肖总，既然转化率那么重要，那你快想办法提高转化率啊？”景丽说。

“好，好，别着急。”肖受历说，“景总，现在有两个选择：一是继续执行集团的任务指标，二是按照我们今天说的，先解决转化率的问题。”

“两个不能一起进行吗？”景丽急切地问。

“目前来看不能。TOC 就是告诉我们要把有限的资源集中起来消除项目瓶颈，不能面面俱到，必须有所取舍。你看上一周，团队做了很多事，哪一件能解决项目问题呢？说大家都在瞎忙也不为过。即使我们围绕转化率出一些物料，集团领导再一审核，周期长还不说，一人一个意见，最后还不知道会改成什么样子呢。"

"背负着集团的任务指标，团队已经不堪重负了，确实没有精力和时间再来做转化率的事情。"景丽又叹了口气。

"我很喜欢建筑大师贝聿铭的一句话：'我们没有办法把所有的矛盾全部一一化解，但是必须找到影响项目成败最核心的矛盾，并彻底解决它。'说得通俗一点，这句话的意思就是让我们不要纠结，这也是解决项目问题的关键，我们不可能把所有事都做好，把几件最重要的事做好就行了。"

"你也看见了，第一种选择已经快是死路一条了。"景丽又瘫坐在椅子上叹了口气，接着说，"我想试试第二个选择。"

"那你打算怎么办？"

"我要去找集团领导，还有总裁，当面说清楚这些事情。"景丽又从椅子上坐了起来，接着说，"我不能只做个循规蹈矩的乖宝宝，为了给上面一个好印象，就畏首畏尾，眼睁睁地看着团队瞎忙。上面的考核标准和大多数的规章制度都是为了管理层的政治游戏而设的，根本不管对我们的影响是好还是坏，我认为应该按照科学的营销计划来办。"

"好，我们全力以赴。"

"只是我去找集团汇报，也得知道接下来怎么办吧？"景丽问，"肖总，兰园的瓶颈也找到了，下一步要怎么办啊？"

肖受历再次拿起马克笔，在白板上仅剩的一点空白处画了一个图，如图1–4–17所示。

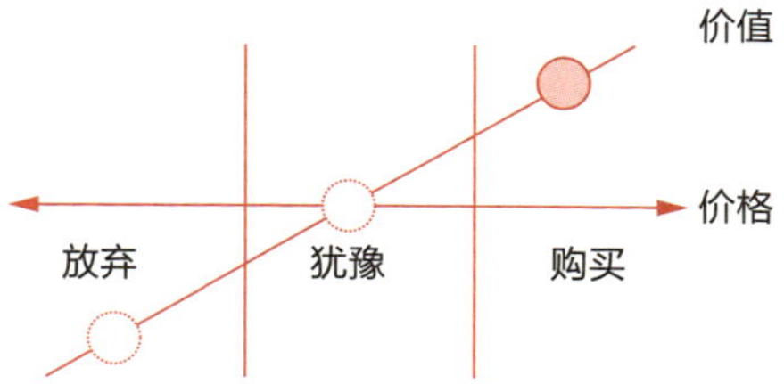

图 1–4–17　价值价格模型

"客户购买的关键，就是他感知到的价值 > 价格；如果他感知到的价值和价格差不多，他会犹豫；如果他感知到的价值 < 价格，他就会果断放弃。"肖受历坐下来，接着说，"价格往往不是营销人所能左右的，但是，价值感的设计、解读、传递能力或者说效率，是营销力的差距所在。"

“那我们到底该怎么办呢？怎么提升项目的价值感呢？”景丽点点头，又问。

“景总，我也不知道，我也没有答案。”肖受历看着景丽，微笑着说，“下午我们需要做一下客户访谈，了解一下项目成交客户的基本情况。”

“客户访谈？是要约见客户吗？”

“不是，我们今天先找置业顾问聊，如果不能得出有效的信息，再考虑要不要找客户当面聊聊。”

“但是这半年只卖了两套房啊？”

“我们要了解的是项目所有的成交客户，如果有可能，还会了解一些未成交客户。”

“这个我记得比较清楚，去年蓄客了三个月，开盘卖了32套，之后的两个月每个月还能卖个两三套吧。”景丽无奈地苦笑，摇摇头说：“然后就很惨了，这六个月只卖了两套。”

“没事，下一步的策略怎么打，答案就从这些客户身上找。”

“行，这个下午我来安排，你们有答案了，我再去找集团沟通。”

景丽看了一眼手机，抬头说道：“走吧，去吃饭吧，我们食堂的饭还是很不错的。”

房地产营销工具箱

工具1 成交量＝转化率×来访量。转化率＞来访量，转化率是营销的TOC（关键瓶颈）。

工具2 分销合作意愿受转化率影响很大，如果项目的转化率提高，项目的成交难度就会降低，分销带来的客户也更容易成交，项目卖得好有钱了，结佣速度就会变快，哪怕佣金降低了，分销还是愿意合作的；如果项目的转化率降低，房子都卖不掉，分销带了客户又不成交，佣金再高也赚不到，还不如给其他佣金低的、能卖动的项目多带几组客户，哪怕佣金低点，也是一种确定性收益。

工具3 价值价格模型。客户购买的关键，就是他感知到的价值＞价格；如果他感知到的价值和价格差不多，他会犹豫；如果他感知到的价值＜价格，他就会果断放弃。价格往往不是营销人所能左右的，但是，价值感的设计、解读、传递能力或者说效率，是营销力的差距所在。

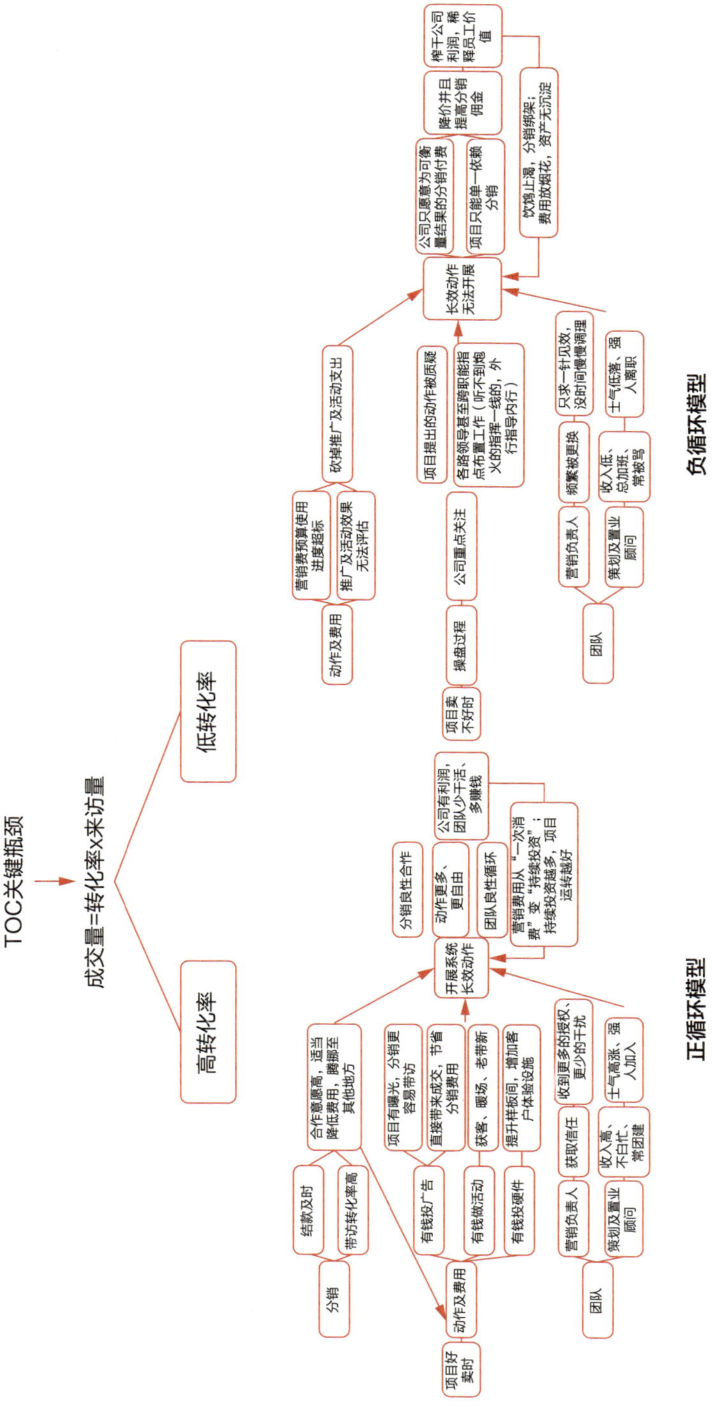
TOC关键瓶颈
成交量=转化率x来访量
高转化率
低转化率
项目好卖时
动作及费用
分销
结款及时
带访转化率高
合作意愿高，适当降低费用，腾挪至其他地方
有钱投广告
有钱做活动
有钱投硬件
项目有曝光，分销更容易带访
直接带来成交，节省分销费用
获客、暖场、老带新
提升样板间，增加客户体验设施
开展系统长效动作
分销良性合作
动作更多、更自由
团队良性循环
公司有利润，团队少干活、多赚钱
营销费用从"一次消费"变"持续投资"；持续投资越多，项目运转越好
团队
营销负责人
策划及置业顾问
获取信任
收入高、不白忙、常团建
收到更多的授权、更少的干扰
士气高涨、强人加入
正循环模型
项目卖不好时
操盘过程
公司重点关注
项目提出的动作被质疑
各路领导甚至跨职能指点布置工作（听不到炮火的指挥一线的，外行指导内行）
动作及费用
营销费预算使用进度超标
推广及活动效果无法评估
砍掉推广及活动支出
长效动作无法开展
公司只愿意为可衡量结果的分销付费
项目只能单一依赖分销
降价并且提高分销佣金
榨干公司利润，稀释员工价值
饮鸩止渴，分销绑架；费用放烟花，资产无沉淀
团队
营销负责人
频繁被更换
只求一针见效，没时间慢慢调理
策划及置业顾问
收入低、总加班、常被骂
士气低落、强人离职
负循环模型

5. 一切答案在客户——策略不是凭空想出来的

第 11 天　下午　晴　风力 2-3 级

中午，景丽带着肖受历、赵笑律在兰园食堂吃饭，午餐很丰盛、可口，他们大饱口福，安抚着早已饥肠辘辘的肚子。吃完午饭，是景丽最放松的时刻，难得没有会议打扰，她要趁中午这个空隙美美地补个觉。肖受历则和赵笑律打算去已经入住的一期、二期园区里转转。

已是三月天，风很柔和，空气很清新，太阳很暖。春风带来了温暖，也吹开了百花，一路上，桃花、樱花、杏花竞相开放，红的、白的、黄的……你不让我、我不让你，好不热闹。道路两旁的梧桐树已经抽出嫩芽，嫩绿嫩绿的，更是兰园的一道独特的风景。

肖受历一个劲儿地称赞这里环境优美，居住肯定特别舒适，赵笑律则不忘拿起手机，“咔擦咔擦”地拍个不停，他要把这春天的美景统统都收录在手机里。

沿着园区走了一圈，竟有些累了，两人便找了一个凉亭坐了下来，静静感受这万物复苏的美好。肖受历突然问道：“兰园的成交客户分析你看了吗？”

“看了两遍呢！”赵笑律略带几分得意地说。

“那看出什么问题了吗？”肖受历又问。

“问题？没有吧，就是正常的客户数据啊，性别、年龄、家庭人口、置业次数、认可因素、置业目的……”

“没有？为什么有十几组 20 多岁的客户买别墅？你不觉得很奇怪？”

“啊！这个……我没注意啊……”被肖受历一番追问，赵笑律顿时显得底气不足。

“等下午置业顾问上班了，我们找他们做客访，重点留意一下这一点。”

下午两点左右，肖受历和赵笑律回到了兰园售楼部，景丽已经在洽谈区等着了，看到他们进来，连忙起来打招呼。肖受历刚坐下，景丽就微笑着说：“肖总，两个销售主管我都打过招呼了，你们随时可以开始。”

“好的，感谢景总。”肖受历说完便把赵笑律的电脑转换一下位置，正对着景丽，然后指着屏幕上兰园成交客户的分析数据，问道："景总，我们大概看了兰园所有的成交客户数据，一共有 39 组，排除掉关系户后，共有 35 组有效样本。有一个问题，就是你们的别墅基本上都是六七百万元一套，但是，20–30 岁的客群占比特别高，将近 40%，这是为什么呢？"

"肖总，我谈的客户没见有这么年轻的啊！"景丽疑惑地看着这些数据，又说道："客户分析的数据一直是策划统计的，你稍等一下，我把策划经理叫过来。"景丽立即拨通了夏芒的电话。

夏芒还没坐定，景丽就开始发问了。"这个我也不清楚，是崔华做的，他在办公室呢，我叫他下来。"夏芒坐立不安地小声说道。

不一会儿崔华就来了，看着景丽和夏芒都一言不发地坐在那里，他以为又做错了什么事呢，心都提到嗓子眼了。肖受历招呼他坐下，又问了一遍刚才的问题。

"是这个事啊。"崔华心想，这才长舒了一口气，说道："这些数据是我一个一个从签约合同里扒出来的，再三核对过，不应该有问题啊。"

"不是说数据有问题，我是好奇为什么会有这么多年轻人买别墅？"肖受历说。

"这个……我就不知道了……"崔华尴尬地挠了挠头。

"夏芒，你知道为什么吗？"景丽生气地质问道。

"不知道啊……"夏芒若无其事地说。

"你身为一个策划经理，天天在忙什么，这不知道，那也不知道。"景丽没好气地说。

"没事没事，我们就是想多了解一些，不知道也没关系。"肖受历见状，赶紧打圆场，"这样吧，景总，你们都去忙自己的事吧，能不能帮我们叫几个置业顾问，业绩比较好的，我们和他们聊一聊。"

景丽便起身去了接待台，夏芒和崔华也起身直接回办公室了。景丽吩咐完，和肖受历打个招呼，也离开了。

不一会，来了一个置业顾问，肖受历示意她坐下，同时提醒赵笑律做好笔记。

"您怎么称呼？"

"文第，'文化'的'文'，'状元及第'的'第'。"

"哇，好名字。"

“是这样的，我们是兰园广告公司的，想了解一下您这边成交客户的情况。”

“这个不是应该找策划要吗？他们的统计数据里都有。”

“策划统计的数据我们都看过了，只是想了解得更具体一些，比如，客户家庭的基本情况啊，为什么买这里啊，有没有看其他竞品啊……信息越详细越好。”

“我这边没几组客户，都是觉得项目离市区近，别墅面积大，一家人住着方便。”

“稍等一下，”肖受历赶紧打断了她，问道：“咱们一个一个地说怎么样？”

“一个个地怎么说啊？”

“要不这样吧，我来问，您来回答，可以吗？”

“可以，你问吧。”

“您来项目多久了？”

“我是开盘之后来的，快一年了。”

“截至上个月，您一共卖了几套？”

“3 套。”

“那我们一个一个地展开说说这 3 套成交客户的情况，先说最近成交的一个吧。”

“不说名字可以吗？”

“可以，用先生或者女士代替就行，年龄多大，住在哪里？”

“陆女士，两个月前成交的，45 岁，住京汉区。”

“离这挺远的啊。”

“是的，但是她的公司在 CBD 这边，买这儿也是觉得住这儿离公司更近一些。”

“自己开的公司？”

“嗯，咨询公司，做投资理财顾问。”

“家里有几口人？都是谁？”

“三口人，她和老公，还有一个儿子。”

“她老公是做什么的？”

“是银行的大领导，认识我们这边的领导。”

“孩子几岁？”

“不到 20 岁吧，已经出国留学了。”

“她是怎么知道项目的？”

“朋友介绍的。”

“买了多大面积？”

“210 平方米的上叠。”

“他们买过几次房？”

“这是第三次了，现在住的是一套，在芙蓉湖买了一套。”

“那她也限购了吧？”

“肯定限购，所以最后写了她孩子的名字。”

“芙蓉湖那套他们不打算住吗？”

“那套是洋房，留给孩子的，自己还是想住这边。”

“为什么？”

“她特别喜欢露台，希望有院子，还想着把露台改造成花房。”

“她们一共来访过几次？”

“三次吧。第一次是周末，夫妻二人一起来的；第二次是带着家里的老人一起来的，都挺满意的；第三次来就直接付款了，全款分期。”

……

“好的，咱们再说下一组客户吧。”

“第二组是半年前的客户了，我看看我的客户记录。”

“李先生，36 岁，他的朋友大多买的是芙蓉湖的房子，他觉得在兰园买个 210 平方米的别墅还有个院子，赠送面积多，特别值，同等价位在芙蓉湖只能买个 130–140 平方米的洋房。”

……

“好的，再说第三组客户吧。”

“季先生，50 岁左右，他没来过项目；有一个女儿，因为限购，所以写的是女儿的名字，几次看房都是他父母来的；他有朋友住旁边的紫晶苑，紫晶苑是个机关单位家属院；季先生喜欢别墅，海外置业比较多，考虑过鸣翠谷，但是因为老母亲身体不太好，所以不想住得离市区太远，加上这里环境很好，就选了这儿。”

“客户怎么评价鸣翠谷这个项目？”

“客户很喜欢那边的社区规划，觉得中央公园、业主食堂、文化艺术中心、茶室、图书馆等配套很齐全，还引进了医院、学校，而且社群做得特别好。”

“非常感谢，您的这些信息太有价值了。”肖受历笑着说。

“哈哈，有用就好，我也希望你们多想点招，帮我多卖几套房子。”文第不好意思地笑了笑。

“一定会的，最后再问一个问题，您手里的未成交客户，他们没有购买的原因是什么？可以简单地排个序，列出客户对项目的三大抗性。”

“第一个就是产权了，项目拿地早，目前开发的是第五期，产权只剩51年了，很多客户接受不了；第二个是配套，周边还不是很成熟，客户不放心，怕发展不起来；第三个就是品牌，芙蓉湖都是几十强品牌房企，客户觉得我们小品牌不靠谱。”

“那这三个抗性你是怎么化解的呢？”

“产权吧，这是事实，谁也改变不了，我会强调土地价值，三环寸土寸金的位置，要不是产权问题，哪会卖这个价格；配套上，我会搜集一些区域产业即将进驻的新闻，把这些信息及时传递给客户；品牌抗性方面，我就告诉客户，您买的是房子，不是品牌，我们小房企没有高周转的压力，反而更稳健。总之，就是跟客户多讲讲，该说的说到位。”

“这些你都是靠嘴说啊，有没有借助一些物料，比如图片、图表什么的？”

“没有，我自己看到的有用信息都会截图保存在手机里，客户有疑问了就打开给他看，或者直接发他微信上。”

“不错，您这水平肯定能当销冠。”

“哈哈，我距离销冠还差十几套房子呢！”

“哈哈，我问完了，那就不多打扰您了，我们加个微信吧，有问题我再咨询您。”

“好啊。”

“我扫您。”肖受历拿起手机，并示意赵笑律也加一下好友。

“麻烦您再帮我们叫一个置业顾问。”

“那就叫销冠来吧！”

……

不一会儿，另一个置业顾问向这边走来。肖受历和赵笑律定睛一看，竟然是周爱。

“原来您就是销冠啊！”周爱刚坐定，肖受历就笑着说。

“哈哈，运气好。”

“是这样的，我们想了解一下您成交客户的情况。”

“我大概知道，刚才文第跟我说了。我一共有 7 组客户，都要说吗？”

“如果您时间允许的话，尽量都说说吧！”

“行，那我捡重点说，这样也节省你们的时间。”

“没事，您怎么自然怎么来就行。”

“赵女士，42 岁，这套房子是给女儿买的，买的是下叠边户，考虑和女儿、女婿一起住；赵女士喜欢大花园，女儿和女婿想买芙蓉湖，但是她觉得那边都是洋房，面积小，还不如现在住的大平层；而且她喜欢旅游，经常在朋友圈晒出国游的照片。”

“谢先生，40 岁，房地产开发商高管，比较懂行，对产品细节还比较满意；他有朋友买了这儿，自己对比了观澜高尔夫、湖境云庐，觉得那边首付低，但是太远，都出郊区了，出行不方便；同时看了芙蓉湖，觉得那边所有房子都一样，全是新中式，而且地块都很小。”

“吴先生，37 岁，媒体人，太太是护士长；看过芙蓉湖珑樾台一楼带院的房子，嫌面积小；他们一家三口，最后买了上叠，想把露台改作茶室。”

“李先生，44 岁，金融行业高管，对区域规划非常了解；他弟弟买了这里，因为喜欢院子和地下室，所以买的是下叠，以后招待朋友方便；经常在朋友圈看到他参加一些高端聚会；因为限购，所以写的是儿子的名字，儿子现在在国外留学。”

“潘女士，39 岁，在 CBD 的政府单位上班，因为离项目很近，所以对区域发展比较认可，关注项目三年；对比了迎宾首府，那是一个十年前的老别墅项目了，离她单位很远，也比较破旧；现在和两个孩子一起住，喜欢院子和地下室，所以买了下叠。”

“余先生，46 岁，老业主，是个公务员，名下房子多，但是高品质的不多，之前看中了鸣翠谷，但是觉得远；他媳妇喜欢院子，有别墅情结。”

“最后一个是个 95 年出生的小姑娘，经常在朋友圈晒一些名牌包包；这房子是她爸爸买的，写了她的名字，也是老业主，之前买的是洋房，这次买的是别墅；想和姥姥一起住，老人想有个院子。”

……

周爱很快就把7组成交客户说完了，中间几乎没有被打断，连肖受历也忍不住赞叹：“销冠就是销冠啊，说的都是重点。”

“啊，这很正常啊，不就是应该这样嘛！”周爱很不好意思地笑了笑。

“您是怎么做到这么有条理的？”肖受历很好奇地问。

“我有个客户备忘录，我把接待的所有客户都记录在上面，不管成交与否，每次跟进的情况也会随时写进去。没事的时候，我会翻看他们的朋友圈，看到有用的信息，也会及时记录下来。如果客户成交了，我再做个复盘，分析一下整个买房过程。”

“您干销售多长时间了？”

“有三年了。”

“三年来都是这样做的？”

“是的，这也是最开始带我的师父教给我的。”

“难怪嘛，原来如此！”

“其实，我只是做好了本职工作，并没有什么值得炫耀的地方。”

“有您这样的置业顾问，兰园肯定不愁卖！”

“哈哈，借您吉言，我会努力的。”

“我再问几个问题哈。”赵笑律接着说：“根据您自己判断的，本来能成交，但最后没成交的客户多吗？”

“还真有一些，我看看哈。”周爱又看了一下手机，抬头说：“快20组了呢！”

“还不少，您能说一说他们出于什么样的考虑没有买兰园吗？”

“嗯，我还捡重点说吧。第一个客户，张先生……”

周爱又把手机里的未成交客户重点说了说。

“那您知道这20组客户最后都买哪里了吗？”肖受历接着问。

“只说我知道的哈，也是关系比较好的，后来还有联系。这些客户有几个买了芙蓉湖那边的房子，还有几个看了芙蓉湖以及其他郊区的别墅项目，但是还在观望。”

“您认为客户最认可兰园项目的三点是什么？”

“第一个是位置，离市区近，距高铁站也不远，而且有高架，出门特别方便，区域环境绿化又好，宜居指数比较高；第二个是产品，别墅都带花园、地下室、露台这些空间，客户比较喜欢，一大家子人可以分层共居，还能提升生活品质；第三个就是性价比了，因为别墅赠送面积多，平均下来单价并不高，都觉得很划算。”

“最后一个问题，如果客户对产权有抗性，您会怎么办？”

“嗯，这个是天然的硬伤，没法隐藏，就有一说一了。我会通过放大其他优势，来抵消产权问题带来的负面影响，比如多强调别墅里的美好生活，努力让客户喜欢上这个项目。”

“太好了，非常感谢，您的确节省了我们很多时间，咱们加个微信吧，我扫您，有问题我们再咨询您。”

“好的。”

赵笑律也拿出手机加了微信。

“麻烦您再帮我们叫一个置业顾问吧。”

“可以，稍等一下。”

……

整个下午，肖受历和赵笑律都处在这样密集的问话中，等到把置业顾问全部访问了一遍以后，肖受历的嗓子已经有些沙哑了，他一口气喝下了一整杯水。赵笑律则全程都在敲着键盘，记录着每一个字词，这是他第一次跟着肖受历做客访，生怕错过每一个有用的信息。

“好久没有一下子说这么多话了。”肖受历瘫坐在椅子上说。

“这真是个体力活，更是个脑力活！”赵笑律站起身来，伸了个懒腰。

“可不是嘛，我出去抽根烟，缓冲一下。”说完，肖受历就起身走出了售楼部。

半个小时之后，肖受历回到售楼部跟赵笑律说：“走吧，我们回公司！”

“不再见一见景总啦？”赵笑律问。

“我刚给她打过电话了，她在开会。我们先回去梳理，明天上午再过来。”

肖受历和赵笑律走出售楼部时，刚才访谈过的置业顾问都纷纷和他们打招呼，两人礼貌地回应。

“今天怎么样啊，有什么感受？”刚坐上车，肖受历便问道。

“收获很多，感触也很多。”赵笑律笑着说，“以前都是闷在办公室想办法，从来没想过要去找客户要答案。”

“现在清楚为什么成交客户中年轻人占比较多了吧？”

“因为限购，客户就用了子女的名字来签约。”

“对呀，如果我们今天不来做客访，能获得这些信息吗？”

“肖哥，一开始你说20多岁就买别墅，我还在想策略是不是应该打‘提前住别墅’呢？”

“出现这种误导，很明显是策划在客户分析时只做了定量分析，没做定性分析。”

“这是做客户分析的方法吗？”赵笑律第一次听说，好奇地问道。

“没错，客户分析有两种方法：定量分析和定性分析。”肖受历继续说，“定量是指通过数据去衡量；定性则是指用性质去衡量。像问卷调查、策划汇总的成交客户数据分析就是定量分析，我们今天做的访谈就是定性分析。”

“那这两种方法应该怎么选呢？”赵笑律继续问。

“看情况吧，基本上两种方法要结合着用。客户分析的本质是回答决策者的问题，降低决策风险。但是，很多案场统计的客户置业目的无外乎三种：投资、自住、投资＋自住。这种定量分析并不能展现事情的全貌，能给决策者提供的依据也很有限，甚至由于缺乏客户洞察，定量分析的数据本身就是错的。比如兰园这个客户分析，策划没有撒谎，但他从合同里扒拉出来的数据却说了谎，如果我们拿这个做决策，结果必死无疑。因为客户分析不是数据分析，而是在数据收集的基础上发现有价值的信息，再从信息中提炼出要点，以辅助决策。所以，一般用定性分析比较多，这样也能和定量分析形成互补关系。”

“我现在能体会到你说‘一切答案在客户’的意义了！”

“我们都知道《孙子兵法》里有一句名言：‘知己知彼，百战不殆’，那你知道这个‘彼’是什么意思吗？”肖受历问。

“这个必须知道啊，是敌人、竞争对手，意思就是要了解自己，也要了解对手。”

“其实，‘知己知彼’的‘彼’不只是竞争对手，还有客户。”肖受历笑着说，“如果你总去考虑竞争对手，而不去关注客户，你的思路就会被竞争对手带跑。如果你不知道自己是谁，也不知道客户要什么，仅仅知道对手有什么用呢？”

“啊？这个很反常识啊！”

“这是在为常识纠偏！”

“你之前总问我下一步怎么办？我也不知道！毕竟，策略不是凭空想出来的，之前的经验也不一定通用。一定要对市场、对项目保持敬畏心，不要迷信自己的经验。遇到问题，要去找根源，这样才能药到病除。”

“下一步，问客户！嘿嘿！”赵笑律笑着说。

“当营销工作陷入困局时，与其在办公室里苦思冥想，或者一群人无休止地开会，不如回到现场盘客，去客户那里寻找答案。想成为营销高手，就踏踏实实地躬身入局吧，了解客户才是基础。”

“肖哥，如果置业顾问也说不清楚客户的购买情况该怎么办呢？”赵笑律问。

“那我们只能当面找客户聊了，这样会费点时间。不过……”肖受历话锋一转，接着说道，“盘客的目的也是在提醒置业顾问要养成了解客户的习惯，我今天跟景丽也强调了这事，建议她把周爱的经验萃取成方法，分享给团队的每个人，这样他们以后获取的信息就更有参考价值。”

两人说话的工夫，车已经开到了公司楼下，肖受历说道：“好了，到公司了，记得把今天客访的内容梳理一下，明天我们先来公司碰一下，然后再去兰园找景丽一块讨论，项目的策略就有了。”

“好的，肖哥。”

房地产营销工具箱

工具 1 当营销工作陷入困局时，与其在办公室里苦思冥想，或者一群人无休止地开会，不如回到现场盘客，去客户那里寻找答案。

工具 2 客户分析的两种方法：定量分析即通过数据去衡量，比如成交数据汇总；定性分析即用性质去衡量，比如成交客户访谈。

6. 慢一点，反而快——精准客户画像，锚定竞争对手

第 12 天　上午　多云　风力 2 级

崭新的一天开始了。

赵笑律出了地铁口，直奔公司楼下的早餐铺，然后一手提着四个包子，一手提着豆浆，匆匆忙忙挤进了写字楼的电梯。

最近加班的同事很多，所以大家都来得比较晚，公司这会儿只有一两个同事在。赵笑律看行政办公室的门开着，就径直走了进去。按照肖受历的要求，他请求人事帮忙打印了四份兰园的客户分析。

昨天晚上，面对 35 组客户数据，赵笑律一度不知道该如何下手，他还给肖受历打了电话，肖受历建议他从年龄、职业、置业次数等多个角度总结分析，要多用图表直观展示。

毕竟是第一次做这样的数据分析，赵笑律紧赶慢赶，一直加班到夜里 11 点多，才有了今天这一页纸的客户分析。他看着打印好的成果，满心欢喜。然后，一边吃着包子、喝着豆浆，一边考虑怎么充分利用这些信息。

差不多十点钟，肖受历前脚踏进办公室，赵笑律后脚就跟了进去，并把打印好的客户分析递给了肖受历。肖受历接过去，拿在手里端详了一会儿，点点头说："行，挺好的，还把结论写出来了。"接着便坐下来，开始清洗茶具，然后一边泡茶一边对赵笑律说："把文案、设计都叫过来吧，这个很重要，最好都参与一下，保证团队策略的一致性，这样会省去后面很多不必要的沟通麻烦。"

"好。"

赵笑律起身便出去了，不一会儿就抱着笔记本电脑进来了，辉哥、大熊也紧跟着进来了。肖受历示意他们都坐下，赵笑律又把客户分析分别给了辉哥和大熊一份。

"都先看看，这是我们昨天去兰园做的客户分析。"肖受历一边给几人倒茶，一边说，"营销策略、广告语都不是办公室里憋出来的，一定出自客户，所以最简单的办法就是盘客，找置业顾问把已经买了房子的客户逐一访谈一遍，看看他们到底为什么购买，我们的项目满足了他们什么样的需求，从这

个结论倒推项目策略，同时修正出街广告、销售说辞。”

肖受历指了指大家手里的纸，接着说：“客户访谈的结果我们已经有了，今天就是来倒推策略的。”

肖受历看向赵笑律，示意他先讲讲兰园的客户情况。“兰园目前一共卖了39套房子，除了关系户，共有35组有效客户样本。”赵笑律正了正身子，看向辉哥和大熊，接着说，“昨天我们找置业顾问全部聊了一遍，大概的结果是这样的。”

赵笑律低头看向了手里的数据，继续说，“客户实际年龄都在35–50岁，因为限购，有一部分客户写了孩子的名字；客户都是多次置业，其中三次以上置业的占到了35%；客户的职业以企业高管、地产同行以及公务员为主；决策人以男性为主……如图1–6–1所示。

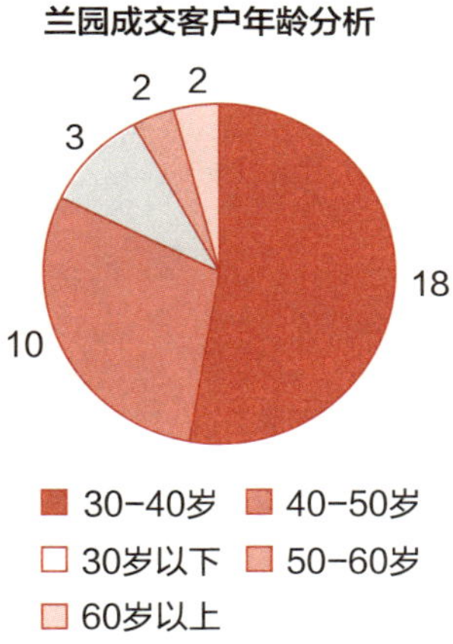

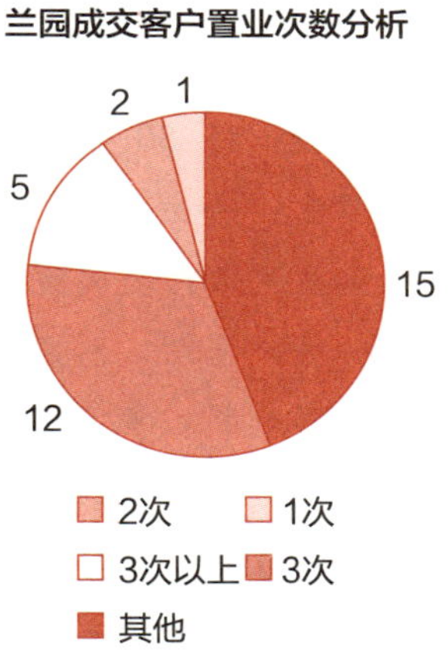

图1–6–1 兰园成交客户分析

客户的购买理由有四种：一是当作第一居所，占比 17%，客户对比最多的项目是鸣翠谷；二是满足家庭居住需求，占比 35%，其中看中赠送面积的占 24%，多口人居住的占 23%，喜欢露台、地下室、花园这些灰空间的占 53%，客户会和同区域的几个项目以及芙蓉湖的洋房进行比较；三是老带新的，占比 40%；四是地缘客户，占比 8%。”

赵笑律说完，便看向了肖受历：“肖哥，你看还有要补充的吗？”

“基本上都说完了，不过，还有一点没写到。”肖受历把纸放到桌子上，接着说，“就是那些未成交的客户大概有两种情况：要么买了芙蓉湖的洋房，要么没买兰园，短期内也没考虑买其他项目。我们再总结一下。”

肖受历起身拿起马克笔，在白板上写下了兰园客户画像。

兰园的客户画像

◇性别：以男性为主

◇年龄：35–50 岁，限购

◇职业：企业高管、地产同行、公务员

◇置业次数：多次置业

◇特征：理性 > 感性

◇购买动机：第一居所、别墅灰空间、赠送面积大、满足家族居住需求

◇对比项目：兰园、芙蓉湖、鸣翠谷

◇未成交客户：买芙蓉湖或者不买了

“客户画像很清晰了。”肖受历转过身看向赵笑律，接着说道，“再把兰园之前做的活动、广告都找出来看一下。”

赵笑律迅速在电脑上找到了兰园的文件夹，并依次打开了活动物料、广告画面文件夹。他把电脑正对着肖受历，辉哥和大熊也赶紧凑了上来，几个人围在一起，一张张地翻看着。

“你直接念出来！”肖受历说。

“举办的活动有梵高艺术展、3D 沉浸式艺术展、米其林梦幻美食节……”赵笑律一边左右翻页，一边念。

肖受历在白板上写着，头也不回地说：“画面和广告语呢？”

“VI[①] 是蓝色的，画面风格我就不知道了。”赵笑律盯着几个广告画面仔细看了看，支支吾吾地不知道怎么说。

“什么呀，这是蒂芙尼蓝！”辉哥赶紧补充。

“主画面风格是安迪·沃霍尔的波普艺术风，他给玛丽莲·梦露、迈克尔·杰克逊、约翰·列依以及毛主席都画过波普风的画像，还创作了苹果公司的海报，后面的几张海报借鉴的是草间弥生的波尔卡圆点！”大熊也连忙插话。如图 1–6–2 所示。

图 1–6–2 兰园路名牌广告（图灵公司调整前）

“哈哈，被嫌弃了吧！”肖受历扭头看着赵笑律，大笑着说。

“二位以后多多指教，我努力补课。”赵笑律为了赶紧逃离尴尬，马上大声念道，“广告语有‘一号人物的世界名片’‘住过四合院的人　更懂兰园’‘世界豪宅　献礼大人物’‘别墅新物种’……”

肖受历写完后，用笔敲了敲白板，说道：“广告推广大概就是这些！”

兰园广告推广要点

◇活动：梵高、沉浸式、米其林……

◇视觉：蒂芙尼蓝、波普风、草间弥生

◇广告语：“一号人物的世界名片”“住过四合院的人　更懂兰园”“世界豪宅　献礼大人物”“别墅新物种”……

---

① VI 是指视觉设计，即 Visual Identity。

说罢，肖受历便在周围画了一个大框，然后又在左边的客户画像周围画了一个大框，接着问："左边和右边对比一下，看出有什么问题吗？"

兰园的客户画像	兰园广告推广要点
◇性别：以男性为主 ◇年龄：35–50岁，限购 ◇职业：企业高管、地产同行、公务员 ◇置业次数：多次置业 ◇特征：理性>感性 ◇购买动机：第一居所、别墅灰空间、赠送面积大、满足家族居住需求 ◇对比项目：兰园、芙蓉湖、鸣翠谷 ◇未成交客户：买芙蓉湖或者不买了	◇活动：梵高、沉浸式、米其林…… ◇视觉：蒂芙尼蓝、波普风、草间弥生 ◇广告语："一号人物的世界名片""住过四合院的人　更懂兰园""世界豪宅　献礼大人物""别墅新物种" ……

见没有人吱声，肖受历又在右侧的框里继续写：

◇特征：艺术、感性、女性

◇购买动机：服务于审美、自我实现、精神属性>物理属性

"我又翻译了一下，你们再看看有什么问题？"肖受历继续问道。

"哦，我知道了，项目定位中的客户和实际的成交客户并不是同一类客群！"赵笑律恍然大悟。

"没错，客户错位了。"肖受历补充道。

"但是，肖哥，卖豪宅不都是要拔高调性吗？"赵笑律疑惑地问。

"不要只盯着表象，分析问题最怕没有逻辑思维，那样就没有评判标尺，只能跟着感觉走。"肖受历一边踱着步，一边说道，"给大家介绍一个我老东家的'价值逻辑选型方法论'，是一个非常实用的分析工具。"

最近这几天，赵笑律已经习惯甚至开始享受肖受历的这种工作模式了，每次遇到实际问题，肖受历都能信手拈来不同的思维模型方法论，赵笑律很好奇肖受历这百宝箱里到底储存了多少干货？

不一会儿工夫，肖受历又在白板上画了一个逻辑图，如图 1-6-3 所示。

逻辑五分法

城市逻辑

□依托项目在城市发展中的“利好”
□城市未来发展中心
□城市新中心
□与成熟核心板块强相关

土地逻辑

□依托土地本身物理价值的“利好”
□山、海、湖、河、森林等稀缺自然资源
□城市中央公园、大型市政公建、商业中心

产品逻辑

□独特的产品研发
□明显区隔竞品的“利好”
□市场稀缺或是顶级产品

品牌逻辑

□品牌认知基础与品牌号召力
□依托品牌，与其他逻辑全面强相关
□易于被感知和体验到品牌的价值

人群逻辑

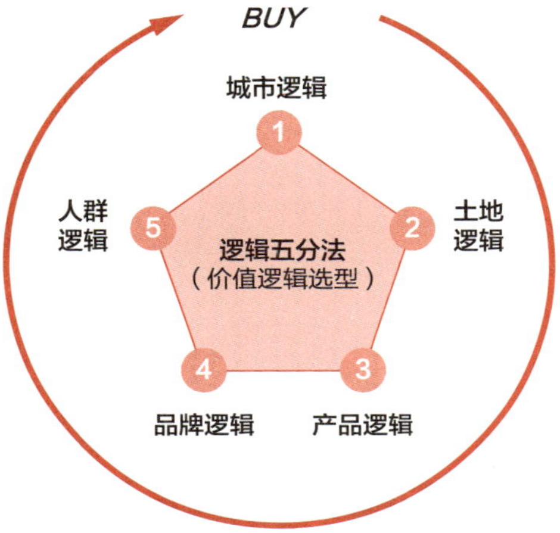

图 1-6-3　逻辑五分法

“这个方法论叫逻辑五分法，其实是给我们提供了一个分析项目的模型，一方面先‘做加法’，从五个维度出发，分类收集项目的所有信息，完整呈现项目的价值点。（如图 1-6-4 所示）

区域价值	品牌价值	硬件配套	自然景观	产品优势	竞品
中心概念 城市发展逻辑 产业优势 人口集群 所属板块 ……	品牌实力、站位 擅长领域 物业服务 园林景观 ……	交通配套 商业配套 教育配套 医疗配套 ……	一线河景 周边公园 山、海、湖 ……	城市综合体 楼间距 户型设计百变 最优户型 装标 售楼 设计师团队 ……	体量 去化情况 客户地图 价格 后期供货 客户敏感点及抗性 Tips 同业态、 同区域、同品牌 ……

图 1-6-4　分类收集项目信息

另一方面就是‘做减法’，再从五个维度中选择不超过两个，贯穿项目始终，并以此为中心，指引客群定位、产品定位、区域定位及营销定位和后续动作，这样能够做到资源及打法的聚焦。这与传统营销定位 STP 理论[①]中的市场细分有异曲同工之妙——越聚焦越具有穿透性，也越容易拿捏客户的心智。”如图 1–6–5 所示。

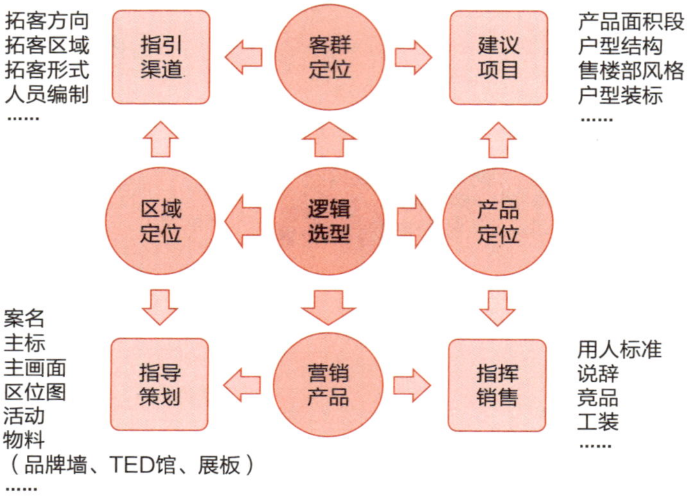

图 1–6–5　逻辑选型的作用

普及完逻辑五分法之后，肖受历用笔指着右边“兰园广告推广要点”一栏，继续问道：“广告推广追求‘美’‘艺术’等，这是什么逻辑？”

“客群逻辑。”

肖受历用笔指着左边“兰园客户画像”一栏，问道：“客户购买动机是第一居所、别墅、生态环境等，这些是什么逻辑？”

“产品逻辑。”

“还有呢？”

“城市逻辑。”

“不对，城市逻辑偏向未来，而‘三环旁的位置’‘和芙蓉湖城市关系’这些都是现在就有的，还有生态资源这些，属于什么逻辑？”

---

① STP 理论中的 S、T、P 分别是指市场细分（Segmentation）、选择适当的市场目标（Targeting）和定位（Positioning）。它是战略营销的核心内容，指企业在一定的市场细分的基础上，确定自己的目标市场，最后把产品或服务定位在目标市场中的确定位置上。

“土地逻辑。”

“所以，兰园正确的推广逻辑应该是土地逻辑+产品逻辑，现在的推广逻辑却是客群逻辑，并且与主力客群不匹配，价值输出明显错位了。”

肖受历端起茶杯喝了口茶，望着赵笑律，突然诡异地一笑：“你不应该最有发言权吗？你一个大老爷们，懂艺术吗？”

“完全不懂啊，而且也不太感兴趣！”

“所以，客户是理性的，广告推广却是感性的，跑偏了，对吧。”

“可是，兰园的广告推广也有很多聚焦到了产品上，比如‘别墅新物种’‘世界豪宅’这都是产品逻辑，并不是客群逻辑呀？”辉哥侧着头疑惑地问道。

“如果我们把兰园的朋友圈海报都仔细看一遍就会发现，在兰园的广告推广中，产品逻辑、土地逻辑、客群逻辑、城市逻辑、品牌逻辑全都使用过。”赵笑律回答道，“这说明兰园的推广逻辑是混乱的，压根就没有聚焦。”

“无论聚焦到哪个推广逻辑上去打广告，都必须以真实的客户画像为前提。但是，从目前的客户分析来看，并没有哪个客户觉得兰园是‘别墅新物种’，更别提‘世界豪宅’了。即使甲方认为是，也没有客户因为‘别墅新物种’，甚至‘世界豪宅’而去买兰园的。这两句广告语是产品逻辑没错，但并没有和客户的需求对位。”肖受历补充道，“现在来看，兰园纯感性的艺术输出和偏理性的男性决策者之间存在着非常大的错位，这也是为什么我们接触一个新项目必须先做客访的原因。”

辉哥点了点头。

“肖哥，今天我们是拿着客访的结果来复盘验证兰园的策略打法，那如果是一个全新的项目呢，还没有成交客户的数据，岂不是没办法指导策略了？”赵笑律较真儿的劲头也上来了。

“其实，在项目定位阶段是做过客户分析的，如果没有这些数据做指导，那就先假设再验证，等有了成交客户数据之后再进行修正。当然，不能指望一次做对、做全，随着对客户了解的逐步加深，要及时对客户数据进行优化升级。

千万不要像兰园这样，都卖这么久了，还没有意识到项目和客户错位，这才是最可怕的！”

肖受历捋着他那标志性的胡须，沉思了一会，继续说道，“根据我的心得感悟，我把项目操盘总结成了三个段位。

第一个段位：只关注‘我有什么’。

拿到一个项目后，快速梳理完价值点，结合过往经验，通过头脑风暴的方式产生一句主推广语就打出去。

比如：如果项目请了知名设计师，主打广告语就定为‘大师合筑 TOP 级豪宅’；如果项目客群是成功人士，主打广告语就定为‘府上皆人物’；如果项目位置好，主打广告语就定为‘一宅瞰繁华　一席容天下’，或者打造一个不明觉厉的新概念——‘悬浮在树梢的玻璃盒子’‘光幕玻璃墅’，甚至更干脆一点，直接将调性拔上天——‘世界和鸣　不止于往’‘世界潮流下的精神围炉’等；还有刚才提到的‘别墅新物种’‘世界豪宅　献礼大人物’。

显而易见，这是最低的操盘段位，甲方眼里只有自己，一味地拔高项目调性，完全的自嗨，根本不考虑客户匹配不匹配。

第二个段位：关注‘我有什么’和‘竞品有什么’。

楼盘的价值是比较出来的，这个段位的操盘手会从地段、供货、产品形态、价格等维度深入比较项目与竞品的优劣势，并从中找出项目的差异性价值和排他性价值，从而塑造项目的独特价值。这个段位的操盘水平又深入了一步，相当于做了产品细分，从而满足了一部分客户的需求。如果没有客户数据作为基础，起码要保证策略处在这个段位，如图 1–6–6 所示。

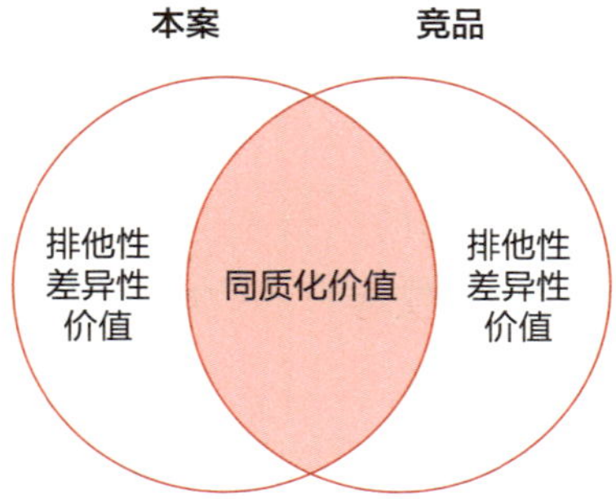

图 1–6–6　操盘的第二个段位

第三个段位：关注‘我有什么’‘客户要什么’和‘竞品没有什么’。

这个段位增加了客户维度，因为如果只是竞品没有，而项目有，并不一定代表是客户想要的。那么，刚才找到的和竞品有差异的地方就不是项目真正的价值点。这时就需要通过客户访谈找到客户的需求点，三者的交集就是项目的价值点，也就是机会点。”如图 1-6-7 所示。

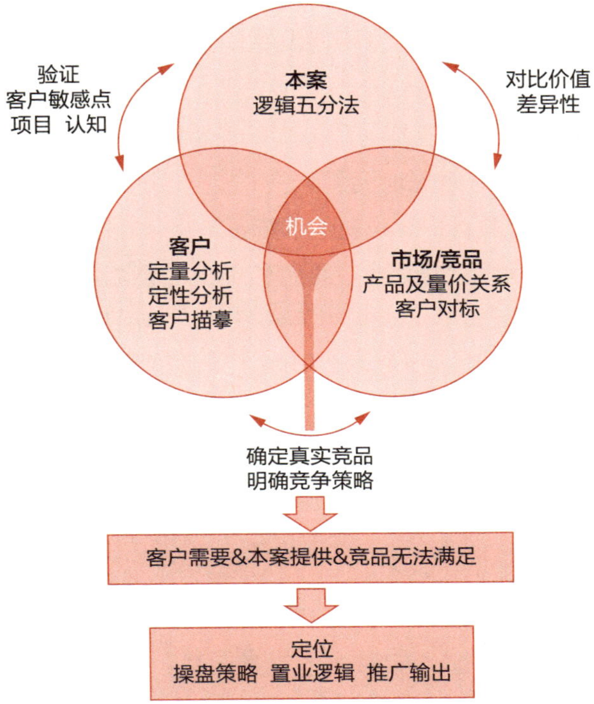

图 1-6-7 操盘的第三个段位

随着肖受历说完，白板上也出现了一个结构图，正是图灵公司分析项目常用的方法论——三元定位法（如图 1-6-8 所示）。赵笑律之前只是在公司方案里见过，并不知道实际怎么运用。

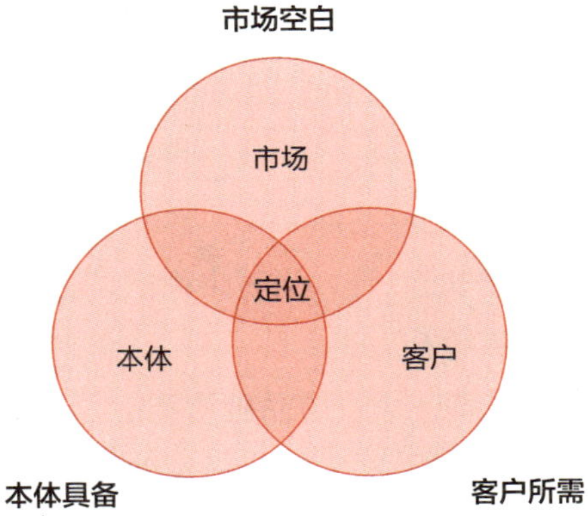

图 1-6-8 三元定位法

“肖哥，了解客户真的太重要了，不了解客户，什么都开展不了，一做就错。”赵笑律感叹道。

“之前不就强调过嘛，没有调研就没有发言权，了解客户就是在为决策做准备。”肖受历说。

“虽然之前听你说了，但是这几天真正经历了，才有深切的感受。”赵笑律为自己的后知后觉不好意思地笑了。

“现在，回到兰园项目，客户我们了解了，项目也熟悉了，市场也基本清楚了。”肖受历一边写，一边说道，“我们套入三元定位法（如图 1–6–9 所示），客户想要的，市场恰好没有或者做得不够好的，本项目正好具备的，三者交集就是兰园的形象定位。”

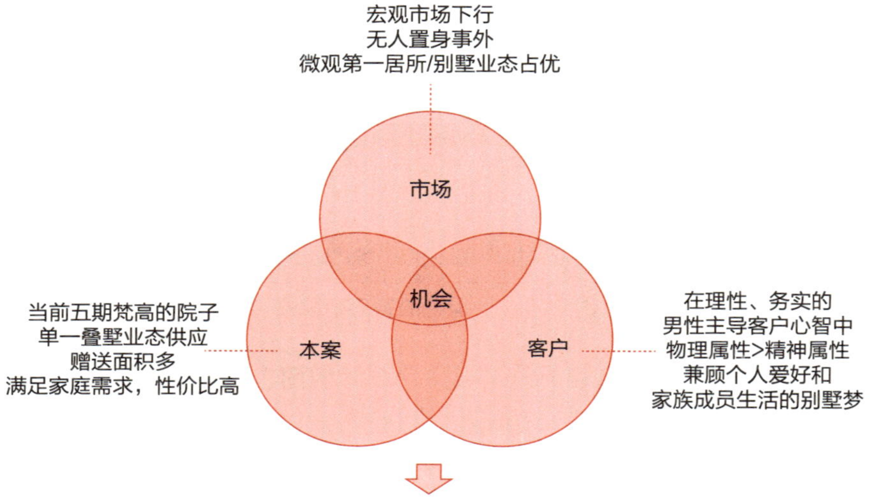

图 1–6–9　兰园的三元定位法

“综上所述，客户想要的城市别墅在市场上很稀缺，而兰园正好可以满足。”肖受历停顿了片刻，接着说，“所以，兰园的形象定位就是‘东三环第一居所　城市别墅’。”

“肖哥，我看过兰园早期的广告，当时出街的广告就是‘芙蓉湖 CBD · 终极置业 · 第一居墅’。”赵笑律补充道。

“是吗？说明城市别墅就是兰园的品牌资产，是应该坚持和重复投入的，只不过项目这几年求新求创意，这个定位早被忽略了，这次又把兰园的品牌资产找回来了。”

“我们再来看看营销策略怎么打。”肖受历一边踱着步一边问：“兰园真正的竞争对手是谁？真正的战场在哪里啊？”然后迅速走到白板前，用马克笔指了指左边的客户画像。

“在芙蓉湖和鸣翠谷。”赵笑律三人异口同声。

“没错，兰园 PK 芙蓉湖 PK 鸣翠谷！”肖受历点点头，接着说，“而芙蓉湖在售的都是洋房吧，所以，兰园 PK 芙蓉湖，竞争逻辑就是别墅 PK 洋房（产品逻辑），同等位置同总价段买别墅。”

肖受历又端起茶杯喝了口茶，赵笑律赶紧给他续满。

“接着往下看，兰园和鸣翠谷的竞争关系是什么？”肖受历继续追问。

见没人吭声，肖受历又说：“你们打开地图量一下，看看这两个项目的距离有多远？”

“超过了 20 公里，而且鸣翠谷已经到郊区了。”赵笑律很快在电脑上测出了数据。

肖受历又用马克笔指了指左边的客户画像，并在“第一居所”旁边画了一个圈。

“兰园在哪啊？”

“东三环边上。”

“对啊，这可是三环啊，寸土寸金的位置，与芙蓉湖仅一路之隔。李嘉诚说的‘买房买的是什么’？”

“地段，地段，地段！”

“所以，兰园 PK 鸣翠谷，竞争逻辑就是城市别墅 PK 郊区别墅（土地逻辑），同业态选城市别墅。”

赵笑律还沉浸在刚才的思考中，肖受历又说道：“基本上到这里，这个项目的竞争逻辑和策略方向就已经很清楚了。”

“你觉得策略该怎么打？”肖受历看着赵笑律问。

“和芙蓉湖、鸣翠谷抢客户。”赵笑律说。

“是的，打劫芙蓉湖，拦截鸣翠谷，这是分蛋糕的逻辑，市场蛋糕就这么大，僧多肉少，我们必须把客户抢过来，分一大块蛋糕。”如图 1-6-10 所示。

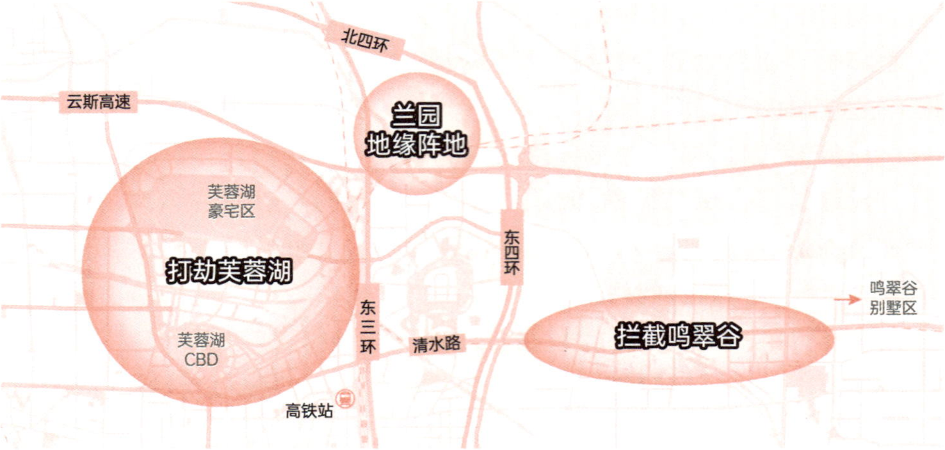

图 1-6-10　兰园的竞争策略

“那具体要怎么分蛋糕、抢客户呢？”肖受历追问道。

“呃……”赵笑律一时语塞。

“你回头自己做一下项目的 SWOT 分析就有答案了。”肖受历看了一眼手机，说道，“好了，差不多了，我们再一起回顾总结一下。”肖受历在白板的最右侧空白处写下：

项目诉求

兰园半年只卖了 2 套房，没有营销费用，分销不愿意合作，团队几乎“躺平”，集团施压赶紧卖房。一句话总结就是在没有外力的情况下，如何靠自己的本事卖房？

项目诊断

贴着艺术标签的推广，虽然跳脱了市场，做到了差异化，但是与客户需求不对位，锚定的竞品也错了。

项目破局

重新梳理竞争关系：兰园 PK 芙蓉湖，别墅 PK 洋房；兰园 PK 鸣翠谷，城市别墅 PK 郊区别墅。

核心策略

打劫芙蓉湖，拦截鸣翠谷。

“你去把刚才说的这些整理成方案，记得打印两份，我一会列一下接下来的工作计划，之后再跟景丽联系一下，看她什么时候有空，咱们去找她当面沟通。”

“没问题！”

肖受历又看向辉哥，说道：“辉哥，你可以先想想‘打劫芙蓉湖，拦截鸣翠谷’的广告语，我们从兰园回来再讨论。”

“好的！”

房地产营销工具箱

工具 1 逻辑五分法。从城市逻辑、土地逻辑、品牌逻辑、产品逻辑、客群逻辑五个维度分类收集项目的所有信息，完整呈现项目的价值点；再从五个逻辑中选择不超过两个，贯穿项目始终，指导营销资源和打法的聚焦，最终达到拿捏客户心智的目的。

工具 2 操盘的三个段位。第一个段位：只关注“我有什么”；第二个段位：关注“我有什么”和“竞品有什么”；第三个段位：关注“我有什么”“客户要什么”和“竞品没有什么”。

工具 3 三元定位法。客户需要的，市场恰好没有或者做得不够好的，本项目正好具备的，三者交集就是项目的操盘策略和置业逻辑。

7. 买点，而非卖点——客户思维下的传播逻辑

第 12 天　下午　多云　风力 2 级

吃过午饭，肖受历和赵笑律直接去了兰园。景丽听完他们的汇报后，顾不上中午休息，当即就带着打印好的两份方案直奔集团。肖受历和赵笑律则回到公司等通知，这会儿他俩正和辉哥讨论广告语的事。

“对了，你们做的 SWOT 分析呢，给我看看。”肖受历问道。

赵笑律赶紧转过电脑正对着肖受历，肖受历看了一会儿，说道：“还不够准确。”说罢便起身拿起马克笔，在白板上画了起来。（如图 1–7–1 所示）

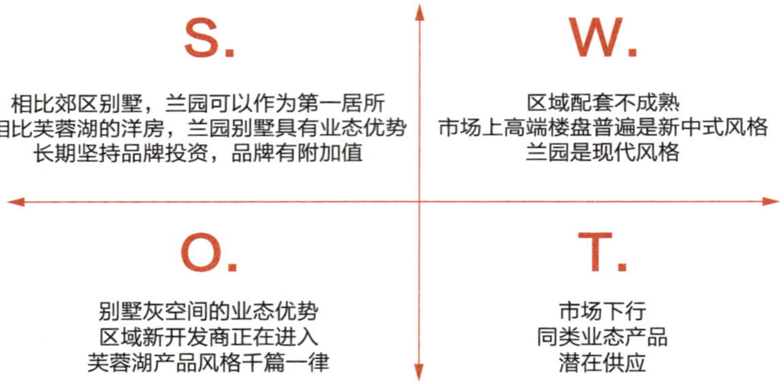

图 1–7–1　兰园 SWOT 分析

“好了，SWOT 分析有了，接下来怎么打劫芙蓉湖，怎么拦截鸣翠谷呢？其实，已经说得很清楚了，需要各自提炼出一句话。”肖受历看向赵笑律和辉哥，说道，“你们俩先想想，我出去抽根烟。”

20 分钟后，肖受历走进办公室时，赵笑律和辉哥两人讨论正欢，见肖受历进来，两人赶紧停下来，坐回了自己的位子。

“怎么样啊，你们有结果了吗？”肖受历问。

两人相互看了一眼，想笑又不敢笑。

“这么鬼鬼祟祟干吗，直接说呗，是不是要惊艳到我了。”肖受历更加好奇了。

“我们讨论了，最开始想的是这两句。”赵笑律看了看电脑，抬起头说，

“打劫芙蓉湖，广告语是‘人生有别　墅见高下’；拦截鸣翠谷，广告语是‘精英家庭　离不开城市’。”

“没了？”

“没了，一开始就觉得这两句挺好。”赵笑律看了一眼辉哥，不再作声。

“我就担心你们重蹈覆辙。”肖受历脸上闪过一丝失望的神情，他转过身，在上午写的“住过四合院的人，更懂兰园”这句广告语下面划了一道横线，并写了四个字“客户错位”。然后，对着赵笑律他们说：“从客户访谈的结果来看，住没住过四合院跟买不买兰园没有任何关系，这句广告语属于客户错位。”

接着，肖受历又在“一号人物的世界名片”“世界豪宅　献礼大人物”“别墅新物种”下面重重地划了一道线，继续说：“这些广告语，文字华丽、词汇高级，把本来朴实无华的表达变得华而不实，期望通过这种拔调性凸显项目很牛逼，这种方式虽然说出了甲方和一些广告人的心里话，但是客户看了却毫无感觉，甚至会不知所云，用李叫兽的话来说，这就是‘自嗨文案’，市面上充斥着大量这样的广告文案。”

肖受历停顿了片刻，接着说：“再看你们想的这两句广告语，‘人生有别　墅见高下’没有客群对位，也是自嗨，芙蓉湖是富人窝，是面子和身份的象征，买那里才是人生有别；‘精英家庭　离不开城市’这句话本身没问题，但是放到芙蓉湖项目上也行得通。”

见两人不作声，肖受历继续说：“营销就是要在各个环节都提升效率，好的广告语也能提升效率。举个例子，听过北京颐和原著吧？”

“听过，北京第一豪宅，还是你老东家的楼盘。”赵笑律回答。

“这是当时龙湖集团花大力气打造的代表作，位于圆明园、颐和园和畅春园三者的中心位置，具有帝王造园才看重的大好风水，还被赋予了浓重的历史人文色彩。这样高端的楼盘，自然非常重视宣传推广，我记得当时出街的广告语大概是‘传世府邸　国宝级私人收藏’‘典藏华人历史，荣耀华人未来’……”

“我印象最深的一句是‘之前，这里的主人姓爱新觉罗’。”赵笑律补充道。

“对，都是逼格非常高的广告语。”肖受历接着说，“但是，当年颐和原著的销售业绩并不理想，后来项目翻盘，出了一句全年最卖货的广告语，你们知道是什么吗？”

“这还真不知道。”赵笑律和辉哥面面相觑，不知所措。

“也是在跟销冠做客户访谈时激发的灵感。销冠说他感觉卖房过程中最打动客户的一句话是‘我们和颐和园仅一墙之隔，可以在里面散步’。于是，稍加提炼，就有了当时最卖货的广告语——‘一墙之隔，闲步颐和园’。”

“好有画面感。”辉哥说。

“当然，肯定不是说单纯改了一句广告语就能卖这么好，但它给了我两个启发：一是要关注客户的买点，而不是产品的卖点。发现了吗？我们认为的竞品 VS 客户心中的比较对象，其中有错位；我们认为的项目价值 VS 客户心中的项目价值，其中还有错位，这些错位就是营销效率损失的地方。”

“嗯，仔细一想，确实是这么回事。”赵笑律频频点头。

“都是常识。卖点，是站在开发商的角度提炼出的项目的独特优势，而买点，是站在客户的角度提炼出来的，是客户有感知的利益点。”

赵笑律突然想到了自己买车的经历，他说：“肖哥，我记得之前去买车，销售员上来就给我一通推荐，说‘这是我们的新款车型，喜欢可以试驾一下’‘这款也不错，是今年最流行的款式，您随便看看’‘这款色彩非常流行，价位也不高，驾驶也舒适，买这辆最合适’，他巴拉巴拉说了一大堆，但是都打动不了我，因为我的需求就是给媳妇买辆代步车，方便上下班，同时也能满足全家人自驾游的需求。”

肖受历点点头说：“广告语归根结底还是从客户那里来。你的产品再好，如果不能把它翻译成客户听得懂，而且跟他利益相关的语言，就都是无效的。”

“我想起一个段子：不要总觉得你有什么，要想想你能给我什么；没人关心你有什么，大家只关心从你这里能得到什么。”辉哥也插了话。

“其实就是两种思维模式：甲方思维和客户思维。”肖受历补充道，“甲方思维会让你陷入‘我方认知偏见’，毕竟楼盘就像是自己的孩子一样，倾注了太多心血，你会觉得自己的项目哪都好，客户肯定喜欢，很少有开发商能克制住不说自己的价值点，但这些不一定是客户想要的，他们更认可的真实价值是他们自己能感受到的。说白了，我们不是帮开发商卖房子，而是帮客户买房子。”

“我也是第一次知道要做客访，觉得客访真是太管用了。”辉哥笑着说。

“可不是嘛，客访就是在寻找买点，找到客户买我们房子的真正理由。”肖受历说。

“肖哥，第二个启发是什么？”赵笑律问。

“广告要口语化，这个你们应该都懂啊。”

肖受历扫视了一下旁边的书架，然后迅速起身拿了两本书过来，问：“公司的必读书目《超级符号就是超级创意》都看了吗？”

两人再次点了点头。

“都认真看了吗？广告的本质是口语化，书面语言是属于眼睛的，只有口语才能同时发动眼睛、耳朵和嘴巴。所以，广告创作一定要口语化。”

肖受历一边翻着书，一边继续说：“还有传播，其实不应该叫传播，应该叫播传，就是你播了一个广告，然后客户会把你的广告内容向别人传播。你们要是看了书，不应该还写这样的广告啊！”肖受历皱起眉头。

见两人不作声，肖受历又把另一本书举在手里对两人说：“还有这一本，《吴军阅读与写作讲义》，书里说人天生有两个阅读瓶颈，一是人脑接收信息的带宽，人 1 秒钟能接收 15~25 个汉字，比如一本 400 页的小说，4~7 个小时可以读完，但这是个非常快的速度，一般人做不到；二是人眼识别图像的速度，人读书越多，图像识别速度越快，一旦遇到生字，速度马上会降下来。

那么，如何提高阅读效率呢？阅读速度不可能无限快，我们能做到的就是提高图像识别速度，也就是多用熟悉的词组，这样语速会加快，很可能默读了前两个音节，整个词组就识别完了，比如：货比三家，买首府；今年买明年住，结婚上学两不误。”

赵笑律看了一眼书，说：“肖哥，这本书我也看过。”

“看过？看过为什么不用？知道和做到永远是两码事！”肖受历带着一点怒气质问。

赵笑律终于忍不住了，笑着说：“肖哥，我们懂你的意思，所以又想了几句广告语。”

“快说啊，还藏着掖着呢！”肖受历真有点生气了。

“一句是‘芙蓉湖旁，全家庭的院子’；另一句是‘别墅中的第一居所’。”

“这不比刚才那两个好？”肖受历紧锁的眉头渐渐舒展开了。

“不过，我们俩觉得下面两句更好。”赵笑律接着说，“针对打劫芙蓉湖的广告语是‘可以兰园墅　何必芙蓉湖’；针对拦截鸣翠谷的广告语是‘京州三

环买兰园 第一居所城市墅’。”

“这两句多好啊，既口语化，还能播传，为什么不早说！”肖受历瞪大眼睛看着他们，“你们在耍我呢？”

“肖哥，其实我们也觉得这两句挺好，但是看了兰园之前的广告，我们担心甲方不喜欢。”辉哥小心翼翼地说。

“还没给他们看呢，怎么自己就先退缩了？再说，认不认是他们的事，我们自己得相信科学吧。”

“主要是他们之前的广告太艺术了，怕他们会觉得 low，所以不敢提。”辉哥补充道。

肖受历拿起手机，一边翻看一边说：“我刚出去抽烟的时候，刷了一会朋友圈，看到两张海报。”肖受历把手机递给两人看，说道，“一张是开发商的发布会照片，主题是‘亿’呼‘北’应；另一张是新楼盘的入市广告照片，主题是‘封卷江来，巅峯之座’。我看第一遍的时候不敢读，怕认错字。”

肖受历放下手机，问道：“怎么样，你们觉得这广告是 low，还是高端？”

“自嗨，谐音梗！”赵笑律说。

“如果按兰园的广告标准，这应该算高端了吧？”

辉哥点了点头。

“但是，我感觉每个字都认识，就是不知道到底在说什么。”肖受历尴尬地笑了笑，继续说，“你们写的广告也犯了地产广告的通病，就是都喜欢追求所谓的调性和逼格，不管是单价八千，还是单价八万的项目，广告文案基本都是一样的套路——高端、大气、上档次。反正客户看不懂就对了，看不懂才会显得楼盘高贵神秘，看懂了就是 low。而且，这些广告语是不是站在开发商的视角写出来的卖点文字？”

“是的。”辉哥说。

“广告语充满着爹味妈味。”

“爹味妈味？”赵笑律脸上写满了疑惑。

“爹味就是说教感，妈味就是焦虑感，这么多年来，房地产行业广告背后的逻辑大多如此。当想要传递某个卖点时，第一反应就是看看这个卖点能不能提炼成一个字或者组成一个词语，如果不行，就使用谐音梗或者生僻字来传达自己的文化理念。”

肖受历捋着他那标志性的胡须，又陷入了沉思，“所以，我不希望你们也误入歧途，让你们看公司的必读书目也是这个目的。”

“肖哥，‘可以兰园墅　何必芙蓉湖’反映的是昨天置业顾问说的一个情况：同样价位，在芙蓉湖买洋房，不如在兰园买别墅，面积大，赠送多，更划算，于是我们就想到了这句话。”

“很好啊！这就是客户的‘原音再现’，和‘一墙之隔　信步颐和园’如出一辙，而且还用上了‘可以……何必……’的超级句式。广告语的最高境界就是多用俗语、谚语，因为俗语不设防，一次就记住，看到就相信。你们这句广告语还给客户下了断言——就要买兰园的别墅——建立了不容置疑的事实感，直接给结论，说动客户行动，降低客户的识别成本、阅读成本，最终降低项目的营销传播成本。”

肖受历又在白板最右侧的“核心策略”下方加了一段文字，现在的项目诉求、项目诊断、项目破局和核心策略是这样的：

项目诉求

兰园半年只卖了2套房，没有营销费用，分销不愿意合作，团队几乎“躺平”，集团施压赶紧卖房。一句话总结就是在没有外力的情况下，如何靠自己的本事卖房？

项目诊断

贴着艺术标签的推广，虽然跳脱了市场，做到了差异化，但是与客户需求不对位，锚定的竞品也错了。

项目破局

重新梳理竞争关系：兰园PK芙蓉湖，别墅PK洋房；兰园PK鸣翠谷，城市别墅PK郊区别墅。

核心策略

打劫芙蓉湖，拦截鸣翠谷。

针对芙蓉湖——可以兰园墅　何必芙蓉湖

针对鸣翠谷——京州三环买兰园　第一居所城市墅

肖受历捋了捋他那标志性的胡须，沉思了片刻，看着两人说道：“嗯，这下就完美了。”

这时，肖受历的手机响了，他看了一眼是景丽打来的，示意大家安静，便开了免提。

“肖总，我长话短说。”大家已经听出了景丽的声音，“总裁已经同意咱们的方案了。”

“集团其他领导也同意了？”

“也算同意了吧！”

“这是好事啊！”

“不过，总裁要求两个月内卖10套房，从明天开始计算。”

“这……”

“我申请的条件是集团高授权，这两个月内我们自己做主，集团的人不要干涉。”

“哎哟，真不容易啊！”

“而且，我还在所有领导面前签了军令状——如果两个月完不成任务，直接辞职走人。”

“你这是破釜沉舟，背水一战啊！”

“我也不知道是不是应该开心，不过，起码不用折腾集团的指标了。今天你们也可以早下班，不用再加班赶任务了。”

“哈哈，感谢景总！”

“接下来完成卖出10套房的任务就靠你们了，你们得帮我打赢这场翻身仗啊！”

“哈哈，这压力够大的啊！”

“是啊，好了不跟你说了，我今天约了朋友吃饭，我这悬着的心也终于放下了，不管了，我要去大吃一顿。”景丽爽朗地大笑着，“你们也聚个餐啊，放松放松。”

“好嘞，景总，回聊！”

挂断电话，肖受历自顾自地感慨道：“太难了，对职位高的人来说，常识就像氧气一样，越往高处走，就变得越稀薄，不过好歹看到希望了。”

赵笑律嘟囔着：“肖哥，你觉得两个月能卖10套吗？”

“理论上是可以的，看执行程度了。理论只占1%，剩下99%都是执行。”

一阵沉默后，肖受历突然笑着说：“别想这些了，晚上你们想吃什么，火锅还是烧烤？”

房地产营销工具箱

工具1 营销，要关注客户的买点，而不是产品的卖点。卖点，是站在开发商的角度提炼出的项目的独特优势；而买点，是站在客户的角度提炼出来的，是客户有感知的利益点。

工具2 我们认为的竞品VS客户心中的比较对象，其中有错位；我们认为的项目价值VS客户心中的项目价值，其中还有错位，这些错位就是营销效率损失的地方。

工具3 广告的本质是口语化，书面语言是属于眼睛的，只有口语才能同时发动眼睛、耳朵和嘴巴。所以，广告创作一定要口语化。

8. 攘外必先安内——销售力物料的底层逻辑

第 13 天　多云转晴　风力 2 级
距离对赌截止日还有 60 天

往常的赵笑律，每天都在拼命赶路，从来没有好好看看路边的风景。今天的他，特意提前一站下了地铁，在公司附近的河边溜达了一圈。旭日东升，阳光照耀在河面上，反射出星星点点的光芒。

一个月前，赵笑律还深陷在行业的焦虑、迷茫中，现在，图灵公司教会了他很多东西，关键是改变了他对房地产广告的认知，他也再次找到了工作的价值和意义。逻辑五分法、三元定位法、正负循环模型……他从肖受历身上真切地感受到了方法论的力量。尤其是经过这些天和团队的努力，他们终于可以通过科学的营销方法重新实操兰园项目了。

赵笑律好久没有这么放松了，此刻，他大口呼吸着新鲜空气，放任自己沉醉于这早晨的美好。

回到公司，赵笑律反复翻看自己的笔记，虽然他昨天也听肖受历讲了这些方法论，但还是有很多不理解的地方，等肖受历一到公司，立即连珠炮似的问了一堆问题。

肖受历有点不耐烦了："别急，好吗，这不兰园要落地了嘛，咱们一点点地在工作中实践，这样你就更容易理解了。"

两人呆了半晌没说话，肖受历打破了沉默，说道："既然要按照我们的策略执行，那就要重新拟定工作计划，你去把辉哥和大熊叫过来，一起说说。"三人落座后，肖受历给每人倒了一杯茶。

"昨天我们跟项目上也达成了一致，攘外必先安内，优先聚焦能提升转化率的营销动作，新的工作顺序是这样的。"肖受历起身拿起马克笔，在白板上写道：

兰园工作计划

销售力物料

销讲话术
团队激励政策
户外广告内容更换
分销激励政策
分销约谈
……

肖受历指着这些内容，接着说："销售力物料、销讲话术是首先需要花时间和精力打磨的；还有户外 100 个路名牌广告，这是他们既有的广告渠道，特别适合用来'打劫芙蓉湖'，到时候替换一下画面就行；'拦截鸣翠谷'的营销动作先放放，等以后有机会再说；这些做完了，就把分销约过来，重新讲解项目价值；同时，项目上要考虑团队激励政策和分销激励政策。

这些动作基本上都是基于项目现有的资源进行重新整合的，不需要再额外投入很多费用。"肖受历一边踱着步，一边捋着他那标志性的胡须，看向赵笑律，接着说，"这是大概的工作计划，我昨天列了一个表格，一会儿发你，你再整理一下，晚一会我们和景丽碰一下，把每项工作的进度、完成时间、负责人都拆分得清清楚楚。景丽现在最需要的就是这个了。"

赵笑律点点头，但面带疑惑地问道："肖哥，既然路名牌广告是现有资源，早晚都要换，为什么不先换呢？提前发声不是能早点精准吸引客户吗？"

"还记得价值价格模型吗？"

"记得，客户愿意买房是因为他感知到的项目价值 > 价格。"

"所以，必须先讲对价值，再开门做生意。"肖受历接着说，"我们一直在强调转化率的重要性，辉哥和大熊昨天没听到，我再简单总结一下，高转化率会带来两个好处——客户好口碑和分销高意愿。"说着，肖受历又在白板上画了一张逻辑图，如图 1-8-1 所示。

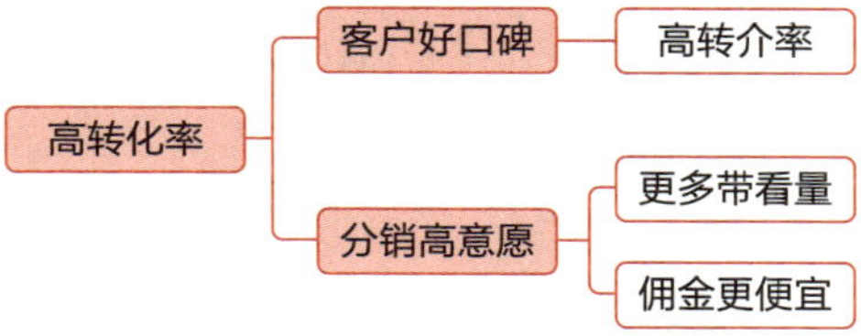

图 1-8-1　高转化率的两个好处

“项目口碑好了，客户就会推荐朋友购买，甚至产生重复购买，从而带来高转介率；而分销意愿高了，带客的积极性就高了，哪怕佣金降低，他们依然愿意合作。”肖受历接着说，“正因为转化率如此重要，所以我们必须先把案场做扎实，眼下最需要做的就是案场的物料准备。”肖受历用马克笔在“销售力物料”几个字下面重重地画了一道粗线。

“其次是这个。”肖受历又在“销讲话术”几个字下面重重地画了一道粗线。

“这两个其实可以同步完成。”

“什么是销售力物料？”辉哥小声问道。

“营销是心理战，案场接待的每个客户触点都要有对应的物料来做心理博弈。所以，物料很关键，物料是置业顾问的十八般武器，有助于卖房的物料我们称之为销售力物料。”肖受历答道。

赵笑律皱了皱眉头，略带疑惑地说：“我印象中很多案场的物料都是没有价值的，尤其是那些追求调性、高大上的展板，都是摆设，置业顾问压根也不会用。但是销售力物料……”

肖受历见状，反问了一句：“你们觉得什么是销售力物料？”

三人相互看了一眼，一时不知如何回答。

“看过电视剧《安家》吧？”

赵笑律和辉哥点点头。

“卖跑道房那集，房似锦给宫蓓蓓夫妇看了一张她手绘的地图，主要是提示周边一公里范围内有哪些配套，你们对那个地图有印象吗？”

赵笑律这才恍然大悟：“那个地图很详细，有几家学校、几家商场、几条公交线路，甚至几家便利店都标得很清楚，而且还写了步行需要的时间。”如图 1-8-2 所示。

肖受历喝了口茶，点点头说：“那个地图就是销售力物料，它一定是可视化的，一定是让人看得见、看得清、看得懂的。再说具体点，就是能用图的就不用嘴，能用图表的就不用数字，能激发代入体验的就印出来！”

肖受历拿起马克笔，起身在白板上写道：

图 1-8-2　电视剧《安家》截图

销售力物料

要求：可视化、标准化

“举个例子，如何对客户讲清楚买保险能更好地规避风险？假如只用口语表达，会有两个难点：一个是专业术语客户不一定听过，解释起来时间成本很高；另一个是算账，保险销售员通常会为客户提供不同的投保方案，告诉客户越早投保越能更好地应对风险，这很难凭一张嘴就说得清楚，即使你能说清楚，客户也很有可能听得云里雾里。所以，最好的办法就是借助图片和图表，将视觉和听觉结合起来，把风险可视化，客户就能听懂。”

“那类似书柜的安装步骤，标明哪个地方用哪块板，用什么样的螺丝，并附带照片，这样的呈现是不是也可以称之为可视化？”赵笑律说。

“还有一些方便食品包装袋上使用简笔画来表示食用方法。”辉哥补充道。

“没错，很多说明书都使用图片说明的方法，让人一看就懂，都是可视化物料。”肖受历想了一会，继续说，“这跟人接受信息的基因也有关，人天生对小不敏感，比如，人感知不到纳米有多大。因此，当需要展示数量时，尽量不使用具体数字，虽然数字在表意上很准确，但是无法引起受众的共鸣。

不过，人天生对具体物件的相对大小很敏感。比如：两个鸡蛋放在一起，一个比另一个大 5%，谁大谁小，一目了然。所以，但凡要展示数量，要多用图形、图表或者其他主观方式，这样呈现的效果才最好。”如图 1-8-3 所示。

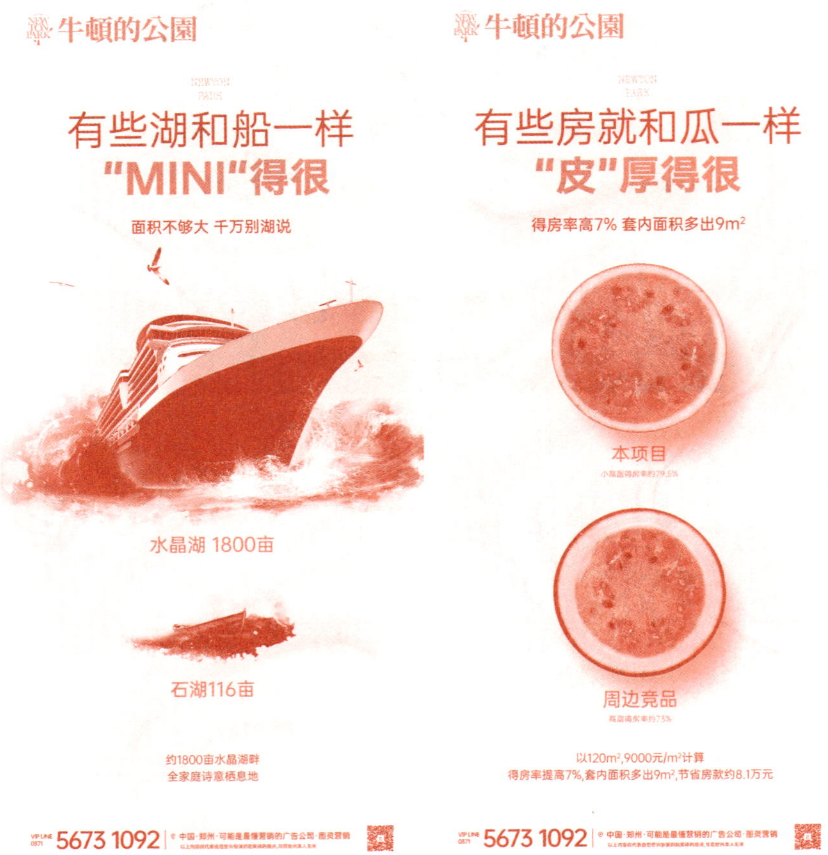

图 1-8-3　图灵营销出品的海报

“如果售楼部的物料都按这个要求来设计，估计都不需要置业顾问了，客户自己就能看懂吧。”赵笑律笑着说。

“你别说，还真有这个可能。”肖受历一边踱着步，一边说，“我们完全可以把销售力物料当作不说话的置业顾问，物料上展示的内容都很直观，确实不需要怎么讲解，客户自己看就能明白。”

“而且，这样还降低了客户的识别成本、阅读成本和理解成本。”赵笑律补充道。

“正解！不过，用销售力物料取代置业顾问还不现实，毕竟谁也不想和一堆冷冰冰的物料谈买房。”肖受历又走到白板前，用马克笔在刚才写过的内容下面继续写道：

销售力物料

要求：可视化、标准化

目的：①拔高——项目价值解读水平；②拉平——置业顾问水平差（经验、智商）

然后，肖受历放下马克笔，回到座位上，说：“为什么要做销售力物料呢？简单来说，就是“一拔一拉”。汲取整个团队的‘最高智慧’，从而拔高项目的价值解读水平，并形成物料工具，最终实现拉平置业顾问水平差的目的。

如何拔高？比如，对于项目土地价值的理解，具有‘最高智慧’的人通常是区域总裁、总经理或者投拓总，我们一定要听取并理解他们的价值解读，将其转化成销售说辞，同时制作成可视化物料；对于产品价值解读的理解，具有‘最高智慧’的人通常是产品研发负责人、景观负责人，产品的发心、情怀、取舍只有他们最清楚。”

“这是要访谈这些负责人吗？”赵笑律满脸疑惑。

“对呀，电话、面聊，甚至发邮件都可以，一会儿咱们找景丽沟通，让她来安排。”

赵笑律没想到做个物料还这么麻烦，他之前都是在网上搜搜其他人的案例作为参考，然后抄抄改改就行了，怎么有逼格怎么来，一两个小时就能写出一套展板物料。

“当然，还可以萃取销冠的成功经验和销讲话术，变成标准化、可复制的知识模块，纳入每个置业顾问的经验库。既要‘杰出的个人’，也要‘杰出的团队’。”肖受历喝了口茶，继续说道，“特别要强调的一点是，有时候我们会觉得项目是标准化的产品系，没有什么特色和优势，甚至一些研发负责人也认为如此。这时候，我们要避免‘知识的诅咒’，去主动挖掘价值点。”

“知识的诅咒？”赵笑律有些疑惑。

“听过吗？”

“好像有点耳熟。”

“我说个广告案例你就知道了。大卫·奥格威的老师克劳德·霍普金斯，曾为舒利兹啤酒写过一句广告语：‘每一瓶舒立兹啤酒，在罐装之前都要经过高温纯氧的吹制，才能保证口感的纯冽。’但舒利兹啤酒的创始人并不接受这句广告语，尽管当时舒利兹啤酒卖得并不好。”

“肖哥，这个我有印象了。”赵笑律说，“有一次，舒利兹的老头出差，碰巧在火车上遇到了霍普金斯。霍普金斯希望得到舒利兹啤酒的卖点，免费提供一条广告语。老头说我这个啤酒最大的问题是‘它没有卖点’，跟别的啤酒都差不多，都是德国工艺、德国口味，清爽感动世界，所以这都不是卖点。但霍普金斯觉得只要是个产品就有卖点。之后，他让舒利兹的老头从头到尾讲了一遍生产流程，从怎么弄啤酒花、怎么发酵、怎么酿制、怎么灌装，直到怎么运输。

听完以后，霍普金斯立刻找到了卖点，于是写出了上述那条广告语。舒利兹的老头拿过来一看就笑了，认为霍普金斯没卖过啤酒，是外行，广告语中说的并不是卖点，而是啤酒的标准生产工艺，不用纯氧吹一下，啤酒就坏啦！

面对老头的嘲讽，霍普金斯很生气地说：‘我出钱给你做广告，赚了你再还我，不赚钱，算我自己亏。’结果广告投放了仅仅几个月，舒利兹啤酒的销量就从美国市场第五名上升到与第一名并驾齐驱。”

“是呀，主要是因为我们对一件事太熟悉了，就觉得这一切东西实在没什么好说的。比如：五重景观园林可能是很多项目的标配，所以，在很多人的潜意识里，这就不是价值点，讲解时点到为止就行。

但实际情况是，如果在谈判阶段需要深入提升客户对项目的价值认知，完全可以展开讲一讲五重景观园林是如何搭配的，能带来什么好处，进而可以展开讲一讲成熟全冠移植的 N 个步骤。这时，对于客户来说，五重景观园林就有可能变成项目的独特卖点，因为竞品没有讲，他们被‘知识诅咒’了，不认为这是卖点。”

赵笑律、辉哥和大熊都点了点头。正如往常一样，当最后的答案浮现时，不过是普通的常识罢了。

肖受历又喝了几口茶，转过头看了一眼白板，接着说：“再来看第二个目的，拉平置业顾问水平差。如果给兰园置业顾问的接待能力打分的话，你会打多少分？”

“呃……这个不好说吧，有高有低。周爱是销冠，能力很强，我会打85分，其他人有的70分，有的50分吧。”赵笑律回答道。

“没错，每个人的接待水平都不一样。90分的置业顾问接待十组可能成交四五组，而50分的置业顾问可能接待十组只能成交一组，这样会白白浪费很多客户。怎么办呢？总不能只让能力强的置业顾问去接待客户吧，这不现实；或者，多培训、多考核，强迫能力弱的置业顾问快速成长？这也是个办法，但效率不高，而且逼得太紧，很有可能会把置业顾问逼走。最好的方法就是复制销冠，把销冠或者其他高销有效的经验方法复制给团队的其他置业顾问。”

“难怪上次客访结束后，肖受历当时就让景丽把周爱的方法分享给了团队。”赵笑律心想。

“还可以提供一套销售力物料，置业顾问按照这个框架去讲，就不会出现信息遗漏，哪怕照着读，死记硬背，这样接待能力就不会差，能力强的置业顾问有了这些物料，就更得心应手，如虎添翼了。综合下来，整个团队的接待能力就可能达到80分，甚至更高。效率提升了，项目的转化率自然也就上来了！”

赵笑律盯着白板，沉浸在思考之中，他感觉今天肖受历的想法就像泄洪一样，滔滔不绝。

肖受历思索了一会儿，盯着赵笑律似笑非笑地说：“我一直都想把这些销售力物料标准化，但一直未能成行，如果你感兴趣的话，从现在开始，就有意识地去建立销售力物料资料库，资料来源可以是我们自己实操的，也可以是从其他项目上看到的，区位图、单页、海报、展板等，只要符合我们刚才讨论的要求的，都可以留意一下。”

赵笑律欣喜异常，正好他自己也喜欢搜集资料，就爽快地答应了。

“只是，为什么要建这个销售力物料资料库呢？”辉哥不解地问。

“可以从东西方不同的管理哲学理解。我们东方的管理哲学是追求卓越，要的是精益求精，你要做100分的人，做120分的事，怎么做？不知道，自己悟去；而西方的管理哲学是提供一个标准动作，所有人照着做，尽量用标准化动作拉平人与人之间的智商负差距，让群体表现接近智商高点。最终，让 80% 的人做到 80 分，这样的结果就已经超过 90% 的公司了。”这时，肖受历看向辉哥，问他：“辉哥，如果有人问你如何选择一个好的人生伴侣，你会怎么回答？”

“那要看运气了，遇到了就遇到了，遇不到那就再等等。”辉哥害羞地说。

“那要等到什么时候呢？如果要是等不到呢？”肖受历接着问。

“呃……”辉哥支支吾吾不知道该怎么回答。

“这就是东西方文化的差异。就像你说的，东方文化认可在最好的年华，遇见最好的人。那怎么遇见呢？看缘分。什么是缘分呢？看感觉。那什么是感觉呢？你到时候就知道了。那什么时候才是‘到时候’呢？有感觉了，就到时候了。这样就相当于把遇到合适伴侣的确定性交给了运气，放在了极大的风险中。

但西方文化不是这种观点。2000 多年前，苏格拉底就说要把时间分为三段，第一段用于体会什么是‘感觉合适的缘分’；第二段用于验证第一段的判断；第三段遇到第一个符合这个标准的，立刻下手，绝不回头。这是在利用流程、步骤、方法论，把选择伴侣的‘道’工具化了，现在，有人把这个工具进一步升级，提出了‘用 37% 的时间观察，用剩余 63% 的时间出手’，这样就更科学了。

这就是‘工具思维’，也是东西方管理最大的不同之处。在西方管理中，凡事总能列出 1、2、3……，把那些飘忽不定，不可说的‘道’，变成可执行的‘术’，提高结果的确定性和品质的稳定性。‘君子性非异也，善假于物也’。

同样的道理，通过一套标准化的销售力物料，让我们服务的项目减少废动作、少做无用功，提高效率、多卖房，我们自己的团队也不用那么苦逼地每天加班、反复改稿，达到双赢的结果，大家都开心，多好的事啊。”

“我也愿意参与！”辉哥兴奋地说。

“好啊，欢迎！”

“你们觉得需要多长时间去建立一套销售力物料资料库？”

“两三个月？”赵笑律说。

“太着急了，你这明显是小看了物料的价值啊。以我十几年的从业经验告诉你，把物料列为营销最重要的工作都不为过。况且，知道和做到是两码事，你也得有自己的实操、实践。所以，我觉得至少一年吧，一年时间建好资料库，要有方法、有案例，到时候在公司做个分享，作为大家的销售力物料指南。”

“行，没问题！”

“就从兰园开始，先做好‘灵魂三问’！”

房地产营销工具箱

工具 1 销售力物料一定是可视化的，一定是让人看得见、看得清、看得懂的，而且能用图的就不用嘴，能用图表的就不用数字，能激发代入体验的就印出来。目的是“一拔一拉”，汲取整个团队的‘最高智慧’，从而拔高项目的价值解读水平，并形成物料工具，最终实现拉平置业顾问水平差的目的。

工具 2 知识的诅咒，即我们对一件事太熟悉了，就觉得这一切东西实在没什么好说的。

工具 3 东方的管理哲学是追求卓越，要的是精益求精，你要做 100 分的人，做 120 分的事，怎么做？不知道，自己悟去；而西方的管理哲学是提供一个标准动作，所有人照着做，尽量用标准化动作拉平人与人之间的智商负差距，让群体表现接近智商高点。

“工具思维”是西方管理与东方管理最大的不同之处。在西方管理中，凡事总能列出 1、2、3……，把那些飘忽不定，不可说的‘道’，变成可执行的‘术’，提高结果的确定性和品质的稳定性。

推荐学习：①得到课程：跟张威华学销售——高效成交的 8 个节点

②《吴军阅读与写作讲义》

9. 灵魂三问（一）——为什么买区域？为什么买项目？为什么现在买？

第 13 天　多云转晴　风力 2 级

距离对赌截止日还有 60 天

肖受历再次拿起马克笔，起身在白板上写道：

灵魂三问

为什么买区域？为什么买项目？为什么现在买？

接着转过身说道：“这是‘灵魂三问’，还有的时候把‘为什么买地段’也加进去了，大差不差，区域、地段分分合合而已。有些项目还要解决第四问——为什么要买这个业态？比如：别墅、公寓、写字楼、商铺、商墅等。”

“肖哥，那这个内容应该怎么写呢？”赵笑律第一次接触“灵魂三问”，有些无从下手。

“不要老想着管我要答案，直接把最后的结论摆在你眼前，你能学到什么呢？只有你亲自动手参与了，才是真正的学习；否则，你和微信群里那些天天伸手要资料的有什么区别！”肖受历生气地说，“而且，我也不一定有答案，我昨天列出来的那些只是给景丽汇报用的，仅供你参考，你要自己多思考、多摸索，最后找出答案。”

上午 10：30 左右，肖受历、赵笑律和景丽、崔华共同开了个线上会议，四个人把新的工作计划及排期一起梳理了一遍。确定完之后，景丽开心地说：“看到这个排期，我总算是吃了一颗定心丸。”

四人不约而同地笑了起来。

“景总，还有个事需要麻烦你一下。”肖受历说，“我们想对项目总进行一次访谈。”

“你们是想了解什么？”景丽问。

“想问问当初为什么拿这块地？公司是出于什么样的考虑。”肖受历答。

“我们接下来要设计的物料需要这些内容支撑。”赵笑律补充道。

“他这几天不在项目上，要不你们把问题列一下，我发微信给他，他回复了，我再转发给你们。”景丽说。

“也行。”肖受历说，“一会儿就发你。”

接下来的大半天，赵笑律一直埋头于搜资料、找参考。从城市规划文本、各种政策文件，到项目规划文本，甚至十多年前的城市别墅广告都被他挖了出来。

晚上九点多，肖受历来到赵笑律的工位旁。

“怎么样啊，什么进度了？”

“搜了很多资料，正在梳理。”

“拿上你的电脑去我办公室吧，咱一起讨论一下，加快下进度！”

赵笑律迅速拿上电脑，小跑着来到肖受历的办公室，趁着投屏的空隙，肖受历说：“兰园项目总回复了。”

“嗯，怎么说的？”

“这是清水区最后一块地，最开始拿地的时候，兰园所在的地方还相当于郊区，又偏又破，除了生态环境好，什么都没有。但是，城市是向东发展的，我们坚信未来这块土地肯定烫手烫金。现在芙蓉湖 CBD 已经成了城市中心，芙蓉湖豪宅扎堆，兰园只一路之隔，将从格局上与之相融，价值上与之共生，未来必然是价值高地。”肖受历拿着手机念了起来。

赵笑律连好投屏设备，一个个地展示他搜集的资料，以及可以参考的画面形式。展示完之后，肖受历点了一根烟，一阵吞云吐雾后，他看着屏幕说：“我们一个个看，为什么买区域？这是宏观层面的，所以，你搜集的城市中心的变迁、未来区域的规划配套这些资料能说明问题，跟兰园项目总说得也比较吻合。

另外，还有一点可以参考，就是价值对标。你看，这里是几千亩的别墅区，现在已经有了产业园，洋房、高层项目也有了，有刚需化的趋势，这和哪个地方比较像呢？北京的中央别墅区。随着城市的发展，低密度的产品将会越来越稀缺，这也是在回答为什么现在买。通过对标，把北京的中央别墅区作为一个锚点，拉近客户的心理认知，为项目赋能，做信任背书。

当然，你提到的价格对标也很合适。比如：兰园这个项目和邻近的芙蓉湖洋房相比，‘同等价　买别墅’这句话就很有力度，但需要可视化展现，可以罗列出兰园和芙蓉湖的数据对比，容积率、价格，甚至占地面积等。”

赵笑律不停地记着笔记，生怕遗漏任何一个有用的信息。

“再看为什么买项目？可以是品牌背书，比如：开发商旗下老社区实景图，十多年了依然历久弥新，甚至二手房升值也超过了其他小区；也可以是独特的产品优势，比如：兰园的产品是别墅，那别墅的灰空间就是最大的卖点，我们可以把地下室、庭院、露台这些灰空间的使用场景展示出来，最大限度地和客户建立联系，带入生活场景，激发客户的向往。

为什么现在买？就是号召客户现在就行动，不要犹豫。芙蓉湖是未来的城市中心，而项目距离芙蓉湖仅一路之隔，现在是价值洼地，未来必然是城市高地，早买早享受城市红利，毕竟，最好的选择就是顺应时代的选择。

还有就是产品的稀缺，兰园五期别墅现在还剩不到 150 套，你可以把整个京州市在售的别墅分布标出来，借此来突出兰园的地理优势，因为三环寸土寸金的位置实在太难得了。找一找这一两年的土拍数据，没记错的话，三环应该是没地了，都集中在四环以外。”

赵笑律翻看着刚记下的笔记说：“肖哥，我大概总结了一下兰园‘灵魂三问’的要点，你看对不对，为什么买区域？关键点是城市红利；为什么买项目？关键点是生活场景；为什么现在买？关键点是刺激行动。”

“嗯，对于兰园这个项目，目前来说差不多是这些了。你现在可以搜资料先做加法，只要觉得合适的都留着，等最后梳理的时候再做减法，因为这三个问题是项目的灵魂，你要保证展示的每一个内容都有指向性，不做废动作，少讲甚至不讲正确的废话。”

肖受历又一番吞云吐雾后沉思了片刻，说：“总的来说，‘灵魂三问’就是要建立以客户为中心的购买逻辑体系，核心是要引导‘客户买房必选本区域’‘本区域买房必选本项目’‘现在就要买本项目’。

至于内容上，我刚才只是抛砖引玉，不给你设限，剩下的还需要你自己去延展，反正想写好‘灵魂三问’，就要大量搜集资料。同样是这三个问题，呈现的内容优劣高低，关键就在于资料的积累量。当然，也和你的阅历学识有关。”

肖受历坐在椅子上伸了个懒腰，拿起手机看了一眼，又打了个哈欠，说道：“景丽晚上又打电话了，夏芒已经被辞退了，以后直接找崔华沟通。景丽急着想让我们出活，我跟她沟通的是每周出两三张朋友圈海报，其他项目的工作让辉哥和大熊配合着出。你主力推进‘灵魂三问’这些销售力物料，画面设计到时候找刘白做，让设计师接受这套营销的东西还挺难的。刘白是设计总监，估计接受度会高一些，不过他太有个性，你多忍让一下。”

赵笑律自然知道刘白的脾气，前几天大熊加班，第二天晚到，让他帮忙设计个海报，就闹了一些不愉快。不过，既然肖受历发话了，赵笑律还是点点头答应了。

“行吧，今天先这样，你再梳理一下，明天来了再接着说。”

房地产营销工具箱

工具 1 “灵魂三问”，即为什么买区域？为什么买项目？为什么现在买？有些项目还要解决第四问——为什么要买这个业态？比如别墅、公寓、写字楼、商铺、商墅等。

工具 2 “灵魂三问”是项目的灵魂，就是要建立以客户为中心的购买逻辑体系，核心是要引导“客户买房必选本区域”“本区域买房必选本项目”“现在就要买本项目”。

10. FAB（F）——更高效的销讲话术和文案法则

第 14 天　晴　风力 1-2 级
距离对赌截止日还有 59 天

肖受历走后，赵笑律又回到工位上继续加班。他埋头于百度、搜狗微信、得到 App……变换着关键词，把资料搜了个遍。梳理好内容后，他又反复修改了几遍，才满意地发给了肖受历。

他站起身来，狠狠地伸了个懒腰，这才发现公司里早已经没人了，只有他头顶的那盏灯还亮着，扫了一眼旁边的手机，显示已经凌晨两点半了。

赵笑律心想，再等几个小时又要上班了，干脆就不回去了，直接在这睡一觉吧。他找来毯子，把座椅往后放平，关掉了灯。躺下的一瞬间，困意袭遍全身，很快就进入了梦乡。

等赵笑律醒来，已经是早上八点了。他睁开眼，阳光已经透过窗户洒进来一大片，铺满了大半个办公室，暖暖地照在他身上。他活动活动筋骨，准备开始新一天的战斗。

等肖受历来到公司时，赵笑律已经又修改了两遍内容了。

“又通宵了？”肖受历问。

“嗯。”赵笑律点点头。

“内容没问题，就是标题还差点意思。”肖受历低头看了一会，抬起头问，“FAB 法则，听过吗？”

“知道，是三个英文首字母吧。”赵笑律也忘了是从哪里看到的这个词。

肖受历拿起马克笔，转身在白板上写道：

FAB

F（feature）

A（advantage）

B（benefit）

“F 是特点，即产品是什么；A 是优点，即产品与众不同的地方；B 是利益点，即产品带给客户的好处。”肖受历捋了捋标志性的胡须，接着说，“比如一件T恤，特点（F）是纯棉质地，优点（A）是吸水性强、无静电，那么，它的利益点（B）就是柔软易干，不刺激皮肤。如果我只说‘纯棉质地’，或者只说‘吸水性强、无静电’，你会感觉跟你没什么关系，如果我说‘不刺激皮肤’，你瞬间就对号入座了。”如图 1–10–1 所示。

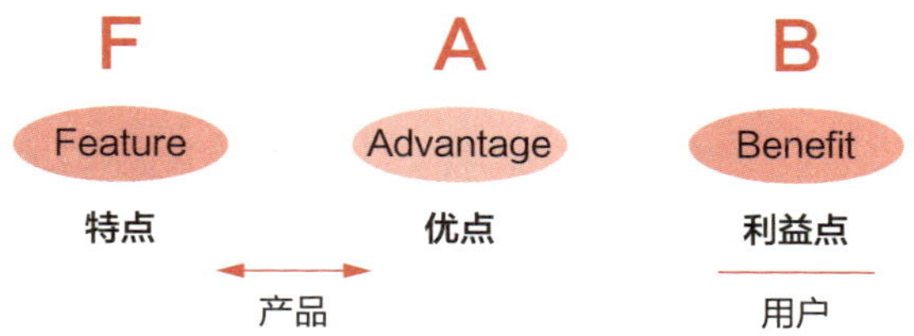

图 1–10–1　FAB 法则

“嗯嗯，这也是买点的逻辑吧。”赵笑律说。

“是的，说动客户购买，不是告诉他产品的功能就完事了，而是要挖掘他的需求，告诉客户购买了你的产品能做什么，能解决什么问题，能给他带来什么好处，因为利益点更能激发客户兴趣。”

“只说特点、优点，是甲方思维，说利益点，才是客户思维。赵笑律说。

“没错，FAB 的归结点在 B，不管是销讲话术，还是写文案、设计画面，都要切换到客户视角。对客户来说，你有什么不重要，你能带给他什么才是最重要的。”

肖受历开始冲洗茶具，借着烧水的工夫，他说：“你下一步还要写销讲话术，不如先探讨一下 FAB 话术技巧。”

“好啊！”赵笑律兴奋得差点从沙发上跳起来。

“平时你听到的楼盘销讲大概是什么样的？”肖受历一边倒茶，一边问。

赵笑律侧着头想了一会儿说：“一般都是讲项目位于哪个位置，路网几横几纵，周边多少所学校，多少家医院，多少个商场……基本上就是很好、很全、很高大上。”

肖受历抿了口茶，接着说：“这样的销讲话术你愿意听吗？”

“肯定不愿意，但是出于尊重，我也不打断他，一般都是置业顾问讲他的，我已经开小差，自己看自己的了。”

“实际情况是，客户很可能压根没听置业顾问讲这些，甚至没听完就打断了，原因就在于置业顾问讲的都是特点，都是物理层面的东西，客户会觉得跟我没什么关系。但是，如果学会了 FAB，尽可能多地抓客户感兴趣的利益点展开讲，多讲直指内心的好处，就更容易获得客户青睐。所以，普通销售讲产品特点，中级销售讲产品优点，高级销售讲客户的利益点。”

“不过，我遇到的会讲利益点的置业顾问并不多。”赵笑律说。

“那我们可以提炼一个公式来帮他们提高接待效率。”肖受历在白板上写道：

FAB 销讲话术公式

因为（特点），所以（优点），对你而言（利益点）。

“有了这个公式，直接套着用就行了。”肖受历转过身说道，“举个例子，因为儿童专用奶粉内含钙铁维生素，所以你的宝宝能更充分地吸收营养，对你而言，宝宝可以长得又快又壮。”

“你试试用这个公式提炼一下楼盘的销讲话术。”

赵笑律沉思了片刻，说道：“因为小区楼间距大，所以可以留出更多空间打造更多园林景观，采光也更充足，对你而言，每天都可以在阳光普照和鸟鸣中醒来；因为带有大花园，所以可以一年四季种不同的花，对你而言，孩子能亲近自然，远离手机，提升创造力，学习成绩自然会更好……”赵笑律越说越兴奋，一口气说了四五个，如图 1-10-2 所示。

肖受历满意地点点头：“不错，学得还挺快！”

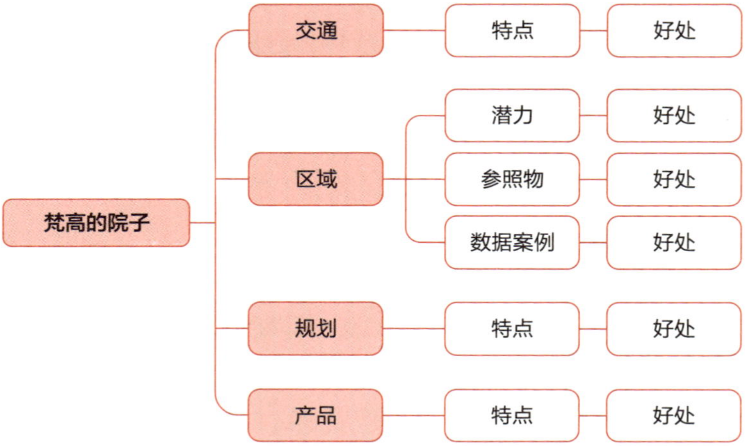

图 1-10-2　FAB 销讲话术

“FAB 不仅适用于销讲话术，而且是一个非常好用的文案写作方法，它能避免写广告自嗨。你再想想，举几个运用 FAB 写文案的例子。”

“今年买明年住，结婚上学两不误；出家门，进校门；下了高铁就到家；我家院里有温泉……”赵笑律眼珠子一转，又想起了七八个广告文案。

“你这库存可以啊，张口就来！”肖受历忍不住夸赞道。

“但是……”肖受历拿出打火机，点了一根烟，一番吞云吐雾后，若有所思地说，“我觉得 FAB 还不够，有时候还可以再加一个 F——痛点（fear），我把它叫作 FAB（F）。”

肖受历拿起马克笔，起身在刚才的内容下方写道：

FAB（F）

F（feature）

A（advantage）

B（benefit）

F（fear）

肖受历坐下喝口茶，看着赵笑律问：“什么是痛点？”

“呃……”赵笑律想了想，欲言又止，“怎么感觉到了嘴边就是说不出来呢？”

“我不写了嘛，fear，恐惧！因为恐惧所以有痛点！”肖受历指了指白板，接着说，“人对损失更加敏感，人得到的快乐很难缓解失去的痛苦，这在心理学上叫作损失规避。有科学家研究证明，这种损失所带来的负面效应是同样收益所带来的正面效应的 2.5 倍。

基于这个心理概念，我们把销售说辞、广告文案再深入一步，直接刺激到客户内心的 fear，让他痛，才更有效。比如：为什么要买电梯房？因为家里有老人，年纪大了腿脚不方便，住电梯房好上下楼，买菜、倒垃圾更方便，也更容易和邻居走动、拉家常，避免经常窝在家里；如果是住在没有电梯的六楼，儿媳妇每次抱孙子回家都要从一楼爬到六楼，非常不方便，那么孩子们回来的频率肯定要低，时间长了，家里会长期缺乏欢声笑语，只有老两口相互取暖……”

“我听完确实心里‘咯噔’了一下，很不是滋味。”赵笑律皱着眉头说。

“这种方法也叫伤口撒盐法。”肖受历吸了口烟，笑着说，“先挖痛点让客户难受，再提供解决方案，展示能让客户产生美好联想的利益点，这样客户的价值感知一定最大。”

“FAB（F）也有一个万能的销讲话术公式。”肖受历又拿起马克笔，在白板上写道：

FAB（F）销讲话术公式

因为（特点），所以（优点），对你而言（利益点），否则（恐惧点）

“比如，把你刚才那句话修改一下就是，因为带有大花园，所以可以一年四季种不同的花，对你而言，孩子能亲近自然，远离手机，提升创造力，学习成绩自然会更好，否则，孩子容易沉迷于手机，导致眼睛近视，长此以往，会造成孩子性格孤僻，和父母关系不好，甚至产生很严重的厌学情绪……”如图 1–10–3 所示。

图 1–10–3　FAB（F）法则

赵笑律狠狠地点了点头，没想到 FAB 加了一个 F，竟然有如此大的威力。

“‘房子不过百，下次还得买’‘退休前为老板忙，退休后为儿孙忙’‘爸妈突然来探班，住哪里’……难怪这些文案我看一遍就有印象、有感触，原来这说的都是痛点啊！”

“哈哈，你真是行走的资料库！”肖受历笑着说，“这几句文案都很有代表性。一个好文案就是坐在键盘前面的销售，他要有一定的生活洞察力，更要深谙客户心理。”

“肖哥，痛点确实能引发心里感触，甚至共鸣，但是，会不会也让人不舒服，从而引发客户反感啊？”赵笑律表达了自己的疑虑。

“你说得没错，描述痛点要有个度，如果把握不好，就容易让人产生逆反心理。”肖受历立即用马克笔在括号里的“F”下面重重地划了一道粗线，并写了两个字“适度”，然后说，“所以，FAB（F）对痛点的使用一定要慎重，否则就容易物极必反，你写的展板文案‘童年不能等，老年转瞬间’这句就很不错，既有痛点，又不让人反感，你的标题可以试着往这个方向调整。”

肖受历又翻看了一会儿赵笑律整理的“灵魂三问”内容，说道：“FAB告诉我们要把话‘讲到客户心里去’，要多讲产品带给客户的好处，如果进一步挖掘，其实每个人的‘买点’是不一样的，每个人最关心的‘好处’也是不一样的，这就要求我们在心里要有一个概念，叫‘心理账户’。”如图1-10-4所示。

图 1-10-4　心理账户

肖受历在白板上写下了“心理账户”四个字，而赵笑律却一脸茫然。

肖受历随即解释道：“就是每个人都把同样的钱存在了自己的心里，不同的账户下会有不同的花钱方式。”

见赵笑律还是迷惑，肖受历问道：“你熬夜帮别人写方案挣了300元外快，你会用这个钱去打游戏吗？”

“肯定不会啊。”

“为什么？”

“这是我辛苦赚来的钱，哪能那样糟蹋呢！”

“如果你捡到了 300 块钱呢？会不会花掉？”

“那可能就会了。”

“为什么？”

“这是意外所得，不是我挣的钱，要破财免灾。”

“你用的手机是谁买的？”

“我媳妇啊！”

“你自己为什么不买？”

“我舍不得啊，太贵了！”

……

在肖受历的连环追问下，赵笑律似乎明白了什么。“这就是‘心理账户’，你可以简单理解为每个人愿意花钱的地方不一样，它是行为经济学的三大基石之一，可以解释人的很多非理性行为。”肖受历一边踱着步，一边继续说，“有些人愿意花几十万元买奔驰、宝马，却为了省十块钱停车费，宁愿到一公里外的地方停车，然后走路到要去的地方；可能曾经很小气的客户，突然有一天变得大方起来，其实他并不是真的小气，而是你的商品并不在他愿意付费的那个心理账户里面。”

“那‘今年过节不收礼，收礼还收脑白金’，是送礼的心理账户喽？”赵笑律问。

“对呀，礼品都是用来维系情感的，贵点也愿意，少了都拿不出手！”

“还有‘爱她就带她吃哈根达斯’，这也是维系情感的账户了？”赵笑律继续问。

“没错，人往往都舍不得为自己花钱，却舍得为妻子、孩子或者其他亲人花钱。”肖受历接着说，“举个公司之前的商业案例。你说说正常情况下商铺的购买理由都有哪些？”

“投资、自用、投资 + 自用。”

“没错，这种客户分析就是正确的废话，这样的颗粒度怎么能指导营销策略呢？

我们做了客访后发现了一类客群——老太太买商铺。以一个客户为例，她的儿子是做生意的，但在她那一辈人眼里，只要不是公务员，不在事业单位工作，就约等于随时会失业，老太太担心孩子哪天生意出了问题，所以就买个商铺垫底，每个月多少能有个稳定的租金收入。

如果我们心里只有投资、自用两个客户需求项，那一说投资就一定会绕到回报率上，这样我们的竞品就不仅是别的楼盘了，还有可能是股票、期货等其他理财产品；‘为了孩子未来能有份稳定的收入’，这种母爱的需求就不会那么在意回报率了，如果能挖掘到这样的心理账户，会让我们的销售工作变得容易许多。”

“我太喜欢这个方法论了，太有用了。”赵笑律抑制不住地兴奋起来。

“还有一个案例，是一个小县城的项目。我们客访时发现，年轻人在外打工工资也不低，但消费多、花钱快、没有存钱意识，一年下来攒不了多少钱。当父母的都很发愁，担心儿子大手大脚惯了，以后连媳妇都娶不到，怎么办呢？在这种情况下，很多父母就帮孩子付首付买了套房子，月供让孩子自己还，这样变相让孩子存钱。所以，我们当时就出街了一句广告：买房存钱早，结婚压力小，以此唤醒更多同类客户的关注并激发他们的需求。”

“这广告都是客户的原话了，这样的广告文案，确实在办公室里憋不出来。”赵笑律忍不住感慨。

“这样的案例还有很多。有一个项目，户型偏大，卖不动，一天终于成交了一个客户，我就很好奇这个客户为什么要买这里。一了解才知道，客户平时工作太忙，没时间陪孩子，其他楼盘也看了，觉得这里的户型正好多了一个房间，可以作为孩子的书房，这样就能给孩子提供一个独立的学习环境，以弥补她没时间陪伴孩子的亏欠。

再比如，我自己会因为花西子美妆的颜值买来送人，也会因为小罐茶的广告买来送朋友，或者招待客人，但我自己从来不用。”

肖受历用右手捋了捋他那标志性的胡须，沉思了片刻，继续说：“营销就是要更多地打开客户那些愿意花钱的账户，最好的方法就是激发他们对父母、子女或者另一半的爱。人对自己很抠门，但对家人都很大方，为孩子报费用高昂的培训班，给妻子买奢侈品……这些都承载着对家人浓浓的爱。同时，也提醒我们在标准化、可视化的销售力物料准备方面，除了展示房子本身的优势外，还可以有关于孩子、爱人或者长辈的生活场景的描述，因为这些在购房决策人的心理账户中有可能比自身利益更重要。

同样地，现在兰园‘灵魂三问’展示的图表数据比较多，太偏理性了，人毕竟是情绪动物，偏好非理性决策，所以可以设法多运用心理账户，激发客户内心感性且柔软的一面。”

肖受历喝了几口茶，接着问道：“你想想有哪些心理账户是兰园可以借鉴的点？”

“在客户访谈里，我印象最深的就是有客户看中了这边的生态环境，买来给家里的老人养老；还有的客户买兰园是因为太太喜欢花园，或者想在地下室接待朋友……”

“芙蓉湖是城市的富人窝，客户买那里很可能是因为爱面子，说白了，就是为自己考虑得多。就像你说的，有些客户为家人考虑得多，买套别墅，可以给太太一个大大的露台，给孩子一个可以攀岩的地下室，给父母一个可以种菜、养花的院子……这就是不同的心理账户，我们可以多从这些方面入手，把兰园包装成承载着给家人的爱的礼物。”

肖受历一下子说了这么多，赵笑律听得津津有味，随即投入到了新一轮的内容打磨中。

当“灵魂三问”的内容终于得到了肖受历的认可时，赵笑律大舒了一口气，本以为后面的工作会很顺利，令他万万没有想到的是，画面设计却遇到了阻碍。

房地产营销工具箱

工具 1 人对损失更加敏感，人得到的快乐很难缓解失去的痛苦，这在心理学上叫作损失规避。有科学家研究证明，这种损失所带来的负面效应是同样收益所带来的正面效应的 2.5 倍。

工具 2 如何让销讲话术和文案更有效？

FAB——

文案法则：诉求利益点，动心起念

销讲话术公式：因为（特点），所以（优点），对你而言（利益点）

FAB（F）——

文案法则：刺痛客户，引发共鸣

销讲话术公式：因为（特点），所以（优点），对你而言（利益点），否则（恐惧点）

心理账户——

搜索客户愿意买单的点

11. 灵魂三问（二）——画面可视化，降低识别、阅读成本

第 15 天　阴　风力 2 级
距离对赌截止日还有 58 天

为了加快“灵魂三问”画面设计的进度，赵笑律当即搜索了很多数据可视化信息图，但他并没有急着发给设计总监刘白，因为刘白看到要设计的内容时当场就闹情绪了：“我去，我一负责这个项目，你们就派个这么复杂的活，还让不让我喘口气了，而且这么多内容，全是字，这怎么设计啊！”

赵笑律解释了一下“灵魂三问”的逻辑和作用，但刘白依然愤愤不平：“关键你这字太多了，我都不知道从哪儿下手。”

“肖哥让我找了一些参考图，我发你微信上，你看有没有可以借鉴的。”赵笑律小心翼翼地把刚才找的信息图发给了刘白。

可是刘白一点开图更恼火了：“现在流行极简风，大留白，这密密麻麻的，谁看啊？”

赵笑律无奈地摇摇头，果然像肖受历说的那样，刘白很有个性，可是他对可视化物料的接受度，肖受历还是有些过于乐观了。

第 16 天　小雨转晴　风力 2-3 级
距离对赌截止日还有 57 天

第二天，第一稿画面出来时，赵笑律明显看得出来刘白是在应付，这画面肯定不合格。不过，他还是把画面发给了肖受历。不出意外，直接被毙掉了。肖受历直接把他们俩叫到了办公室。

“刘白，我知道你的设计水平无可挑剔，但是，现在设计的东西跟你们以往设计得不一样，你不能拿你平时的标准来要求它，明白吗？”

刘白板着脸，并不吭声。

“你说实话，是不是对这展板有很大的抗性？”肖受历问道。

刘白看了一眼赵笑律，说道：“做个展板，字那么多，我看着头都大了，

还要求必须多用图表，一个展板我都设计了大半天，要是把五六张都做完，估计得崩溃了。设计个朋友圈海报，还非要把字放大，有一点审美吗？这丑得能看吗？我自己做的海报我都不好意思转发朋友圈！”

刘白越说越激动，“你们策划能不能别干涉我们设计干活，我做了这么多年设计了，我自己不知道怎么设计吗？还用得着你们指指点点？这是我工作这么多年设计得最 low 的画面，如果我去下一家公司面试，这些作品能拿得出手吗？不是放大就是加粗，干脆直接排成大字报算了，还要什么设计啊？不如你们策划自己用 PPT 排版算了！”刘白压抑已久的不满彻底爆发。

赵笑律怔怔地待在那里，不知所措。肖受历一直笑而不语，见刘白不再吭声了，他接下话茬说道：“赵老师也是直性子，有什么说什么，没有考虑你们设计师的感受，我替公司给你道个歉，是我们表达方式不对。

不是说非要设计这种大字报，我们也是要分场合的。你看案场的活动物料，我们也没有刻意要求字很大，完全可以做得很美，是吧？要求把朋友圈海报的字放大，那是因为字真的太小了，必须把图片放大才能看见。

至于展板的内容多，这个就是销售的需要了，要让客户愿意看，而且看得懂，内容必须多，真不是刻意刁难你的，你可以多用图片、图表，这样能提高客户的阅读意愿，而且也不是字多就一定会很丑啊！公司的必读书《写给大家看的设计书》看了吗？对比、对齐、亲密、重复四个基本设计原则，就是用来高效解决这些问题的。你再看一下信息图的画面，内容比我们这还多，但排版很有条理，也大量运用了图表展示，总体上来看很舒服，细节也很到位。”

肖受历递给刘白一根烟，两人一番吞云吐雾后，刘白的情绪也不那么激动了。肖受历接着说：“一直以来，‘字要大’和设计师的审美就是永远不可调和的矛盾，得到 App 有个演讲视频叫《当甲方说字要大时，到底是在说什么？》，你一定要去看看，从甲方提要求到设计开始工作，这中间其实缺少了一个步骤——翻译。

你仔细想想，当策划或者甲方说字要大时，真的只是要把字放大吗？翻译过来，很有可能字要大的意思就是要醒目、显眼、信号强，所以你可以换个‘醒目的字体’，或者‘增强色彩对比’，甚至‘删减文字信息’。

再比如，策划或者甲方说要‘喜庆’，翻译一下他的意思可能就是想要‘热闹的氛围’，你可以尝试多用‘红橙字体’，或者‘醒目字体’，甚至增加一些‘丰富元素’。

骂别人没有审美的设计师，其实很有可能没有真正理解甲方要什么，毕竟外行没有你们专业，没法使用专业术语表达自己的真实意思，只能借助熟悉的词汇。普通设计师掌握设计技法，一流设计师翻译客户需求，你是设计总监，应该对自己的要求更高一些。”

“明白，肖哥。”刘白的语气平缓了很多。

“你是不是觉得公司很偏重策划啊？”肖受历又问。

“肯定啊，公司不是天天都强调方法论吗？”刘白答。

“策划有方法论，设计、文案也有方法论啊。虽然我本身是营销出身，公司也自诩要做最懂营销的广告公司，但是，人类 80% 的信息都是通过眼睛获得的。所以，平面设计才是整个营销环节最高级的岗位。你画面设计得好，作用能顶得上一个销冠。但是，并不是说你平面设计做得久，就是个专业人员。我们虽然设计能力上不如你，但对设计的理解和认知不一定比你差。”

肖受历吸了几口烟，停顿了一会，继续说：“还有，设计的本质不只是追求美观，更要解决问题，我们设计的‘灵魂三问’这些物料，不是要拿去参赛评奖，而是要解决销售问题，是要帮助项目卖房的。所以，不要按照之前那种追求调性逼格的方向来设计，字很小，字体很艺术，很难被看见，很难被看懂，这是不科学的，明白吗？如果大字报、信息图，你都能设计得又美观又有销售力，这不就成了你独特的优势嘛？谁能比得了你！”

“我明白了，肖哥，我再改改。”刘白低着头说。

“广告没有专业可言，只有成功可言。你设计这套‘灵魂三问’，要达到的目的就是，压根不用置业顾问讲，客户自己就能看得懂。明白吗？就是一定要直观，尽量多用图表、图片，少用文字。

‘灵魂三问’虽然设计起来麻烦一点，需要耗费点精力，但一定值得好好设计！不要只是把它当作一项工作赶紧干完了事，多下一番工夫，死磕细节，哪怕向甲方多申请一天时间呢，也要把这几个展板好好打磨。你是总监，得给大家打个样，以后其他项目也好参考。”

“好的，肖哥。”

……

赵笑律全程都没有发言，他知道设计师并没有错，只是大家的认知不一样。

在肖受历的“威逼利诱”下，经过刘白不断的修正，“灵魂三问”的展架画面总算是定稿了，肖受历看后也比较满意：“虽然还可以更好，但时间紧做成这样已经能打 80 分了，够用了！‘灵魂三问’将是我们服务所有项目的标配动作，这套内容逻辑、画面形式可以作为参考。”

“不过……”肖受历又低头在手机上滑动了一会，接着说，“还有一个细节要注意，项目 logo 放在最下面会更好，我们在手机上、电脑上看没什么影响，如果放在售楼部，你要保证客户站在这个高 1 米 8 的展板前平视就能看到最上面的内容，而不至于还要低着头才能看见。”

“明白了，肖哥，马上修改。”

赵笑律又把定稿的“灵魂三问”展板画面发给了崔华，崔华说：“我觉得没问题，你们是专业的，无可挑剔。”崔华又把画面发给了景丽审核，不出意外，景丽直接回复了两个字：“不美！”

崔华也很无奈，不知道怎么办。赵笑律就建议把画面发在工作群里，他直接和景丽沟通。

“景总，这样设计的目的，一是信息比较全，客户能更全面地了解项目；二是大量用图表、数据更容易让客户看懂。重要的是，它能降低客户的识别成本、选择成本，最终降低营销传播成本；最最最重要的是，它能提高置业顾问的接待效率，帮助项目多卖房！”

“我懂你说的，但是……我问问策划和销售的看法吧。”

十分钟后，景丽在群里回复道：“画面可以，就这样吧！”

后来，赵笑律才听崔华说，景丽本来并不太认可这套画面，但是一听说能多卖房子，也犹豫了，再加上两个销售主管看了画面后表现出了极大的认同，景丽也就同意了。

当然，在设计“灵魂三问”画面的这段时间里，赵笑律也没闲着，他用 FAB（F）方法重新写了兰园的销讲说辞。如图 1-11-1 所示。

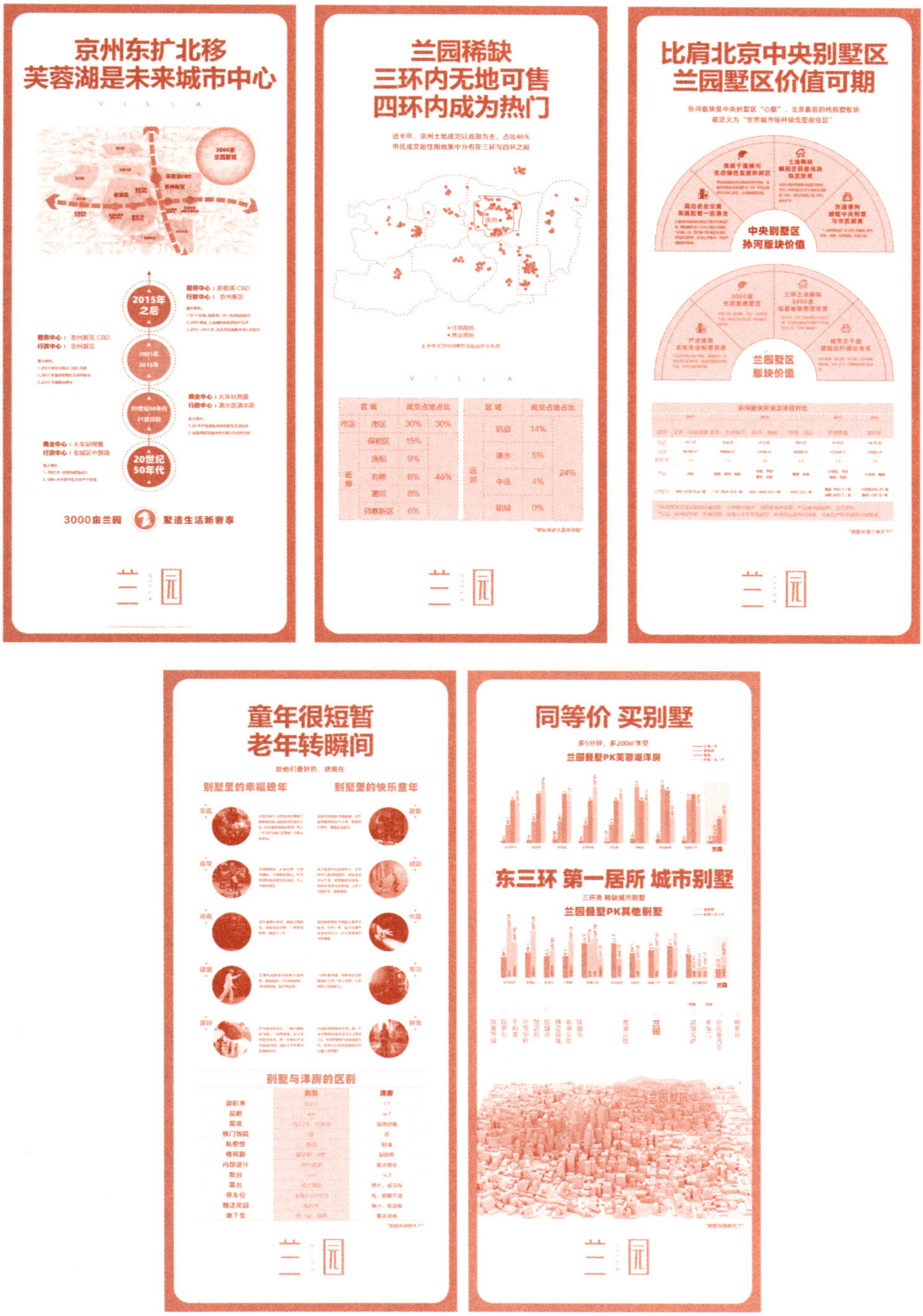

图 1-11-1 兰园项目“灵魂三问”展板

房地产营销工具箱

工具1 普通设计师掌握设计技法，一流设计师翻译客户需求。当策划或者甲方说字要大时，真的只是要把字放大吗？翻译过来，很有可能字要大的意思就是要醒目、显眼、信号强。

工具2 设计的本质不只是追求美观，更要解决问题。

工具3 人类80%的信息都是通过眼睛获得的。“灵魂三问”展板大量运用图表、数据，更容易让客户看懂，也可以降低客户的识别成本、选择成本，最终降低项目的营销传播成本，进而提高置业顾问的接待效率，帮助项目多卖房。

12. 接待心电图——利空一次出尽，利好慢慢释放

第 20 天　多云转晴　风力 2-3 级

距离对赌截止日还有 53 天

周一上午总是格外忙碌，因为下午就是兰园的周例会。这会儿，肖受历正在赶工课件，赵笑律还在打磨销讲说辞。

下午的例会，他们要做两件事：一是肖受历培训兰园新的接待动线，二是赵笑律培训“灵魂三问”。两件事其实就是一件事，就是提升案场的转化率。

景丽对这次会议非常重视，上周五她就提前在工作群里通知，必须全员参加，任何人不得请假，不得迟到。她认为越多人懂得项目的困难和转化率的重要性，情况就会越容易得到改善。说是培训会，其实更像动员大会。

这不，距离会议开始还有十分钟，人已经全部到齐了。

景丽扫视了一圈，说道：“我看人都到齐了，咱们开始吧。”然后看向崔华，“你先简单过一下周报。”

崔华很快就汇报完了，景丽也跟着放下了手机，她抬起头，神情严肃地说道：“大家都知道的是，项目走下坡路已经有一段时间了，现在已经到了最困难的时刻，没钱没客户，房子卖不动，还有两位同事从销售团队离职了，但是你们不知道的是，现在就要开始改变这个状况了。这次跟图灵公司的肖总合作，就是要解决问题的。肖总被称为‘地产老中医’，他是我认识的所有营销人中营销能力最出色的大咖之一。

今天，让大家全员参会是因为肖总他们要培训兰园案场的接待动线，还有‘灵魂三问’的物料，这些都会让项目比过去更有竞争力，所以大家一定要认真听，尤其是在座的八个置业顾问，还有两个销售主管，做好笔记，并运用到实际工作中。下面我们请肖总给我们做培训。”

说完，景丽带头鼓起了掌，其他人也跟着鼓掌。

肖受历迅速起身，大步走到投影前面，但他并没有急着开始讲，而是笑着说道：“今天这个培训，景总之所以决定让所有人都放下工作来参加，是因为我们希望每个人能同时听见相同的信息，希望你们因此会更熟悉项目目前

的状况。

我知道大家已经很长一段时间没有听到任何关于项目的好消息了，你们一会儿要听到的培训内容，还有接下来要看到的物料，将会是一个新的开端。只有当我们开始卖房之后，这个项目的前途和你们的工作才能获得保障。所以，现在你们要做的最重要的事情就是和我们一起努力，多卖房，让这个项目继续运营下去。”

然后，肖受历拿起了桌子上的马克笔，站到旁边白板的一侧，说道：“先和大家做个简单的互动，大家都是兰园的销售精英，我想问问你们，在接待过程中遇到的客户对项目的抗性都有哪些？”

肖受历又踱步到白板的另一侧，正对着大家说：“大家随便发言，不要有任何顾忌，你们越愿意说，就越能够发现问题。”

肖受历发现周爱举了手，他一边示意她放下手，一边说：“不用站起来，也不用举手，直接说就行！”

周爱马上说道：“产权。”

“产权有什么问题？”肖受历问。

“本来是 70 年，因为拿地时间早，地块又开发得晚，现在还剩 51 年了。”周爱回答。

“还有呢？”

“配套。生活配套太少了，只有一个便利店和一个药店，业主买东西不方便。”

“继续。”

“地块太小，只有 50 亩。”

“周边有二期和三期的小高层。”

“客户担心有遮挡。”

“教育资源太少，目前只有一个小学。”

“车位需要额外花钱买，其他别墅都是赠送。”

“路况太差，坑坑洼洼，客户体验很不好。”

“只有一趟公交，没有地铁，出行不方便。”

……

在周爱的带动下，大家你一言我一语地说开了。

“咱们再一起总结一下。”等到没有人发言了，肖受历在白板上写道：

客户抗性

产权期短、配套少、地块小、高层遮挡、学校少、车位单独买……

“各位……”肖受历在“客户抗性”四个字下面重重地划了道粗线，问道：“有完美的楼盘吗？”大家都摇了摇头。

肖受历踱着步，继续说道：“有抗性就会有认可。我再问第二个问题，你们的成交客户为什么买兰园，他们最认可项目的点是什么？”

“位置好，挨着三环，临着高架，去市区很方便。”

“环境好，区域生态园林多，特别宜居。”

“喜欢别墅有天有地的生活。”

“一个大家族住着方便。”

“性价比高，赠送面积大。”

“未来发展潜力大。”

“有朋友买这了。”

“老业主推荐。”

……

“我们再总结一下。”等大家说完，肖受历又在白板上写道：

客户认可

位置好、环境好、别墅灰空间大、性价比高、未来发展潜力大、熟人/老业主推荐……

肖受历又在“客户认可”四个字下面重重地划了道粗线，“各位，看出来了吗？虽然有抗性，依然有客户购买了项目，这说明什么？”

这时肖受历按了一下手里的激光笔，屏幕上出现了一句话：

楼盘不是人民币，做不到人人天然就喜欢！

肖受历又指向了“客户抗性”那里，继续说：“但是，这些客户抗性的点凭空消失了吗？没有吧，说明通过我们的努力，这些抗性是可以化解的，是有客户愿意接受的。所以，不要再觉得项目有问题了。”

“可是，为什么只有这么少的客户购买呢？”一个置业顾问问道。

“因为这个。”肖受历又按了一下手里的激光笔，投屏上出现了一张图（如图 1-12-1 所示）。

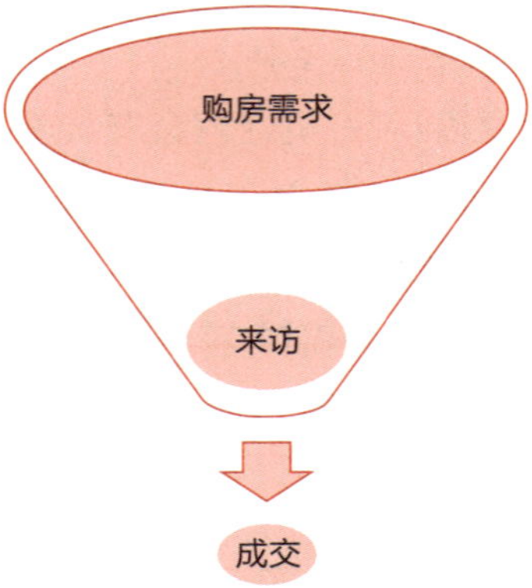

图 1-12-1　成交漏斗

“第一，客户有流失很正常，成交本来就是个漏斗，会层层筛选，最终留下高意向度的客户。千万不要追求百分之百的成交，要摆正心态，越卖不好，越不能急于求成。第二，我们需要提升更多客户对项目的认可度。客户认可了，即使不买，也会有好口碑。”

肖受历又翻了一页 PPT，然后看着屏幕念道：

> 假如兰园：位置在市中心、产权 70 年、地块变成两百亩、中间再挖个湖做公共景观、周边没有高层建筑、悦榕庄开发、悦榕庄物业、每户送 5 个车位、商业是太古里、是省实验学区、双地铁……

肖受历踱着步，看向大家，问道：“你们觉得这样的兰园，该卖多少钱一套？”

“两千万”“五千万”“一个亿”……

听着大家的回答，肖受历笑了笑，说道：“所以，如果兰园的物理属性完美了，价格就不美了。”

肖受历又翻了一页 PPT，接着说：“显然，成本—价格是个天平，因此，完美是个悖论。”

肖受历停顿了片刻，看向大家，说：“那么，怎么解决这个天平的问题呢？”

他看着下一页PPT，说：“今天给大家推荐一个方法论——峰终定律。这是2002年诺贝尔经济学奖获得者丹尼尔·卡尼曼教授提出的，他认为人们对一件事的记忆，最终是由过程中的峰值体验（正峰值/负峰值）和终值（结束时）的体验决定的，过程中每个点好与不好，时间长与短，对记忆或者感受都没那么大影响。

比如：一部90分钟的电影，哪怕整体很无聊，只要中间有一个特别好的高潮，像3D大战的镜头、炫酷的飙车等，大部分人都能坚持看下去，如果最后再来个彩蛋，你就会觉得这钱花得太值了！”如图1–12–2所示。

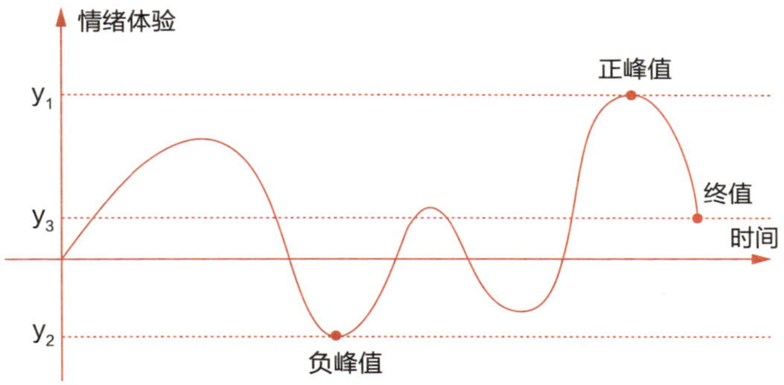

图 1–12–2　峰终定律

“如何用峰终定律来解决‘成本—价格’的天平问题？我们可以向商业世界里的高手学习。”肖受历一边踱着步，一边问，“都去过宜家吧？”众人纷纷点点头。

“在宜家的用户体验方面，你们有没有觉得不人性化的地方？”

“有，宜家商场就像个迷宫，在里面容易迷路。”

“我只买一件家具，也要按路线图走完整个商场。”

“宜家店员很少，还不帮忙，我要自己在货架上找货并搬下来。”

……

置业顾问又七嘴八舌地各抒己见起来。

肖受历示意大家安静，接着用激光笔指着屏幕上的图说：“宜家的客户体验这么差，那你们以后还愿意去吗？”会议室里没人作声，大家也都笑而不语。

“哈哈，宜家一定带给了你们某种独特的、难以复制的体验，即使再多不便，你们也愿意一而再再而三地去。所以，关键就在这里。”肖受历指了指屏幕上的图，说：“宜家对客户的‘峰终值’设置非常到位。”如图 1–12–3 所示。

“文第，你为什么喜欢逛宜家？”肖受历问道。

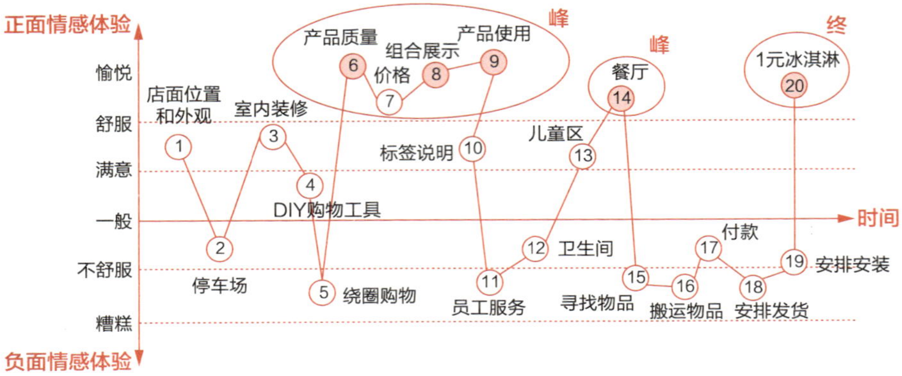

图 1–12–3 宜家“峰终定律”客户体验模型

“宜家展现的样板间和家里一样，从大件的沙发、柜子、书桌，到桌上的水杯、垫子，甚至是墙上挂的画，一应俱全。当我坐在沙发上，或者躺在床上时，感觉就在自己家一样。”文第不好意思地笑了笑。

“没错，文第说的只是宜家峰值体验中的一个，还有产品的质量、餐厅等也能给人带来愉悦的情感体验。总之，给你的体验越好，你就越喜欢、越心动，就越不想失去。”

“那么，宜家的终值体验在哪里呢？”肖受历又指了指屏幕。

“冰激凌！”

“你们去宜家，会在出口处买个一块钱的冰激凌吗？”肖受历继续问。

“会……”

“反正我会买，冰激凌的味道还不错。很多人哪怕逛了一天宜家最后什么也没买，心情也不会差，对宜家评价也都不错，就是因为宜家的‘终值体验’设计得好！”肖受历说。

“你们还能想到谁的‘峰终’体验设计得比较好？”

“海底捞。”

“你们每次去海底捞吃饭，是不是都会排队很久？”

“会……”

“那为什么还要去？换一家就行了啊。”

“因为排队时有小吃，还可以做美甲！”周爱答道。

“周爱享受到了峰值体验，再加上海底捞的菜品质量、服务质量带来的峰值体验，以及结账买单送礼物、热情送客的终值体验，都会让你忘记前面排队的痛苦。你看，所有的体验都会有bug，但是只要峰值和终值设置好了，给你留下的回忆就不会差。”肖受历端起桌子上的水杯，喝了一大口茶，接着说，“举个反面案例，金沙滩动物王国有人去过吗？”

几个置业顾问举了手。

“有什么印象？”

“天价饭、排长队……”

“去网上看一下，恶评如潮！为什么会这样呢？”肖受历自问自答道，“这些负峰值体验决定了我们对游玩的整体印象不会太好，而宜家的体验再差，海底捞排队再久，只会让你不舒服，不会让你觉得很糟糕。负峰值低于60分，整体体验必然不及格。”

肖受历又翻动了一页PPT，说道：“无论是宜家，还是海底捞，整体体验都有好有坏，没有追求所有环节全是正峰值体验。这其实是在告诉我们，体验设计不等于整体提升，真正的体验设计是做资源分配。你必须找到项目影响客户决策的那些瞬间，然后挑选取舍，再集中火力把弹药都打到关键时刻上，才能获得成功。”

“那么，兰园的峰值体验在哪里呢？”肖受历问。

“精装样板间。”

“景观示范区。”

……

“有没有终值体验？”肖受历又问。

“没有。”置业顾问都摇摇头。

“既然样板间是峰值体验，那么能不能一开始就带新客户去看样板间，先体验峰值呢？”肖受历再问。

没有人吭声。

“各位，可以吗？”肖受历又问了一遍。

“可以吧。”有人小声地说。

“不可以！绝对不可以！”肖受历斩钉截铁地说，“这是在耍小聪明，这是接待流程跳步了。”

“如果客户一开始就有抗性，或者听了几分钟就要走，很可能压根就没去参观样板间，这样客户资源就浪费了，岂不是很可惜。”一个置业顾问问道。

肖受历看着他，坚定地说：“那也不可以！卖房的过程好比谈恋爱的过程，先相识（相亲），再约会，然后进入恋爱阶段，最后确定关系，每一步都必不可少，每一步都不可能跳过。

可能最近兰园的房子卖不好，大家都疲倦了，都开始偷懒了，有些置业顾问在接待客户的过程中，会极度精简地介绍项目的区位、沙盘，就急着带客户参观样板间，然后就直接进入推荐房源、SP逼定环节。按恋爱的流程来看，这不是正经地谈恋爱，更像是在耍‘一夜情’。

我们想想，相亲的过程是先让对方有好感，并在约会时努力引导对方多表达，顺着对方的喜好，把话题深入地开展下去，才会有恋爱的可能。即使恋爱之后，两个人也需要充分了解、考量，才会最终确定关系。

当然，这并不是说不能首访‘逼定’，只要初次相识，充分沟通到位了，客户认可项目了，完全可以修成正果。但是，如果刚认识就急于求成，那一定是耍流氓，遇到这样的置业顾问，客户心里会怎么想？

所以，接待流程坚决不能跳步，急于求成无异于作茧自缚。”

肖受历指着白板上的“客户抗性”，问道：“这些缺点和不足你们会主动给客户讲吗？”

有人说“会”，有人说“不会”，还有人说“问了就讲，不问不讲”，有人则沉默，不知道该怎么回答。

肖受历补充道：“有些置业顾问接待客户时，对项目不好的地方总是藏着掖着，一个也不敢说，生怕客户知道了会流失。结果等到最后客户决定要买了，他才心惊胆战地把楼盘的不足一股脑地全说出来了，客户一听，你这不是骗我吗？很生气，立马就走人不买了。”

肖受历踱着步，沉思了片刻，接着说：“这就是人性使然，把最好的都展现给客户，不好的尽量不提，心存侥幸，万一客户没注意到呢？但现代社会，信息几乎都是透明的，你不可能一直瞒着吧，客户早晚会知道。所以，参照着峰终定律的正负情感体验，兰园现在的接待动线应该是这样的。”肖受历翻到下一页 PPT，如图 1–12–4 所示。

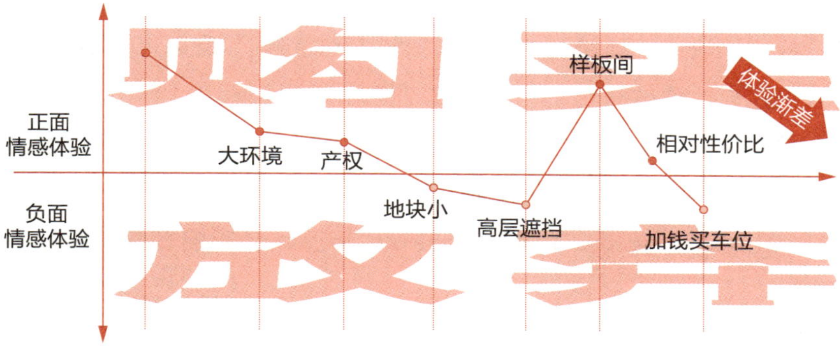

图 1–12–4　调整前的兰园“接待心电图”

“首先，兰园广告对外释放的是叠拼产品，500 万元 / 套起，等客户被吸引来了才知道，500 多万的房源只是极少数，而且已经卖完了，剩下的房源大多总价在 600 万 ~700 万元，客户顿时感觉超出了承受范围。

再看看区域环境，道路坑坑洼洼，商业配套也非常缺乏，客户购买意愿立即下降。

然后，客户再一听产权就剩下 51 年，而且地块很小，还临着高层，顿时就不打算买了。虽然样板间还不错，但单层面积不大，一权衡觉得不划算，性价比一般。

最后，客户又得知配置的双车位还要再付 50 万元单独购买，再一次感到失落。基本上到了这个时候，已经放弃购买了。

这就是目前兰园的客户接待动线，整体来看，客户的情感体验是逐步在变差的，一步步地‘跌向万丈深渊’。”

肖受历又喝了口茶，继续说道：“这还是人性，你刚爆出来一个缺陷，客户这边内心还没平复呢，又爆出一个缺陷，每一个缺陷都像在客户身上割了一刀肉，一刀一刀地割完，最后相当于给客户‘凌迟处死’了。其实，客户不买就算了，最怕的是对项目差评，一旦形成恶劣口碑，就很难再扭转过来。正确的做法应该是，利空一次出尽，利好慢慢出，最大利好最后出。”

说完，肖受历拿起马克笔，把这句话写在了白板上。

“那么，什么是利空呢？”肖受历问道。

“是项目的不利因素？”文第试探性地回答。

“利空，在股市上用得比较多，一般指股市带来不好因素的消息，利空能刺激股指下跌。”肖受历接着问，“那兰园的利空是什么呢？”

“产权、地块小、高层遮挡……好像都是利空吧。”文第也并不确定。

“我们这里所说的利空，一定是客户视角的真实感受，正因为每个人的感受不同，所以利空的标准也不一样。

比如地块小，有人会觉得是利空，有人会觉得不是。但有一点很关键，利空一定不能低于 60 分，否则就是负峰值体验，会影响客户对整个项目的印象。

严格来说，这个项目的利空一是产权，二是高层遮挡，这两点是无论怎么洗白，也无法改变的事实；而大环境、地块小这些因素，则属于硬币的两面，有利有弊。现在来看，兰园的区域大环境确实不太好，但是，新的项目正在进驻，产业园也在建设中，未来随着路网的贯通，整个区域都在向好发展；项目地块虽然小，但比芙蓉湖的很多项目地块都大，而且，这只是兰园几千亩土地中的一个分期。如果你把这些都解释清楚了，客户基本上都能接受。所以，我们重新规划了项目的接待动线，导演了一出场景大战的好戏，来和客户做心理博弈。”说完，肖受历又翻到了下一页 PPT，如图 1-12-5 所示。

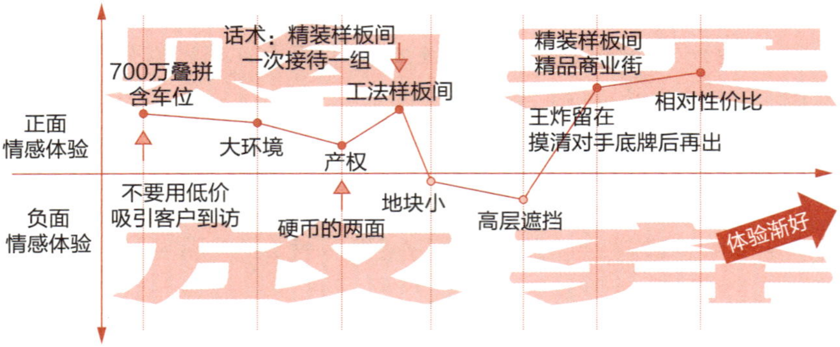

图 1-12-5　调整后的兰园“接待心电图”

置业顾问纷纷拿出手机拍照，肖受历等大家拍完，接着说：“如果以后项目重新打广告了，或者你们在邀约客户的时候，可以直接说叠拼别墅 700 万元 / 套，这样就会产生锚定效应，客户来现场一看，大部分房源都不超过 700

万元，心理上会感觉省了好几百万。而且，因为有了700这个锚点，客户再看什么都觉得很划算，很多客户不知不觉就被牵着鼻子走了。

反之，如果广告打500万元/套起，客户来了才发现只是起步价，在售的房源总价都比这高，买不起，会激发损失规避心理，还会感觉被欺骗了。

所以，兰园千万不要用低价吸引客户到访，这样吸引来的客户不仅买不起，还会挑剔，甚至挑剔到让你怀疑自己的楼盘。”

肖受历抿了口茶，继续说：“我们做的第二个改变就是，先告诉客户别墅的车位是包含在总房款里的，是不需要额外花钱买的。这一点已经提前和景总沟通过了，具体怎么操作，景总会告诉大家。

为什么要这样做呢？就是为了避免选择的悖论。简单来说，就是选择越多，烦恼越多。虽然之前的销售说辞是告诉客户，他可以不花这50万元买车位，选择后期租车位，这样更划算，但实际情况是，你给客户的选择越丰富，他做出明智的选择就越困难，不如我们提前帮他规划好，车位都包含在总房款里了，省得他出现选择障碍。”

“接下来是产权的问题，这是改变不了的事实，不如直接告诉客户，如果客户还感兴趣，没有抗性，想继续参观，那就先带看清水样板间。但是到了样板间，客户可能会在现场发现地块很小，还被高层遮挡，刚被激发起来的购买意愿又降低了。没关系，这都是肉眼可见的问题，客户有权力知道。如果在这种情况下客户还想继续了解，那真的就是准客户了。

通过这段时间的接待，我们基本上了解了客户的购买需求，这时候就要释放王炸了——看精装样板间，一定要向客户强调：为了提升尊贵感，一次只接待一组，当然，已经呈现的精品商业街也要带客户去参观，这些都是最打动人的峰值体验，是项目最大的利好，最能俘获客户的心。

注意：王炸要留在摸清客户底牌之后才出。因为客户会对比竞品，芙蓉湖项目也好，其他别墅项目也罢，所以我们要引导客户多在庭院、地下室、露台停留，增加体验感。同时，向客户强调灰空间都是赠送的，再算算实际价格，客户顿时就觉得很划算，很值得购买。这基本上就是我们的种子客户了。”

“利空一次出尽，不就是一开始就把这些不好的全主动说出去吗？”周爱虽然听得很入神，但还是充满了疑惑。

“没有这么绝对，利空一次出尽，还要看实际情况。前面我们说了，利空首先不能低于60分；其次，如果一上来你就跟客户说项目这不行，那也不行，客户肯定直接就走了，连讲解的机会都不会给你。

因为每个项目都是有接待动线的，地块小、高层遮挡这些问题，在接待过程中客户在现场自然能感受到，没必要一开始就主动跟客户强调。这样的问题是硬币的两面，不一定每一组客户都觉得这是问题，有时候，你过度强调了，反而会产生副作用，本来是好意，结果客户不看了，不买了，多冤呐。”

肖受历停顿了片刻，接着说：“其实，有时候你指出了项目的某个缺点，比如万科做的‘项目风险提示’展板，不仅成功地消除了客户损失规避心理，还顺便给客户留下了你非常‘坦诚’的印象，这反而让你获得了有利条件，再推销的时候会更具说服力。”

“大家都知道甲壳虫汽车吧？”见置业顾问都点了点头，肖受历继续说道，“60年前，作为一款小型的德国汽车，大众甲壳虫想要在大型国产汽车盛行的美国占领市场，成功的希望十分渺茫。然而，甲壳虫却在短时间内从美国市场上的笑料变成了潮流标识。

这华丽转身的背后，最出人意料的是当时的广告宣传，并没有聚焦到甲壳虫价钱便宜、耗油少这些产品优势上，反倒刻意突出了甲壳虫的劣势，广告语中不乏自嘲，‘丑是丑，别只看外表’‘越丑越长久’，这些广告语十分吸引眼球，整体宣传也很讨喜。广告推出后，甲壳虫销量激增。”

“当然，这个策略仅仅适用于产品缺点无伤大雅的情况。同样地，‘利空出尽’也要保证项目缺点不低于60分。”肖受历故意提高了嗓门，着重强调，“一定要记住啊，利空一次出尽，利好慢慢释放，其核心是让置业顾问有这样一个意识：对于项目可能带给客户的不利因素不要藏着掖着，要在合适的时候让客户知道，无论是主动告知，还是让客户自己感受到。同时，要及时释放项目利好，通过峰值体验为客户做好心理安抚，最终提升项目在客户心里的整体价值感。

这个接待动线从低价吸引，调整为高价筛选，并融合了峰终定律、损失规避、锚定效应、选择的悖论等心理学方法，我称它为‘接待心电图’。”

“结合着这个心电图，我们重新拟定了一份销讲说辞。”肖受历说完，崔华就把提前打印好的说辞给每个置业顾问都发了一份。

肖受历的培训得到了景丽和团队的极大认可，景丽当即表示，晚上就要和团队沟通如何执行这套接待动线。她一刻都不想等了，想要立刻改变项目的现状。

在肖受历培训的间隙，制作公司已经把“灵魂三问”的展板送到了售楼部。肖受历培训完，赵笑律在崔华的帮助下，号召大家下到一楼的销售案场。毕竟是自己整理的内容，赵笑律很快就把“灵魂三问”的展板讲解清楚了。

景丽和团队也达成了一致看法，从今天晚上开始，所有置业顾问迅速熟悉并练习新的销讲说辞，按照新的接待动线，结合“灵魂三问”展板，正式接待客户，同时，要求两个销售主管每天考核，一个星期后举办兰园销讲大赛。

在回公司的路上，赵笑律迫不及待地问肖受历：“肖哥，‘低价吸引’和‘高价筛选’，这个要怎么选择？是所有项目的广告都要打‘高价筛选’吗？”

“不一定哦，兰园之所以敢打‘高价筛选’，前提是兰园的别墅和芙蓉湖项目的洋房在总价和面积段上都很接近，但是刚需盘就不能一概而论了，刚需盘广告打‘低价吸引’更合适。”

赵笑律点点头，舒了口气，他总算搞清楚了这个很反常识的策略。过了一会儿，他突然想起来了什么，又问道：“肖哥，那我刚入职的时候，公司同事都在微信群里给我发欢迎红包，还有公司送书，是不是也是设计好的峰值体验啊！”

“那可不，要不你怎么到今天了还记着呢！”肖受历吸了口烟，不无得意地笑了笑。

“真是套路深啊，让人防不胜防。”

“你就说你有什么损失嘛，又领红包又拿书的，还不够你臭美的啊！营销也是一样的，谁不喜欢令人愉悦的服务体验呢！

“哈哈……”

房地产营销工具箱

工具 1 楼盘不是人民币，做不到人人天然就喜欢；客户有流失很正常，成交本来就是个漏斗，会层层筛选，最终留下高意向度的客户；千万不要追求百分之百的成交，要摆正心态，越卖不好，越不能急于求成。

工具2 成本—价格是个天平，完美是个悖论，物理属性完美了，价格就不美了。

工具3 峰终定律即人们对一件事的记忆，最终是由过程中的峰值体验（正峰值/负峰值）和终值（结束时）的体验决定的，过程中每个点好与不好，时间长与短，对记忆或者感受都没那么大影响。

体验设计不等于整体提升。真正的体验设计是做资源分配，你必须找到项目影响客户决策的那些瞬间，然后挑选取舍，再集中火力把弹药都打到关键时刻上，才能获得成功。

工具4 卖房的过程好比谈恋爱的过程，先相识（相亲），再约会，然后进入恋爱阶段，最后确定关系，每一步都必不可少，每一步都不可能跳过。

工具5 选择的悖论。简单来说，就是选择越多，烦恼越多。你给客户的选择越丰富，他做出明智的选择就越困难。

工具6 利空一次出尽，利好慢慢释放，最大利好最后出。对于项目可能带给客户的不利因素不要藏着掖着，要在合适的时候让客户知道，无论是主动告知，还是让客户自己感受到。

13. 区位图——三环别墅的稀缺感

第 21 天　晴转多云　无风
距离对赌截止日还有 52 天

刚到公司，赵笑律便打开电脑，点开了桌面上的“兰园工作清单”文档。他仔细核对了一下工单，然后将“灵魂三问”划去了，并在后面备注了三个字“已完成”。接着，他又往下扫了一眼，下一项工作栏里赫然写着“区位图”。

这可难住了赵笑律，之前都是设计师对照着百度地图直接设计的，他除了校稿，基本上没怎么参与过区位图的制作，现在要设计的是有销售力的区位图，肯定不能这么敷衍了事。可是，具有销售力的区位图应该是什么样子的呢？又该怎么设计呢？

赵笑律分别找了林沛、郭三胖求助，两位同事都毫不吝啬地把他们参与过的区位图发给他参考。赵笑律认真地看了好一会儿，还是一头雾水，不知道该如何下手。于是，他径直走进了肖受历的办公室想一问究竟，没想到肖受历反过来问他：“你觉得应该怎么做呢？”

“我不知道啊……”赵笑律有点尴尬地说，“我看了林沛和郭三胖他俩发给我的区位图，没看出什么名堂，所以才来请教你。”

“这样吧，你去把咱们公司所有合作项目的区位图都收集一下，在会议室投个屏，叫上所有人，文案、设计、策划都参加，我们开个区位图研讨会，正好建个素材库。”

赵笑律当即去找其他同事，把大家手中的区位图汇总到了一起，并招呼所有同事都来到会议室。肖受历先在投屏上大概翻了一遍，然后看向所有人，问道：“你们觉得一张区位图能卖多少钱？”

“这不都是广告公司该有的服务内容吗？还能卖钱吗？”郭三胖疑惑地皱起了眉头。

“如果像大部分楼盘那样，把区位图当作地图随便画一画，应该是不需要额外花钱的，广告公司就能完成。但是，如果这个区位图内容做得很好，特别有价值呢？比如置业顾问能讲一个小时，客户还愿意听，能卖多少钱？估个价，大胆地猜一猜。”

“我还没听说区位图能单独收费的，两三万？四五万？”林沛说。

“再往高了猜！”

“十万，这够高了吧？”

“15 万！”肖受历轻描淡写地说。

“这么高嘛，这可是很多广告公司好几个月的月费了。”

“那可不，有一家叫房讯的公司做到了，据说卖得还很好。”

“哇，收费这么高，那区位图会设计成什么样子呢？”

“自己下去搜搜，值得我们好好学习。”肖受历一边踱着步，一边说道，“区位图是接待动线的一个重要环节，是销售说辞的关键道具，今天正好趁这个机会和大家聊一聊区位图。我们经常把区位图挂在嘴边，那到底什么是区位图，有人想过这个问题吗？”肖受历问。

见没人回答，肖受历接着说：“你们谁用手机搜一下，看看百度的官方定义是什么。”

“区位图是反映目标区所在位置、周边交通状况、与周边地区经济相互作用关系的体现区位的地图。”林沛看着手机读道。

肖受历拿起马克笔，在旁边的白板上写道：

> **区位图**
>
> 位置、交通、版块关系、地图

“区位图就相当于一张名片，要告诉客户的是楼盘在哪里，楼盘怎么去，区域未来怎么样。”肖受历转过头来，接着问，“林沛、郭三胖，你们俩来公司最久，接触的项目也最多，你们做区位图有什么心得感悟？”

“大部分区位图都标注得很全，商场、医院、学校等，什么配套都有，好像都离我很近。但是，客户都觉得太假了，压根听不进去。”郭三胖说。

“很多区位图说白了就是照搬百度、高德地图，展示的都是区域现在的样子，无非美化了一下而已。其实这些内容客户基本上都知道，置业顾问还没讲完，就会被打断，而客户最想知道的是区域未来会是什么样子，置业顾问却说不出个所以然来。”林沛补充道。

“那做区位图有什么标准可参考吗？”赵笑律突然问道。

“没有标准答案，具体项目具体分析。”肖受历说，“不过，总的来说，一个合格的区位图既要体现现状，也要彰显未来，还要展现出项目的购买逻辑。”

“比如，木兰·时代城的区位图。”肖受历看着屏幕问，“你们从这个区位图能看出来这个项目是逻辑五分法里的哪个逻辑选型吗？”

“城市逻辑。”

“是的，其实还有土地逻辑，不过被我们展示在了售楼部的展板和手册里。”肖受历接着说道，“通过这个区位图，我们想告诉客户的是，围场这个县城东有山地，西临高速，东西向发展是受限的，城市发展只能南拓北延。但北部又是物流园区，不适合居住，真正的生活区应该往南，那里是政府着力打造的滨水生活组团。

同时，我们还列举了一些数据，比如：政府投资了多少个亿，拓宽了几条道路，建了几所学校……来证明城市南进的决心和力度，这些信息都是客户不知道的，他自然愿意听你讲。

最后，我们还会告诉客户，项目就处于南部新老城的交接处，加上项目的大体量规划，有住宅、有商业，妥妥的未来城市中心。

所以，我们用这张区位图传递给客户项目的城市价值，买这里就是买未来，就是在享受城市红利。”如图 1-13-1 所示。

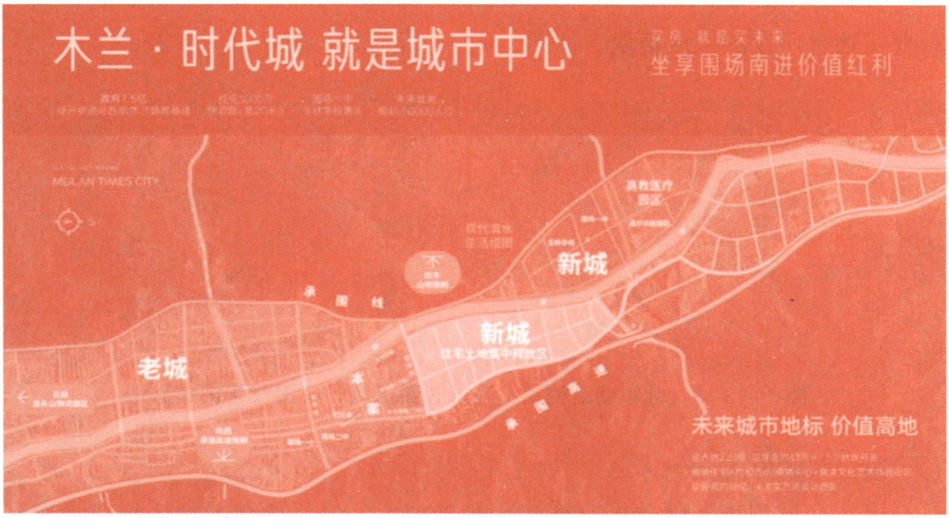

图 1-13-1　木兰·时代城区位图（图灵营销作品）

“再看云和湖的区位图。”肖受历翻了一页，看着屏幕，继续说道，“我们一共设计了三张区位图，用来解决下面三个问题：为什么买城市？为什么买区域？为什么买项目？我们一张张地看。

第一张区位图——为什么买城市？解决信阳人对信阳的信心问题。

从接触到的客户那里了解到，有些信阳人对城市自身发展没有信心，导致购房有抗性，会外流到周边其他城市买房。基于此，我们从人口、经济、政策的维度，把信阳这个城市在全国的站位在第一张区位图上进行了展示。如图 1–13–2 所示。

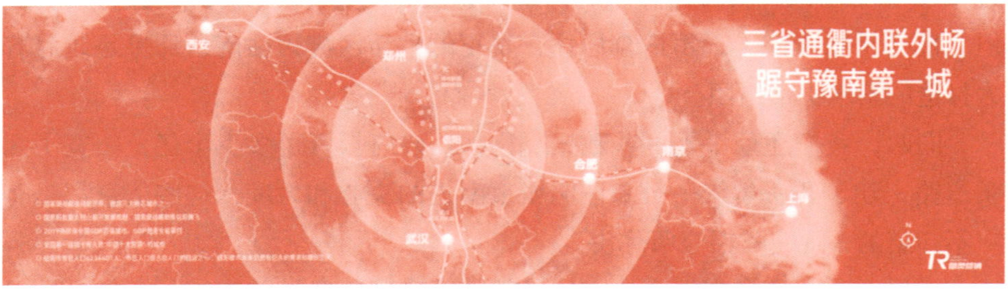

图 1–13–2　云和湖区位图：为什么买城市？（图灵营销作品）

第二张区位图——为什么买区域？解决客户对区域的信心问题。

我们梳理出信阳的城市发展轨迹，并指出信阳的主流发展方向；然后，逐一分析各城市板块的规划，以及居住舒适度；最后，对比得出答案，买房就要买项目所在的主流板块。如图 1–13–3 所示。

图 1–13–3　云和湖区位图：为什么买区域？（图灵营销作品）

第三张区位图——为什么买项目？解决客户对项目的信心问题。

聚焦区域规划，随着城市框架逐渐被拉大，项目所在的片区将成为发展的核心。项目周边一公里范围内的重要路网配套，都是最好的例证。尤其是紧邻的新十八大街和北环路，堪称“城市双主轴”，能够拉升项目的板块价值。其中，新十八大街是南北城市动脉，也是唯一一条贯穿城市三个区域板块的快速路。北环路则是未来的城市生态走廊主轴，享受着稀缺的万亩湖山资源，如果不去搜资料，你压根就无法想象这两条路赋予项目的城市地位。如图 1–13–4 所示。

图 1–13–4　云和湖区位图：为什么买项目？（图灵营销作品）

三个问题，我们用了三张区位图来解答，这些都是基于政府工作报告、规划文本、政策文件、新闻报道里的权威信息，而不是你打开地图就能立即知道的。

在宏观层面，能看得懂城市进程和板块地位；在微观层面，能看得出区域未来前景和路网配套，这样的区位图，讲解半个小时以上不成问题。你讲得越翔实、透彻，客户越会被你的专业和自信打动。同时，未知信息带来的新鲜感也能把客户带入置业顾问的节奏中，达到控场的目的。”

“还有一点很重要。”肖受历盯着屏幕，翻了一会儿，然后定格在一张区位图上，接着说道，“区位图的设计一定要懂得取舍，不要奢求面面俱到，关键是要突出重点，跟项目不相干的信息全都弱化，区位图展示不了的内容，可以考虑增加一个展板或者设计一些手卡，提供给置业顾问随时使用。”

“手卡？”赵笑律满脸疑惑地问。

“是的，A4 纸大小，置业顾问拿在手里就能用，这个我们一会儿再说。”

“比如仁里山居，因为客户以义乌人为主，我们就在区位图上着重展现了项目距离义乌很近，而且规划中的高速路如果建成将大大缩短通勤距离。另外，项目位于 4A 级景区里，山水等自然资源丰富，景区的规划在区位图上只是点到为止，更详细的配套、周边的城市交通网以及区域旅游资源，我们放在了三个小展板上。这样，各有侧重点，客户能很直观地看到所有信息。”如

图 1-13-5 所示。

图 1-13-5 仁里山居区位图（图灵营销作品）

“刚才展示了这么多区位图，你们有没有发现什么共同点？”肖受历问。

众人面面相觑，不知如何作答。

“标题，注意标题！”肖受历又快速回翻了一遍区位图，接着说，“看见了吗？每个区位图都有标题，而且都是结论性的标题。客户一看标题，就知道区位图的重点，再细看区位图的内容，都是在提供证据，这也是在提高接待效率。”

肖受历捋着他那标志性的胡须，沉思了片刻，接着问道：“那么，兰园的区位图要怎么做呢？”

赵笑律立即竖起了耳朵，生怕错过任何一个字。

“我们之前通过逻辑五分法梳理过，兰园的策略是土地逻辑＋产品逻辑，区位图也自然要围绕这两个逻辑进行设计和可视化展示。”肖受历又用马克笔在白板上的“位置、交通、板块关系”下重重划了一道线，转过身说道：“还要展示出项目的位置、交通以及和其他板块的关系。”

肖受历说完，便在白板上画起了草图。一两分钟后，他转过身接着说：“在位置上，城市东扩，芙蓉湖是未来的城市中心，兰园和芙蓉湖仅一路之隔，这是项目的城市价值，展现的是兰园的土地逻辑；在交通方面，要放大东三环高架，体现出兰园能快速通达其他区域的路网优势；在版块关系上，兰园 3000 亩的大体量自成一个城市中心，能和芙蓉湖等其他城市中心平分秋色。”

肖受历踱着步，思考了一会，继续说：“最后一点，我们通过三元定位法找到了项目城市别墅的置业逻辑，又通过客户分析找到了兰园 VS 芙蓉湖洋房 VS 鸣翠谷别墅的竞争关系，可以把整个京州市的在售别墅全标出来，价位也写上，芙蓉湖的洋房也标上，再查查市场上剩余别墅的总量，力求让客户看一眼就能发现三环别墅的稀缺，只有这么多，错过再无，这也是在彰显项目的产品逻辑。”

“好了，基本上就是这些了，剩下的你们自己再完善吧。”肖受历放下马克笔，回到了座位上。

“这也是在解答项目的‘灵魂三问’呐！”赵笑律说。

“为什么买区域？为什么买项目？为什么现在买？‘灵魂三问’是项目的灵魂，所有的物料都是在解决这三个问题。”肖受历回答完，又补充道，“有些信息是区位图上没法完全展示的，比如兰园所在区域的生态环境、森林覆盖率、贯穿的河流以及区域未来将要进驻的产业园等配套，这些内容可以考虑设计成展架或者手卡。”

肖受历又展示了一些区位图，大家也都开始发表看法，参与讨论。如图 1-13-6 所示。

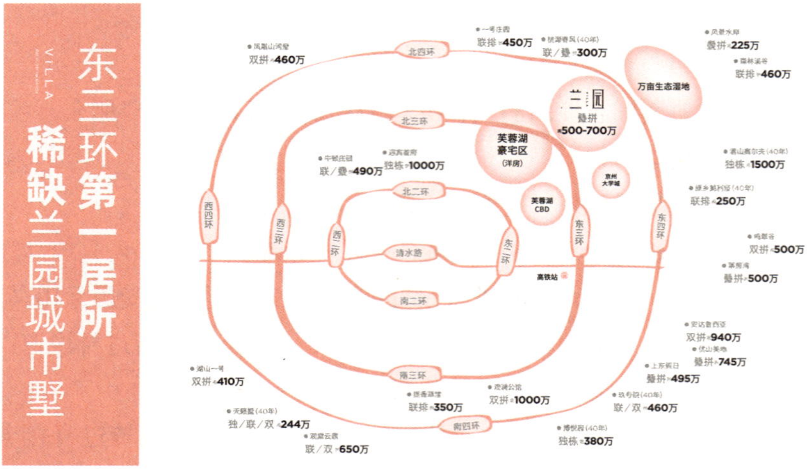

图 1-13-6　兰园区位图（简化版）

“区位图是一门学问，是你们每个人都要精通的手艺，而且不要想着一招制胜，还是要多了解客户，甚至有项目因为事业单位的客户占比很多，直接把他们的分布地点做成了区位图。”

趁着说话的间隙，赵笑律表达了自己的疑问：“肖哥，你说一张区位图能卖十几万，真的这么值钱吗？而且甲方还愿意付费？”

“你们怎么看这事呢？”肖受历反问道。

“区位图确实很重要，但是收十几万太高了吧，毕竟，谁也不敢说区位图做得好就真的能卖房子吧。”林沛看了一圈见没人发话，就率先打破了沉默。

“其实，十几万对开发商来说根本不算什么，你想想，一个样板间要花多少钱？一个大沙盘要花多少钱？跟它们相比，区位图只是花了个零头而已。”郭三胖也发表了自己的看法。

“房讯的区位图我看过，细节颗粒度和价值感都展现得特别好，值得我们好好学习。至于值不值 15 万，看怎么算这笔账了。”肖受历停顿了片刻，接着说，“首先，好的区位图确实能提高接待效率，这个大家都认可。那能不能帮助卖房子，我认为能，置业顾问的效率提高了，绝对能助推卖房，至于到底能卖多少，这没法衡量。

所以，如果非要问区位图能卖房吗？我只能说不好判断。不只是区位图，其他销售力物料也如此，它们是卖房的一个环节，都能提高效率，但是到底对卖房有多大作用，不好说。因为卖房需要合力，不是你把案场的物料换一波，销量立马就上来了，其他环节也要跟得上才行。这个我们要实事求是地看待，不夸大、不忽悠。

其次，我们换个角度来看这件事，就对比一下成本，来算算账吧。郭三胖刚说到了这点，区位图很重要，但楼盘的重视程度却不够，舍得花的钱也不多。当然，不是说开发商没在区位图上花钱，只是和样板间、景观示范区这些对比，区位图的投入可以忽略不计。”

“可是，我见好多售楼部的区位图用的都是 LED 大屏，甚至还有那种上墙的，工艺、材质都不差，这种也都很昂贵啊。”赵笑律又一次提出了自己的疑问。

“你说得没错，要说项目没在区位图上花钱，真有点冤枉开发商了。LED 大屏少则 50 万元，精度高的 100 万元都有可能。但是，他们本末倒置了，把钱都花在了形式上，对区位图的价值感重视度太低。

比如，你刚才说的那种区位挂墙沙盘模型，除了能提升一下项目所谓的调性、逼格，还有多大作用？关键是，如果想更新一下区位图，改得了吗？只能在旁边增加一个新的区位图展架，之前的挂墙模型就彻底成了摆设。一次投入，终身浪费。

对客户来说，区位图的内容要远大于形式。如果区位图设计得可看性很强，用一个灯箱就解决问题了，万把块钱就搞定了，再不济设计成一个大展板，效果还不差，这能给楼盘节省多少成本啊？这样算算，你们觉得一张区位图 15 万贵吗？”

“这样来看，一个项目浪费这么多钱，集团有多少项目不就浪费了多少钱吗？如果甲方下面的所有楼盘都这样做区位图，那得省出多少利润啊！”郭三胖陷入了沉思。

“这还不含节省的管理成本呢，这种大屏、挂墙区位图，不知道中间找了多少家供应商竞标，再算上项目上开的各种讨论会、流程审批，时间成本和团队的精力成本也大大节省了。”林沛补充道。

“如果楼盘从一开始就力争把区位图一次做对，不返工，一直能用到楼盘结束，这不就是把效率发挥到了极致吗？而且，楼盘设计的所有物料，包括单页、展架以及微信推文、海报等，几乎所有的广告都能用上这张区位图，相当于提高了所有营销场景的效率，这不就是一次做对了，哪里都受益嘛。”赵笑律不禁也发出了感慨。

“区位图也好，其他销售力物料也罢，不要过度追求一次做对，一次做全。”肖受历打断了赵笑律，看向大家继续说，“城市的发展在变化，项目的逻辑选型也会跟着变化，兰园不就是最好的例子吗。早期芙蓉湖还没发展起来的时候，兰园位置比较偏，主打城市逻辑 + 产品逻辑，现在芙蓉湖是城市中心了，就变成了土地逻辑 + 产品逻辑，而且客户的购买需求、买点也在发生变化，自然而然地，销售力物料也会跟着迭代升级。

各位，我们现在做的这些销售力物料都很有价值，不过，还需要一点时间被更多开发商看到和认可。”

“那要不我们的区位图也收个 15 万？”

“哈哈哈……”

房地产营销工具箱

工具 如何设计更有销售力的区位图？

一个合格的区位图既要体现现状，也要彰显未来，还要展现出项目的购买逻辑。

区位图要展现出项目的购买逻辑，比如为什么买区域？为什么买项目？为什么现在买？

区位图要有所取舍，不能面面俱到，重点要突出。

每个区位图都要有结论性的标题，客户一看标题，就知道区位图的重点，再细看区位图的内容，都是在提供证据，这也是在提高接待效率。

城市在发展，项目的逻辑选型会跟着变化，客户的购买需求、买点也会发生变化，区位图等销售力物料需要迭代升级，所以不要过度追求一次做对，一次做全。

14. 价值手卡——拿在手里的信息补充

第 21 天　晴转多云　无风
距离对赌截止日还有 52 天

赵笑律一下子收获了这么多关于区位图的设计策略和思路，非常兴奋，也意犹未尽，他说："肖哥，再接着说说手卡吧！"

肖受历喝了口水，说道："郭三胖，你去书架最底下那层拿几张给首府项目做的手卡过来。"停顿了片刻，肖受历又问道："都知道什么是手卡吧？"

"主持人手里拿的那种小卡片吧！"赵笑律说。

"手卡有很多种形式，主持人拿的手卡就相当于一个提词器，巴掌那么大，写着串场的提示词，还有美国总统常用的电子提词器，马云演讲时手里经常拿着的信纸夹板，都是一种特殊的手卡，使用它们的目的就是避免忘词。我们今天要说的置业顾问用的手卡跟上面这些手卡其实是一回事，不过是 A4 纸大小的。"

这时，郭三胖刚好回来了，他直接把找到的七八张价值手卡都递给了肖受历。肖受历举在手里，说道："这就是手卡。"然后就放在了桌子上。赵笑律赶紧凑上去，好奇地拿在手里翻看着。

"这是我跟日本销售大师学的。"肖受历去过日本很多次，也和日本的房地产销售合作过，私下肖受历也会跟赵笑律他们分享合作的趣事。日本的房地产销售把销售做成了终身职业，虽然满头白发，却非常专业和敬业。

"郭三胖、林沛，你们觉得都有哪些内容可以做成手卡？"肖受历问道。

"区位图、展板等展示不了的内容。"

"不适合公开的内容。"

"临时增加的内容。"

"不同的客户，不同的需求，有些内容不需要讲给所有客户听。"

……

"手卡可以是客户关注问题的信息延展，它能将一些复杂的问题简单化，并提高数据、政策的可信度。"肖受历总结道，"手卡的最终目的还是在'拔高'项目的价值解读水平，'拉平'置业顾问的水平差。比如，为了展示开发商的品牌竞争力，我们设计了开发商二手房升值对比图。"肖受历从桌子上挑了一张手卡，举在手里，接着说，“为了展示品质感，我们呈现了开发商开发的老社区和其他同类小区的十年实景对比。”

肖受历又换了另一张手卡举在手里。“还有新的政策新闻、补充的户型说辞、区域楼盘价值对比……只要是有助于销售的内容，我们都会设计成手卡，提供给置业顾问夹在自己的销讲夹里，随时取用，作为说服客户成交的工具。营销是心理战，置业顾问的道具越多，提供的心理战武器就越多，就越有助于逼定客户，提高转化率。”

“郭三胖、林沛他们负责的项目都做过，你自己看看这些物料就懂了。”肖受历接着说，“另外，他们还整理了超级销讲夹，系统地罗列了置业顾问销讲夹里应该放什么资料，很详实，可以作为置业顾问的标配物料。”如图 1-14-1 所示。

“我一会儿就发你。”林沛对赵笑律说。

超级销讲夹

项目基础图：总平图、鸟瞰图、透视图、景观规划图、平层图、户型图

说辞可视图：城市（区域）规划图、配套交通图、产业分布图等

抗性化解图：共性抗性问题形成标准应对的说辞和资料；例：临火车道、无名校、交房晚、工程进度慢等

实证谈资图：区域利好官方报道截图、工程进度实拍图、公司已交付项目实景照、带家具尺寸的户型布局图、上个客户刚签的定房单等

工具资料包：征信查询、契税缴纳、信贷政策、面签事项、合同模版等

竞品资料包：户型图、单页等

图 1-14-1　超级销讲夹

“兰园可以做什么内容的手卡呢？”赵笑律问。

“你问问大家吧，帮你发散一下。”肖受历说。

“可以找一些关于庭院、样板间、露台的生活场景实景图彩印一份，提供给置业顾问。比如院子里的 100 种生活场景，地下室的 100 种生活场景。”

“兰园同类产品在全国的分布展示、价值对标。”

“其他城市别墅保值抗跌的案例。”

“把别墅赠送的面积都计算在内，算算实际的单价。”

“还有刚才区位图没有展示的兰园所在区域的生态环境、森林覆盖率、贯穿的河流，以及区域未来将要进驻的产业园等配套。”如图 1-14-2 所示。

……

图 1-14-2　兰园价值手卡

大家你一言、我一语地帮赵笑律出了不少主意，赵笑律全都记下，既开心又惭愧。

房地产营销工具箱

工具 1 营销是心理战，置业顾问的道具越多，提供的心理战武器就越多，就越有助于逼定客户，提高转化率。

工具 2 价值手卡就是把展板展示不了的内容、不适合公开的内容、临时增加的内容，以及只适合某类客户看的内容设计成 A4 大小的手卡，置业顾问把它们夹在自己的销讲夹里，随时取用，作为说服客户成交的工具。

价值手卡有三个作用：一是解决复杂问题；二是增加数据、政策的可信度；三是提供客户关注问题的延展信息。

工具 3 超级销讲夹可以作为置业顾问的标配物料，里面系统地罗列了置业顾问需要的材料。

15. 项目单页——购买理由、购买指南、购买指令

第 24 天　多云　无风

距离对赌截止日还有 49 天

这天中午，赵笑律正在工位上午休，突然感觉有人在拍他肩膀："醒醒，上班了，来我办公室。"

赵笑律睁开眼，模模糊糊地看到是肖受历那高大的身影。他迅速去卫生间洗了把脸，就直接进了肖受历的办公室。刚落座，肖受历就递给他一张单页。

"这是我车上被人插的异形广告单页，不过不用看，参考价值不大，形式噱头而已。"

肖受历一边摆弄茶具，一边说："兰园的销售力物料还没有涉及单页，正好我们来聊聊，有效的单页该怎么做？"

赵笑律翻看着手里的单页，头也没抬地说："如果我不细看的话，还真看不出来这就是卖房子的。"

"可不是嘛，就没见有几个房地产广告上面愿意放房子的，宁愿放上一只鹿、一匹马、一头狮子或者放个羽毛、印章，反正就是不放房子。为什么呢？大家都觉得卖房子就放房子，太没创意了，还美其名曰：去地产化。"

"我记得大卫·奥格威在《一个广告人的自白》中说：'真正决定客户购买或不购买的，是广告的内容，而不是形式。'"

肖受历点点头，给两人都倒了茶："这就像钓鱼一样，鱼饵比鱼钩重要，广告的内容大于形式！诱人的鱼饵才是重点，有漂亮的鱼钩也不错，二者不可兼得时，还是鱼饵要紧。（如如 1–15–1 所示）

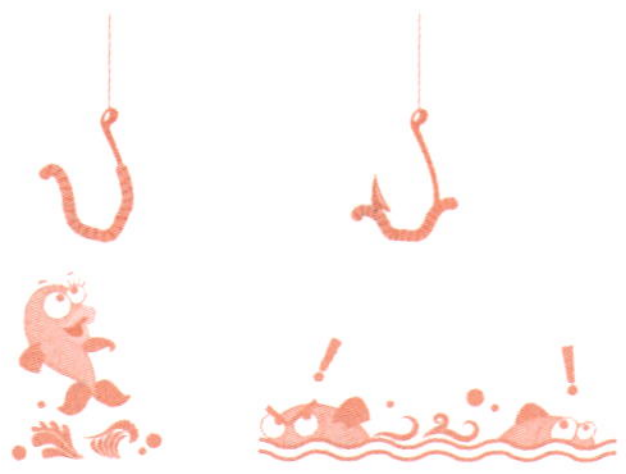

图 1–15–1　（左）鱼饵型广告：只见鱼饵，不知有鱼钩
（右）鱼钩型广告：过于炫耀漂亮的鱼钩，而不重视鱼饵

你刚才看到的那个异形单页就是个漂亮的鱼钩，纯粹是为了创新而创新，但它的内容，也就是鱼饵太不诱人了，还不说人话。我之前在简书上看到一篇文章，是华杉老师写的，转发你微信了，我觉得最能说明怎么做广告单页才最有效。”

赵笑律拿起手机点开链接，仔细阅读了起来。趁着这个间隙，肖受历点上一支烟，一番吞云吐雾后，接着说：“这篇文章里提到的是 2001 年碧桂园·凤凰城的广告单页，虽然很老却很有参考价值。第一眼看到这个单页，很多人都会觉得画面很 low、很粗糙，但这个广告的每一句话、每一个字、每一张插图都有用，都是在教你如何给广告下钩。很多人只看到它设计得不精致，却看不到用心琢磨的广告内容。

文章里解读得很详细，我们可以对照着来仔细分析一下这张单页，如图 1-15-2 所示。

图 1-15-2　碧桂园·凤凰城 2001 年广告单页

图片来源：华杉老师简书文章

赵笑律立即连上了投影仪，肖受历滑动着鼠标，一边把单页放大，一边说道："标题'愿每个成功人士都住上好房子'，这句话既用成功人士赞美了客户，赢得了好感，还给项目贴上了标签——'我'就是好房子，何况住上别墅是每个人的梦想。成功人士和别墅是标配，直击客户心理，引发认同。

再来看配图。有人觉得这些图片很粗糙，应该修图。事实上，真实的照片，哪怕是手机拍的，只要它是实景，就胜过精美的图片。"

"我记得《一个广告人的自白》里讲道：'与其用绘画，不如用照片。使用照片的广告，更能卖货。'"赵笑律又想到了大卫·奥格威。

"没错，奥格威还说那种在摄影俱乐部得奖的照片，虽然敏感、精致、细腻，而且构图美妙，但用在广告上并没有效果。好的图片有极强的代入感，能把读者完全卷入生活场景。

这张单页里最大的照片就是一家三口和一个别墅的菜园，实景让人有所见即所得的感觉。如果你的图片异常精美，反而会让客户清楚地意识到这是假的，是我无法拥有的。广告上的这张照片只是普通相机拍的，一家三口站在自家的别墅菜园里，这就是实实在在的梦想成真。温馨的生活照，极强的代入感，把客户完全带入彼时的场景，激发共鸣和向往。"

"大卫·奥格威还说过：'图片的下面一定要配上文字，这样能同时提高图片和文字的阅读效率。'"赵笑律又插话道。

"是的，你再看图片下面的一句话，感觉马上就能让你实现梦想——连装修 88 万独立花园别墅实景，而且把'88'拉高、放大，很显眼。我们看到这张单页的第一眼，就看到了'连装修 88 万''独立花园别墅''实景'这十几个字，第一眼看到这几个最有用的信息就足够了。

照片的旁边再配一段文案：好日子就如……在森林湖泊中安个家……给好日子制定了一个标准，刺激客户认可并行动。

在主图片的下面又配了三张小图，推介不同的产品，每张小图下面也配有文案：拥有自己的天空，自己的花园，感觉真好！白领也可以住别墅，让更多人可以享受五星级的生活。每一个产品下面都有价格，价格很重要，不标价格，读者就不会思考；标清价格，客户就自然对号入座，这样能够有效筛选意向客户。

当看完图片、重点文字后，你已经心动了，最后还不忘推波助澜一下，给你盖一个戳‘物美价廉’，刺激客户再不买就亏大了！

在单页的最下方还标注了看房地址和免费的楼车指南，这是在提供购买的方便性；画面的左上角是项目的 logo，看一眼就知道这是哪个项目。”

“把这个单页版面当成一个鱼塘，你的文字、图片就是在鱼塘里下钩。”肖受历停顿了片刻，接着说，“我们来数数这个单页广告一共下了几个鱼钩：标题是一个鱼钩——愿每个成功人士都住上好房子！住上别墅是每个人的梦想！这说到客户心里去了，有共鸣。图片是第二个鱼钩——看到这房子就想拥有，希望那家人就是我们一家三口！价格是第三个鱼钩——很多房地产广告都不愿意打价钱。为什么呢？害怕打了价钱，会吓跑很多客户，希望等客户打电话或者来售楼部再释放价格，慢慢跟他磨。即使有些广告打了价钱，也不打总价，一般会打起价多少，或者首付多少。总之，就是变着法地降低客户进来的门槛，从中发现更多的客户。”

“这和你上次培训接待动线时提到的兰园不能打‘低价吸引’，而要打‘高价筛选’是一个逻辑啊！”赵笑律惊喜地说。

“对呀，你想想啊，如果这个单页上没有标 88 万带装修，客户会以为要这套房子要 188 万呢，那就跟他没关系了，而肯掏 188 万的人呢，他可能压根就看不上你这个地方。所以，一定要在第一时间把这个信息完整地传递给客户，这样愿意来的就来了，不愿意来的你也不要浪费他的时间。

下面三张小图就是三个鱼钩，分别给不同的鱼咬，不同的客户就会对号入座，因为我们还有别的产品啊。旁边还盖上个‘物美价廉’的戳，再强调一下，就像你钓鱼的时候下了鱼钩，也要再撒一些豆面，吸引鱼儿过来。

这样一共下了六个鱼钩，还撒了豆面，这就是有销售力的广告单页。”

“我记得在《跟华杉学品牌营销 30 讲》的课程里，华杉老师还讲过，完整的广告文本信息应包含三个方面的内容：购买理由、购买指令、购买指南。这张单页显然很符合这个说法。”赵笑律补充道。

“那你来拆解下，哪些是购买理由？哪些是购买指令？哪些是购买指南？”肖受历被赵笑律一说，也来了兴趣。

赵笑律又端详了一遍这个单页，然后慢慢地说道：“标题中的成功人士住别墅，一家三口的配图，每个产品的价格，好日子的文案，这些都是购买理由，告诉客户为什么要买别墅。

三张小图对应三种不同的产品和价格，吸引目标客户。有图、有价格，客户不假思索就能找到适合自己的产品，这是购买指南，客户按图索骥，找到自己中意的产品。

最后的地图和免费看房车是购买指令，号召客户立即行动。你想咨询可以直接打电话，你想来看房有免费班车，你想自驾有路线，再放个地图，给你一个直观的位置信息。”

肖受历点点头，捋着标志性的胡须，说道：“广告单页是大信息量沟通的媒介，信息要全，而且要直接，如果不提供信息，只树立形象，就是浪费。最有效的广告单页应该提供购买理由、购买指南、购买指令，解决为什么购买、如何购买、何时购买这三个问题，而且能让客户看完就直接行动。整个广告还要符合我们说的创意要降低客户的购买成本、决策成本的原则。”

“今天的文章太有价值了，我马上收藏。”赵笑律笑着说。

“光收藏有什么用，知道和做到是两码事！赶紧在兰园上落地实践，否则，知道再多也没用！”

“正有此意呢！”

“现在参考有了，就套着模板先设计一版单页，之后再根据具体的需要和反馈优化改进，先固化，再优化。”

“好，现在就去执行，等我的好消息吧！”

第 26 天　晴　风力 2 级

距离对赌截止日还有 47 天

两天后，赵笑律果真带着一版新单页来向肖受历“交差”了。肖受历喜笑颜开：“可以可以，效率很高啊！”。

“肖哥，我们还做了测试呢，论证了一下这版单页的实际效果。”如图 1–15–3 所示。

说罢，赵笑律把手机里拍的照片发给了肖受历，然后接着说：“我们测试了兰园这版单页在不同环境里被识别的效果，比如放在自行车筐里、扔在垃圾桶里、扔在地上、完全摊开或半摊开，以及拿在手里等，反正各种场景都试了试，结果发现红色最显眼，能跳脱出环境，一眼就能被发现，而且红色标题也比较醒目，基本上离得远也能看清内容。”如图 1–15–4 所示。

图 1-15-3　赵笑律和团队成员做单页测试

图 1-15-4　兰园广告单页

肖受历又捋了捋他那标志性的胡须，诧异地说道：“哟，不错哦，还带实验性质啊，你们真是有心了。方法论贵在知行合一，只要是对的，有价值的，我们都要学习，并落地实操，慢慢地就内化成自己的本事了。”

“下一个该做什么物料了？”过了一会儿，肖受历问道。

“户型单页吧！”赵笑律答。

“好，这次你去寻找答案、找参考，哪怕去调盘呢，然后来告诉我户型单页应该怎么设计？”

“我已经有答案了。”

“这么快，那快说来听听！”肖受历大为欣喜。

房地产营销工具箱

工具 如何设计更有销售力的项目单页？

真正让客户决定购买或不购买的，是广告的内容，而不是形式。

信息要全，比如品牌、地段、产品、户型、价格等，提供项目的购买理由、购买指南、购买指令，相当于提供了一份项目说明书。降低客户的搜索成本、阅读成本、选择成本、决策成本，最终降低楼盘的营销传播成本。

16. 户型单页——生活场景，角色代入，激发动心起念

第 26 天　晴　风力 2 级
距离对赌截止期还有 47 天

赵笑律起身去座位上拿了一叠资料过来，他并没有急着回答肖受历，而是问了个问题："肖哥，你说为什么项目要做样板间啊？"

"客户在样板间可以想象未来生活的样子，有生活场景了，更容易动心起念。同时，这也是峰值体验。"

肖受历突然意识到了什么，故作严肃地说："考我呢，别卖关子啊，快来说说户型单页应该怎么设计？"

"我觉得户型单页和样板间的作用是互补的，一个是引导想象，一个是眼见为实。"赵笑律信心满满地继续说，"从我目前收集的资料看，户型单页的设计有两种形式。"说罢，便从手中的资料里翻出来几张图，递给了肖受历。

"第一种形式是，将每个户型的功能空间的生活场景用线稿展示出来。你看，我找到了万科、保利的户型单页设计，发现他们有一个共同点，就是用了场景展示，而且都是线稿。"如图 1–16–1、图 1–16–2 所示。

"十年前的资料你都能找到，不愧是行走的资料库啊！"肖受历夸赞道，"我之前在龙湖地产的时候，户型单页也是这样设计的，没想到今天你还能找到。"

"肖哥，我有一点没有想明白，为什么不直接用实景图呢？刚说项目单页时提到大卫·奥格威都说实景图效果最好。"

"你觉得呢？"肖受历又把问题抛回给了赵笑律吗，让他自己来思考。

"嗯……我是这样理解的。第一，户型单页的重点还是户型本身，要是功能空间的解读都用了实景图，图太多会很突兀，还会抢了户型图的戏，所以要有所取舍；第二，实景图太具象了，不能保证所有客户看了都喜欢，线稿既有场景的代入感，又给客户留下了一定的想象空间。"

肖受历点点头，问道："第二种形式呢？"

赵笑律又递给了肖受历几张户型单页，如图 1–16–3 所示。

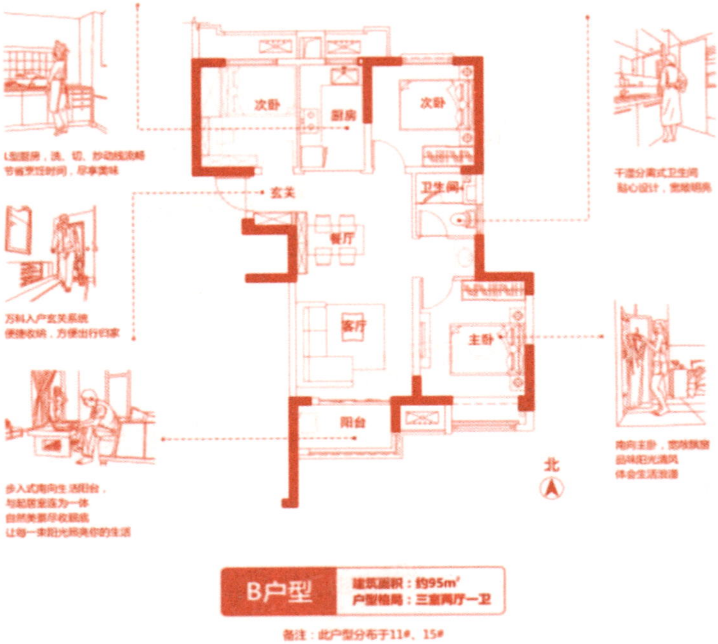

图 1-16-1　万科地产某项目户型单页

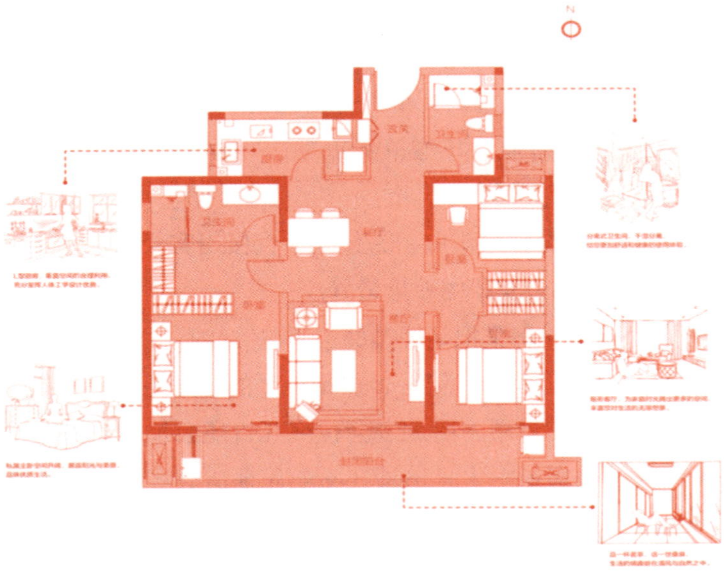

图 1-16-2　保利地产某项目户型单页

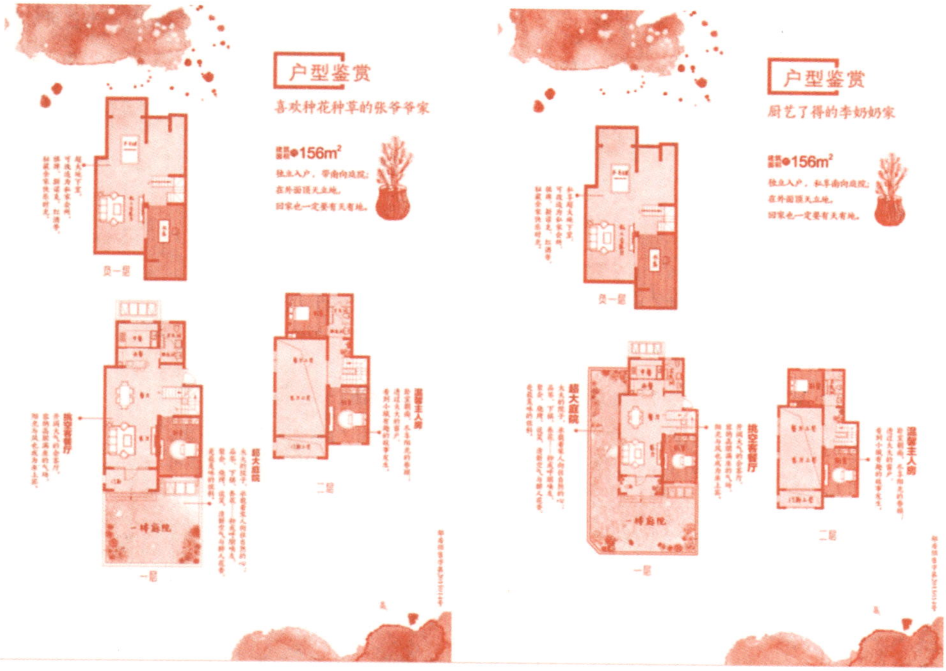

图 1-16-3　赵笑律搜集的建业某项目户型单页

“这种形式我觉得也不错，就是把客户标签化了，比如：爱旅游、会摄影的刘先生家，爱唱歌的赵小姐家，喜欢种花种草的张爷爷家，厨艺了得的李奶奶家，喜欢露台、星星的小朋友家……都是针对不同的客户群体，有针对性地喊话。”

“这也是一种很好的形式，每一个标签背后都有一类客群。”肖受历很认可地点了点头。

“其实，相当于全生命周期户型了，从两口之家到三口之家，再到二胎家庭，以及三代同堂的家庭，甚至老两口的二人世界，都可以覆盖到。”

“你倒是提醒我了，我曾经有个想法，就是针对不同的家庭结构，用一张户型图设计 N 个版本的使用场景，总有一款能打动客户。但是太麻烦了，就没执行，你以后有机会可以尝试一下。”肖受历喝了口茶，抬头看着赵笑律，问道，“这两个形式都非常好，内容怎么展示呢？”

“用 FAB 啊，突出户型带给一家人的好处，为客户规划生活方式，引发共鸣，打动客户。”

“生活方式这个词太虚了，似懂非懂，不太好理解。”

“呃……我还真说不清楚‘生活方式’是什么意思呢，我百度一下吧。”赵笑律拿起手机搜索了一会，接着说，“生活方式，狭义上是指个人及其家庭的日常生活的活动方式，包括衣、食、住、行以及闲暇时间的利用等。”

“‘生活方式’这个概念很早就有了。”肖受历补充道，“王志纲老师在1994年就强调‘房地产不等于钢筋加水泥，归根结底要为客户提供一种生活方式’。”

“王志纲老师太有预见性了，那个时候提‘生活方式’太超前了，没多少人听得进去。”赵笑律说。

“没错，不过，他在得到的《王志纲年度报告》里再次提到了‘生活方式’，认为房地产开发靠数量增长的时代已经彻底结束了，下半场需要的是从‘卖房子’转向‘卖生活’，谁能提供高质量的生活，谁的房子就卖得出去。”肖受历补充道。

“在《生活方式——房地产业的社会价值》这本书里，吴昊老师也提到，房子是生活方式的选择。开发商卖的是房子，而客户买的是生活方式。”赵笑律说。

“生活方式，最适合从产品定位阶段就开始规划，现在再提为时已晚。不过，它带给我们的启发就是，户型解读应该重点关注一家人生活在里面亲密也私密的生活场景。毕竟，房子的不同，是生活方式的不同。”

“你平常听到的置业顾问是怎么讲解一个户型的？”肖受历问。

“一般都是在讲户型多少面宽、多大进深、几个阳台，哪个墙体能打掉，阳台能不能封，赠送了多少面积……”

“那你听了有什么感受？”

“基本上无感，都是在用面积、套型、得房率等物理指标看待户型。”

“嗯，户型不只是几何学上的‘长宽高’，更是对家庭生活场景的重新规划。我们应该透过这些物理参数，看到户型背后的家庭关系，这才是真正影响客户生活方式的关键因素。”

“疫情时期宅在家里，你有什么感受啊？”肖受历又问道。

“各种尴尬，各种矛盾吧。一家八口人天天在一块，连最起码的上厕所都很麻烦。刚开始，大家的关系还算融洽，时间一长，毕竟生活习惯不一样，就会产生各种问题：起床晚了不吃早饭——生气；没有及时打扫卫生——生气；再加上小孩子的各种吵闹……那画面可想而知。”

“哈哈……”

“当时就特别想回到自己家里。”

“别说你们一大家子了，一家三口窝在家里七天还矛盾不断呢。网上流传一个段子：孩子的一天基本上就是挨骂、做作业、挨骂；老公的一天就是挨骂、看手机、挨骂；而老婆的一天就是做饭、骂老公、骂孩子。

这个太具有代表性了，可以说是宅在家里的大多数家庭的常态了。后来，我们根据这个段子延展了一套海报，很多人还转发了。”如图 1-16-4。

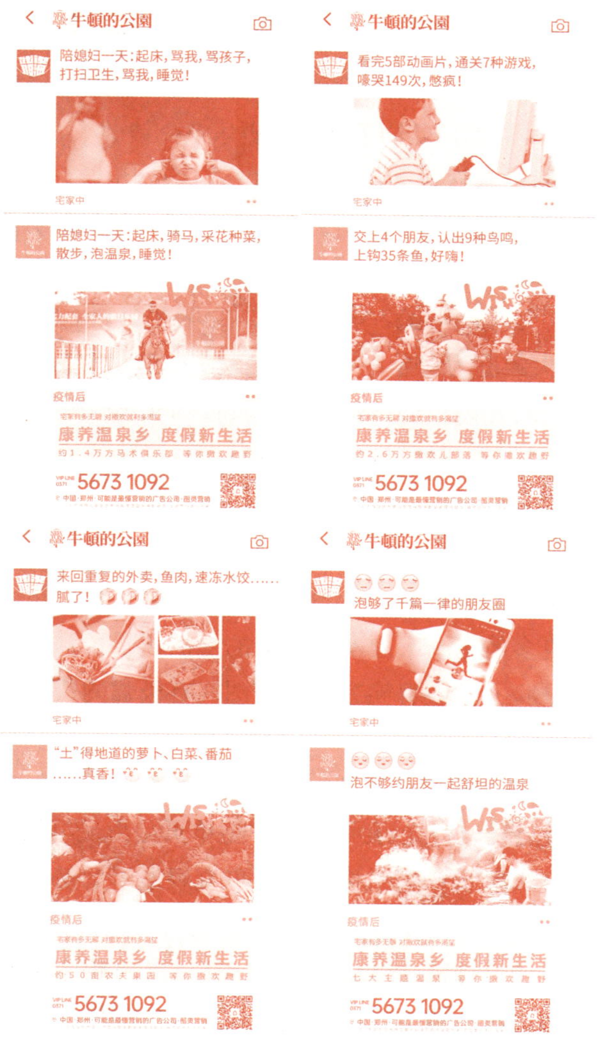

图 1-16-4　图灵营销根据居家状态延展的海报

“哈哈，好有画面感啊。”赵笑律大笑了起来。

“所以，好的户型解读不会过于在乎房子的优缺点，最好加入对家庭关系的理解，告诉客户一家人住进来之后，通过哪些生活场景能够减少家庭矛盾，提高幸福指数。

比如，家里多一个独立的老人房，远离主卧，靠近公卫，方便父母早睡早起，老人出门或者上厕所都不打扰其他家庭成员，避免两代人甚至三代人因为生活习惯不一样产生的矛盾。比如，家里的餐厅大了，能摆得下一个大圆桌，一家人多在一起吃饭有助于增进感情。再比如，家里多个阳台，可以作为第二客厅，既是夫妻生活的交流地，也是父母晨练的空间。

把房子规划成全家人建立良好关系的场所，你买的不只是一套房子，而是一种家庭生活方式。客户认同了，才会更乐意掏钱。”

“那么，兰园的户型单页你打算怎么做？”肖受历问。

“我初步的想法是做成一个手册，毕竟是叠墅产品，每层都有很多空间需要单独来解读，这样才能展示得更充分一些。”

肖受历点了点头，又问道：“具体什么内容呢？”

“我想以一个大家庭为背景，描述三代人住在里面的生活场景。每个人既有自己的私密空间，也有家人一起互动的亲密空间。尤其是在庭院、地下室、露台等灰空间里，每个家庭成员都能充分利用自己的闲暇时间，一家人的兴趣爱好都有处可栖，让一天中醒来的这 16 个小时更充实，更享受。”

“如果是一个手册的话，我建议多用实景图。”肖受历接着说，“刚才的户型单页用线稿，主要是纸张就那么大，场景图放多了会很挤。现在要设计成手册了，那就有更多的空间来展示别墅里的生活场景了，所以多找一些有人物的图片，尤其是脸上洋溢着笑容的实景图，有极强的代入感，能把客户完全卷入生活场景中。”

“嗯，我正好搜了很多高清大图，到时候再筛选一下。”

“还有一点要注意。”肖受历强调，“户型单页是由最早的建筑图演化而来的，用于向购房客户展示户型结构，让客户直观地了解房屋的平面布置，甚至了解各个功能分区的尺寸。

后来户型单页的设计形式、规格、表现手法才慢慢丰富起来，主要为线描图与彩色平面图，有的用上了三维效果的立体透视图。户型单页也由原来单一介绍房型，逐渐增加了房型说明、项目推介、价格计算等功能属性。

再后来就出现了带户型索引的户型单页，就是将户型在整个小区的分布情况一并列表印刷在单页上，这样一来，能将同样房型但是不同面积在楼座与单元的分布情况十分详细地展示出来。置业顾问可以更加准确地介绍房型，客户也能清楚地了解房型的分布情况，配合沙盘就能很方便地找到自己心仪的房子了。

所以，户型单页要创新，但是该有的基础信息，比如各功能分区的尺寸、价格计算、户型索引等，一个都不能少。”如图 1–16–5 所示。

“明白，肖哥！”

“你觉得户型单页最大的作用是什么？”肖受历再问。

“不是告诉客户户型的使用场景，展示家庭成员各自需要的空间吗？”

“这确实是户型单页的作用，但并不是最大的作用。户型单页最大的作用是让客户带走拿回家，这样就可以作为客户给家人或是亲戚朋友讲解的道具了。”

赵笑律有点不解。

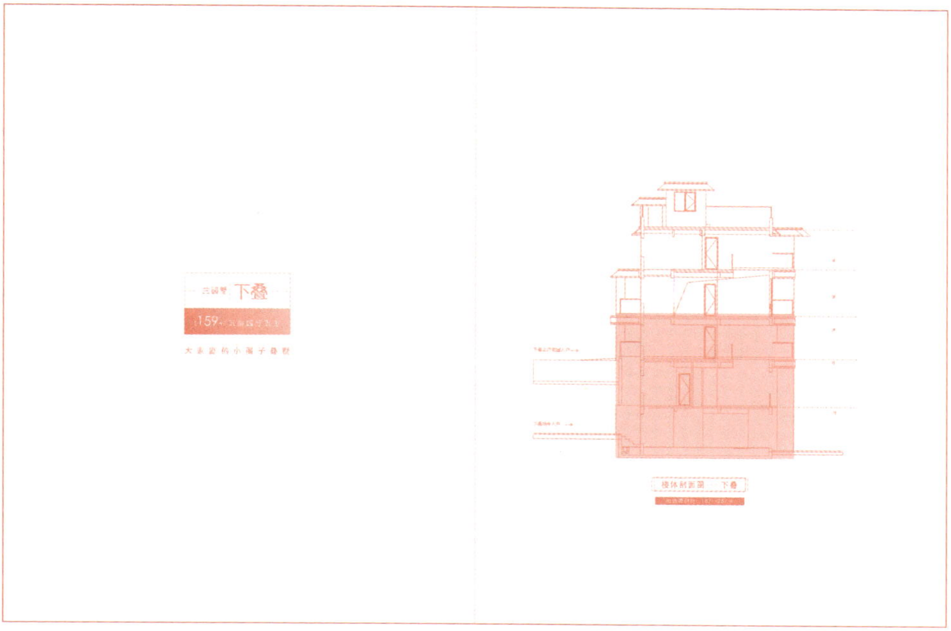

图 1–16–5 兰园户型解读手册

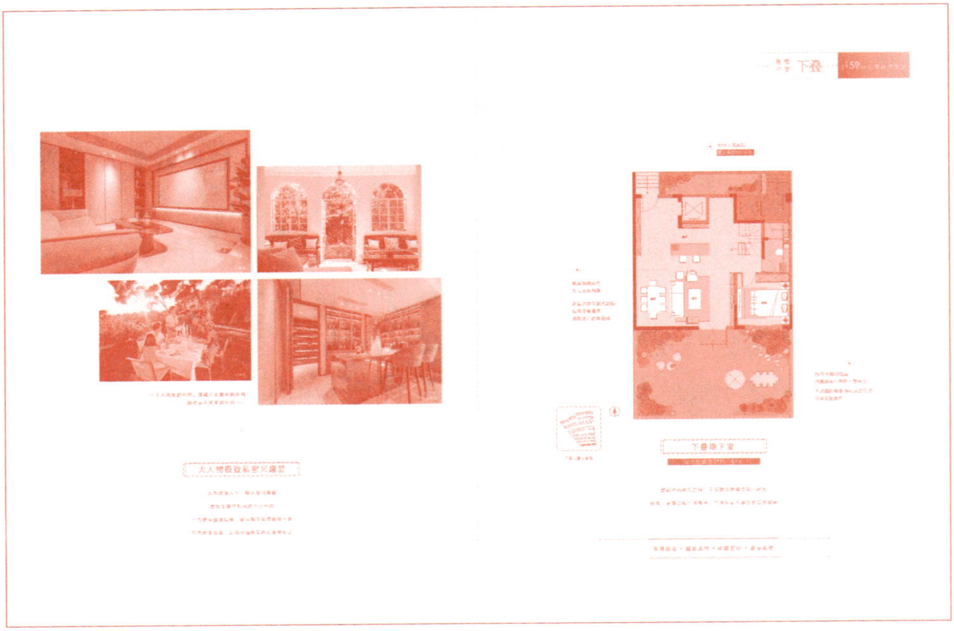

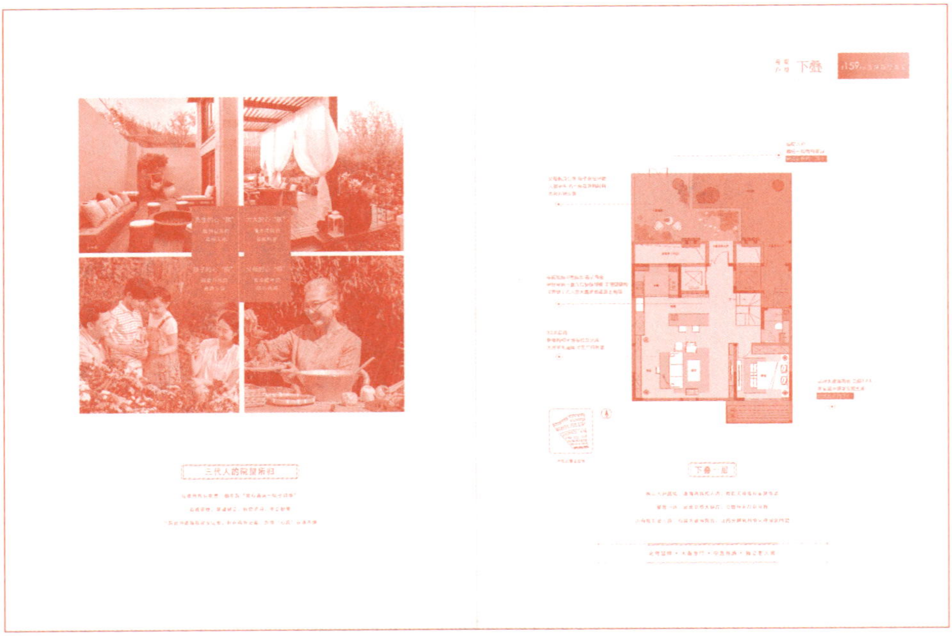

图 1-16-5（续）

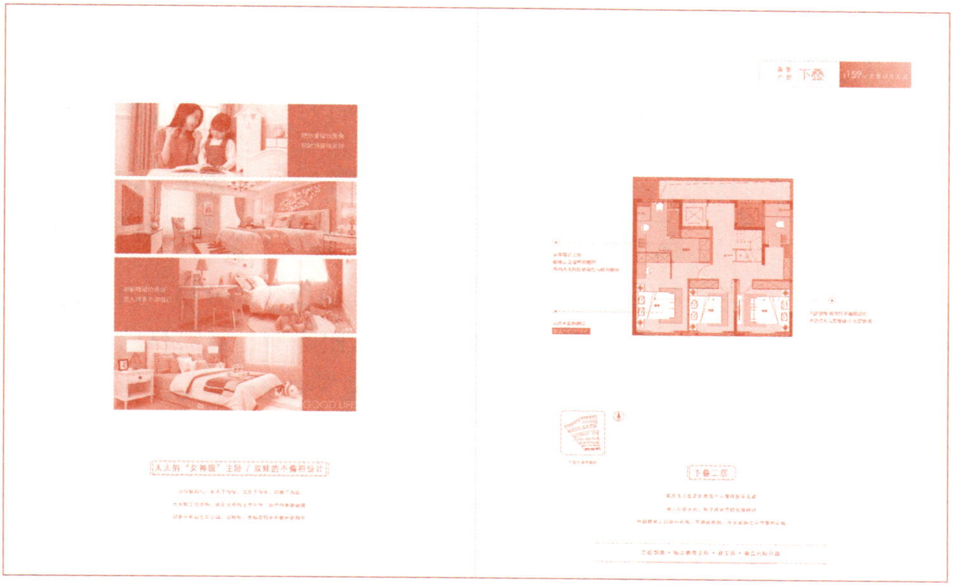

图 1–16–5（续）

“你想想啊，你去售楼部看了房子，回到家还要和家人沟通商量吧，要是单独展示一个户型，家人看了无感吧。但是如果加入了这些可视化场景，是不是就有导向性了。厨房什么样、怎么用，卧室什么样、怎么用，客厅什么样、怎么用……有图、有真相，一目了然，还能引导你和家人一起畅想美好生活，多有销售力啊！”

赵笑律点点头，说：“确实，我怎么没想到这点呢。”

房地产营销工具箱

工 具 如何设计更有销售力的户型单页？

生活场景感——各功能分区的使用场景用线稿展示。

角色分类——激发代入感；对号入座——产生认同。

生活方式就是基于家庭关系的场景解读，把空间变成全家人建立良好关系的场所，提升幸福感。

户型单页该有的基础信息，比如各功能分区的尺寸、价格计算、户型索引等，一个也不能少。

17. 看见 > 美——极致调性和营销效率无法妥协

第 28 天　多云　风力 1-2 级

距离对赌截止日还有 45 天

这天上午，兰园要举办销讲大赛，这是案场动线和部分物料调整到位后项目上举行的首次正式 PK。按景丽的话来说，比赛不是最终目的，通过比赛提升置业顾问的销售能力才是目的。当然，接下来还会有第二次、第三次 PK，力争让所有置业顾问都把这套说辞内化成自己的基本功。

肖受历和赵笑律都来到现场当评委。结束后，在回公司的路上，肖受历问道："你觉得销售团队有没有改观啊？"

"精神面貌好多了，接待水平也在进步。"赵笑律说，"之前总是讲艺术、造价这些，现在讲生活场景多了，利益点多了，更打动人了。"

"景丽真是下工夫，每天都在案场盯着置业顾问练习，还以身作则亲自讲，完全拿出了自己当年做销售的那股狠劲儿。"

"崔华也很踏实，每一项工作都很支持。"

"有这样的团队执行力，能成！"肖受历笑着说，"现在还有什么物料没设计了？"

"案场的物料都已经设计完了。"赵笑律看了一眼手机上的排期表，说道，"该换路名牌的广告画面了。"

"一共有 100 个，对吧？"

"是的，崔华说画面刚换了还不到两个月。"

"现在的广告内容是什么？"

"一号人物的世界名片，500 万起，别墅新物种。"

"那必须得换！"肖受历斩钉截铁地说道。

"路名牌都在 CBD 附近，就打'可以兰园墅　何必芙蓉湖'吧！"赵笑律说。

"那是必需的！正好很多芙蓉湖项目的广告也集中在那一块，那就正面 PK 一把，让我们'打劫芙蓉湖'吧！"肖受历兴奋地说。

回到公司后，赵笑律立即和刘白沟通了路名牌广告的设计工作。快下班时，第一版广告画面出来了，赵笑律比较满意，他见肖受历没在公司，就迫不及待地直接发他微信了。

赵笑律平时上下班都会留意路边的广告，而且也有了几年的工作经验了，他觉得自己肯定能做好这个工作。于是，满心欢喜地等着肖受历的肯定，可半个小时过去了，依然没有回复。

赵笑律正感到有点失落时，突然听到肖受历在叫他，他立即小跑着去了肖受历办公室。

“我刚饿了，下去吃了个饭。”肖受历说道，“还顺带给你带了两个玉米，你不是在减肥嘛！”

赵笑律尴尬地接过玉米，说道：“肖哥，你看下路名牌的画面吧。”

“我刚看了。”肖受历一边滑着手机，一边说，“也不能说不好，也不能说好，因为我目前就看到这张图。如果问我这张图设计得好不好，肯定好；如果问我这个广告设计得好不好，我就不知道了，因为我看不到实际的出街效果是什么样的。”

听肖受历这样一说，赵笑律顿时觉得手上的玉米也不香了。

“现在设计的画面除了在内容上改动了，和之前的差别也不大。”肖受历接着说，“都是在追求广告的调性、项目的意境。”

“我平时在路上看到的大多数户外广告都是这样的。”赵笑律说。

“这其实是一种误导，因为当一个户外广告出街时，能否被发现才是生死点。”

赵笑律点点头，又啃起了玉米。

“单拿路名牌广告来说，你要把广告出现的整个环境当作货架，周边的建筑物、绿植，还有其他项目的广告画面都在干扰你的广告信息，都在和你竞争客户的注意力，所以你要保证路过的行人和开车的人能在惊鸿一瞥之间就看到你的广告，这样才能节省传播成本。这个方法叫‘货架思维’。”

肖受历起身拿起马克笔，在白板上写下了四个字：货架思维。然后踱着步，继续说道：“如何能够快速让客户注意到你呢？最关键的就是抓眼球，否则，客户都不看你，你还怎么和他沟通卖房子！当然，抓眼球并不是要猎奇、造噱头，最基本的就是通过让字体变得更清晰，更容易识别，字号变得更大，来获得陈列优势，这样才能最大限度地吸引客户看到我们，进而了解我们，甚至购买我们。”

“再看看你们设计的画面，主标字体是不是太艺术了？第一眼根本认不出来是什么字。”

“这可是刘白费老大劲一点点修出来的，他还挺得意的呢。”

“那也不行，必须让标题字体识别起来没有门槛。”

“那你想用什么字体？”赵笑律问。

“黑体或者其他非衬线字体，这样识别度会更高些。”

“非衬线字体？”赵笑律很疑惑。

“衬线字体指的是在字的笔画开始、结束的地方有额外的装饰，而且笔画的粗细有所不同的字体，比如宋体；非衬线字体就是没有这些额外的装饰，而且笔画粗细差不多的字体，比如黑体。在同等字号下，非衬线字体看上去要比衬线字体更大，结构也更清晰。”如图 1–17–1。

图 1–17–1 比较哪种字体最清晰

“那刘白肯定要说一点设计感都没有。”

“没事，这个我一会儿找他聊聊。”肖受历义正词严地说，“如果第一眼压根认不出来是什么字，谁还会看第二遍啊。那些已经被证明过的比较好识别的字体直接用就是了。做设计，先做对，再创新。”

“再来看为什么字要大要粗？这是一道数学题。”肖受历又在白板上画了一个图，如图 1–17–2 所示。

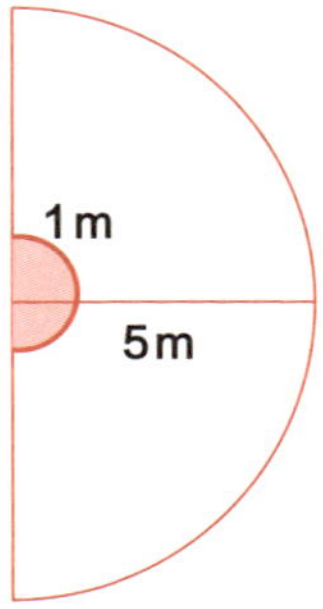

图 1–17–2 字号大小决定辐射范围

图片来源：华与华公众号

“看这张图，如果广告用的是 8 磅字，也就是你们通常用的六号字，半径 1 米范围内的人能够看到；如果用的是 12 磅字，也就是小四号字，半径 5 米范围内的人能够看到。那么，传播效果差多少呢？用圆的面积公式算一下。”肖受历继续写道：

$$(\pi \times 5^2)/2 \div (\pi \times 1^2)/2=25$$

“看看，只是把字号放大了，没有做其他任何改变，传播效果就相差 25 倍，这背后的效率差距多么惊人啊！”

“真是不算不知道，一算吓一跳。”赵笑律也很意外。

“看吧，字体不好识别，字不够大，你们这画面都踩坑了。”肖受历点起一根烟，沉思了一会，接着说，“还有一点，用色如用兵，颜色的记忆成本远远低于文字成本。你看交通标志和警示信号的图形色彩，多显眼啊。所以，选对颜色对营销来说也至关重要。

比如，我们公司在浙江服务过一个山里的项目。那里绿水青山，山一年四季都是绿的。按常理思考，生态环境好，肯定出街广告要多用绿色，当地的很多楼盘确实也都是这样做的。

但是，我们果断说服开发商用黄色，而且是大面积用黄色。当广告一出街，你想啊，周边都是绿色，就你是黄色，多显眼啊！从广告牌前路过，想不注意都难！”

“那开发商不会觉得粗暴吗？”赵笑律问。

“不会啊，看你怎么理解了，况且我们还用了千里江山图的元素，画面也很高级。”如图 1–17–3 所示。

“强调了这么多，是因为广告很重要。我们可以将广告视为一名置业顾问，一位不说话的置业顾问，将它与其他置业顾问进行对比，计算成本，预测效果。

置业顾问犯的错误，修正的代价微乎其微，一旦广告出了差错，损失可能就是几千倍了。置业顾问犯错误影响的只是一部分业绩，但是一份质量低下的广告，影响的则是整个楼盘的利润和效率。每一个广告都应该是一位超级销售员。”

赵笑律点点头，赞许地竖起了大拇指。

图 1-17-3 图灵营销基于实际环境出街的户外广告

“广告就是要帮客户实现销售、积累品牌资产。一个楼盘一般也就两三年的销售周期，房地产广告起码得实现第一个目的——卖房吧。

我们坚持‘销售力第一’的原则，不只反映在户外广告上，道旗、围挡、候车亭等出街广告上都必须力求看见 > 美。当你所追求的美感和营销要追求的效率无法兼得时，要果断选择效率，不用有半点犹豫。”

“那路名牌的画面到底怎么修改呢？”赵笑律问。

“我不知道啊，我需要你告诉我答案。”肖受历说。

“我……我怎么告诉你啊？”赵笑律很诧异。

“‘经营之神’稻盛和夫有句名言我很喜欢——答案永远在现场；美国著名战地摄影师罗伯特·卡帕也有一句话——如果照片拍得不够好，那是因为你离炮火和苦难不够近。同样地，广告有没有效果也不是在电脑上设计出来的，而是在现场设计出来的。

丰田的生产方式被称为三现主义——现场、现物、现实。解决问题要走到现场、点检现物、观察现实，再基于实际的商业竞争环境设计广告。”

赵笑律听得似懂非懂，只感觉肖受历说的话看似平淡无奇，但细细思考下来，却别有一番道理。

“你去看看现在的候车亭、户外、路名牌广告都是什么样的，是追求调性、逼格，还是我刚才说的，字大、清晰、好识别、能看见。极致调性和营销效率一直都很难妥协，去现场看看，再比较你现在出的画面，孰优孰劣，需要怎么调整，你自己就清楚了。”

房地产营销工具箱

工具 1 货架是所有产品信息出现的地方，我们要在信息环境中击败竞争对手，让我们的产品在货架上获得跟消费者进行快速、有效沟通的优势，这就是货架思维。

单拿路名牌广告来说，要把广告出现的整个环境当作货架，周边的建筑物、绿植，还有其他项目的广告画面，都在干扰你的广告信息，都在和你竞争客户的注意力，你要保证路过的行人和开车的人能在惊鸿一瞥之间就看到你的广告，这样才能节省传播成本。

工具 2 看见 > 美：当一个户外广告出街时，能否被发现才是生死点。

工具 3 三现主义即现场、现物、现实，解决问题要走到现场、点检现物、观察现实，再基于实际的商业竞争环境设计广告。

18. 去现场——不要在电脑上做设计

第 29 天　晴转阴　风力 2-3 级

距离对赌截止日还有 44 天

如何高效率地投放 100 个路名牌广告？没有调查，就没有发言权！

上午一到公司，赵笑律就放下背包，骑上共享单车，去 CBD 附近转了转。

他一一查看了路名牌广告，并分别站在路名牌前、路中间、路对面，仔细对比了不同角度的广告效果，还拍了大量的照片，一下就明白画面该如何修改了。如图 1–18–1、图 1–18–2、图 1–18–3、图 1–18–4 所示。

图 1–18–1　快速到“现场”查看“现物”

路中间看

图 1–18–2　站在路中间基本看不清路名牌广告内容

图 1-18-3　站在路对面无法辨认路名牌广告内容

图 1-18-4　“现状”是因为绿植遮挡，路名牌下方的广告内容看不见

另外，赵笑律还意外地发现，很多路名牌的广告画面都被下方的绿植遮挡住了，导致下方的信息根本看不见。他当时并没有带尺子，只能借用自己的胳膊估算了一下，回去之后再测量一下胳膊的长度，如图 1-18-5 所示。

图 1-18-5　以胳膊为尺估算绿植高度

如果没有到现场，只是在电脑屏幕前设计，根本就考虑不到这 50 厘米高的绿化带。通过在现场“观察现实”，赵笑律总算明白了，路名牌广告的设计本质上就是设计路上车流、人流接收到广告的全流程。

对于行车客户的旅程，就是“瞥见这个路名牌—有印象—下个路口又瞥见—加深记忆—咨询—现场体验—传播给他人”。

对于行人的旅程，就是“看见了这个路名牌—停下来—观看内容—咨询搜索—现场体验—传播给他人”。

衡量路名牌广告成功的标准就是多少人接收到了你要传达的信息，而看到、看清，则是接收到的前提。

回公司后，赵笑律径直来到了设计师跟前。

“怎么修改？”

“字放大加粗，这些，这些，还有这些，全去掉。画面太小，放这么多信息看不见。”

“怎么看不见，你看这多大。”刘白指了指电脑屏幕。

“是的，在电脑上看确实不小，但去现场看就小很多。你看我今天去拍的照片。”

赵笑律把手机上拍的照片发到了刘白微信上。

“这是我走到路名牌正前方拍的，还勉强能看见字。一旦离得远点，你看这些小字都看不见了。这是我站在路中间拍的，别说内容了，项目 logo 都看不见了。”

“那要怎么改？”

“把主标放大，其他这些元素都去掉，背景和文字对比再显眼一些。”

刘白不耐烦地改了一会。

“这样？”

“标题和 logo 再放大点。”

“还放大？这也太丑了。”

“放心，绝对不丑。我给你计算一下，如果你用六号字，半径 1 米范围内的人能看到；如果用小四号字，半径 5 米范围内的人能看到。那么，传播效果差了多少呢？把两个半圆的面积相除，相差了整整 25 倍。你看，什么都不用改，只是把字放大，就能获得 25 倍的传播效果，这是多么了不起的效率啊！”赵笑律正好把肖受历告诉他的知识搬了出来。

“得了吧，照你这样说，画面上什么元素也不放，就放两行大字得了，传播效果没准直接 250 倍了。

“你要是觉得这样行，我也没意见啊，只要你不觉得丑。”

“你还知道丑啊，我以为你就知道放大、再放大呢？”

“咱不是抬杠啊，我的出发点是让广告被更多人看见。以前我们做报纸广告，整版广告的效果肯定比半版广告的效果好，对不对？因为整版比半版大。其实字体也是一样的道理，字放大了，确实会看着更显眼。当然，你可以用你专业的审美，让画面又显眼又好看。”

“字大了怎么能好看？”

“你还记得小学课本上的膝跳反应实验吗？”

“记着又如何，这跟我设计画面有什么关系？”

“当然有关系了，膝跳反应是刺激反射原理，广告传播的基本原理也是刺激—反射，刺激信号能量越强，反射就越大。把字放大、加粗，就是放大信号能量，提高识别性，从而加大反射，客户才更容易注意到广告内容。”赵笑律把从《超级符号就是超级创意》那本书上看到的理论搬了出来。

“唉，还怎么改？”

“最下面空出 50 厘米，什么信息都不放，因为会有绿植遮挡。”

“没了吧？”

“没了，就这些。做画面设计时，不要把思维局限在电脑上，你盯着电脑画面时，只能看到屏幕这么大的空间，你看我拍的那些照片，电脑上看估计都很美。”

“你说的不是废话嘛，我不对着电脑做设计，难不成对着你做设计。”

“我的意思是，你设计的画面最终是要出街的，咱要打开思维，如果把这个街道看作一个货架，你的画面就是要陈列在街道这个货架上的物品。所以，你必须从 3×5、5×12 这些尺寸里跳出来，你设计的画面既不服务于审美，也不服务于你要表达什么，它服务于竞争，信息的竞争和沟通的竞争。我们的广告出街一定要醒目，保证让路人看到。”

刘白无奈地耸耸肩，说：“你说怎么改就怎么改吧。”

下午，肖受历来公司后又微调了一些细节，路名牌的画面总算定稿了。

“下午，我们去兰园给景丽当面汇报，争取当场就说服他们定这个画面。”肖受历说道，“刘白，你把最开始设计的和最终确定的画面都贴图示意一下。”

“好的。”

肖受历又看向赵笑律，说道：“你按照实际出街尺寸把路名牌的这两版画面各打印一份，到时候直接贴到会议室墙上，有图、有真相，比口说无凭更有说服力。”

“行，没问题！”

“再把你拍的照片都放到方案里，有对比才能看出好坏。”

赵笑律立即去了一趟打印店，这会人并不多，但物料要等一个小时才能全部做好。他看时间还来得及，就顺便去吃了顿午饭。取完物料回到公司后，他又把方案重新梳理了一遍，便趴在桌子上睡着了。

不知过了多久，赵笑律感觉有人在拍他肩膀，他迷迷糊糊地睁开眼，看见一个高大的身影。“醒醒，该出发了”，他又使劲眨了眨眼睛，才看清是肖受历。赵笑律伸了伸懒腰，看了一眼旁边的手机，刚刚一点半，但也只好拿上电脑，背好背包，匆匆去卫生间洗了把脸，便和肖受历一起出发了。

“下午几点的会啊？”赵笑律问。

“两点半，我们提前 20 分钟到。”肖受历说。

“干吗去那么早？”

“布场啊！”

一到兰园，赵笑律立即将会议室门反锁，任何人都不让进来。景丽本来就觉得来这么早肯定有蹊跷，现在这样一弄就更加好奇了，肖受历一句“一会就知道了”便将她打发走了。

肖受历坐在最中间的位置上，指挥着赵笑律将两张广告贴在最里面的墙上，并且按照路名牌实际的高度进行了固定。一切准备就绪，两人迅速落座。肖受历特意叮嘱赵笑律，一定要留心每一个走进会议室的人的反应。如图 1–18–6 所示。

图 1–18–6　调整后的兰园路名牌广告和实际出街效果

两点二十，景丽最先进来。她扫视了一眼会议室，然后满意地笑了笑，还朝肖受历竖起了大拇指。紧接着，崔华和两个销售主管也进来了。之后其他人也陆续进来了，有的人愣住了，还以为走错房间了，有的人拿起手机就拍照，还有一个人直接站到画面前，端详了好一会儿。

等人都到齐了，赵笑律便开始讲他骑着自行车去现场看的实际感受，还有画面这样设计的价值和作用。肖受历时不时地补充着，大家有说有笑地聊开了。

最后，景丽突然问道："崔华，案场的物料，区位图、项目单页、户型单页、手卡这些什么时候能到位？"

"明天或者后天。"

"好，今天就把路名牌画面发给制作公司，最迟后天全部安装到位！"景丽指着最终的画面说，"我要开始邀约分销来项目了。"

"收到！"崔华大声地说。

"今天还有一件大喜事。"景丽抑制不住内心的激动，"我们的销售激励政策集团已经确定了，下面向大家公布。"

房地产营销工具箱

工具 1 路名牌广告的设计本质上就是设计路上车流、人流接收到广告的全流程。衡量路名牌广告成功的标准就是多少人接收到了你要传达的信息，而看到、看清，则是接收到的前提。

工具 2 做画面设计时，不要把思维局限在电脑上，你盯着电脑画面时，只能看到屏幕这么大的空间。

工具 3 设计的画面既不服务于审美，也不服务于你要表达什么，它服务于竞争，信息的竞争和沟通的竞争。

19. 小小的胜利——初见成效，飞轮转起来

第 38 天　晴　无风

距离对赌截止日还有 35 天

“肖总，今天必须喝两杯！”

“景总，尽兴就好，酒管够啊。”

“先说好了，今天我请客，谁跟我争，我跟谁急。”

……

今天下午兰园的周例会就是个惊喜会。肖受历和赵笑律刚走进会议室，就受到了热烈欢迎。两个人还一脸懵逼，以为走错了会场。坐定后才知道，兰园已经成交了两套房子。景丽为了制造惊喜，特意隐瞒到今天才说。

在案场物料全部更换到位的一个星期后，在景丽和集团对赌的第 35 天，兰园竟然卖出了两套房子，其中分销带访成交一套，户外广告自然到访成交一套。这出乎所有人的意料，也给了团队极大的信心。所以，才有了晚上的这次聚会。

吃饭地点是肖受历选的，作为一个资深吃货，他自然最有发言权。酒也是肖受历自带的，作为一个爱酒之人，肖受历在杜康村包了几个窖池，产量不高，一部分通过熟人卖掉了，剩下的就留着自己喝。自然而然的，这酒也是图灵公司聚会吃饭的必备。

肖受历是这家店的常客了，他没看菜单，就对着服务员报出了一堆菜名。刚上了一个菜，景丽就迫不及待地举起了酒杯，说：“来，大家都是功臣，最近都比较辛苦，我先敬大家一个！”肖受历、崔华、赵笑律也举起了酒杯。

放下酒杯，景丽立即说：“咱别管那么多规矩了，吃菜吧，早就饿了。”说罢，加了一筷子菜，大口吃了起来。

菜上得差不多了，肖受历也举起了酒杯，说：“感谢景总，感谢崔华，没有你们的大力支持和付出，不可能有今天的成绩。”

之后，崔华、赵笑律分别敬了一次酒，四人也不再客气，便大快朵颐起来。

几杯酒下肚，景丽有些嗨了，她依然感到不可思议：“我们居然只盯着转

化率，只是更换了物料，没有多花一分钱，就提升了整个楼盘的业绩。集团那些坐在办公室里的家伙一定会大跌眼镜，他们绝对不会相信还有这种事。”

“这个业绩集团还满意吗？”肖受历问。

“必须满意啊！”景丽开心地说，“你知道吗，卖第一套房子当天，我办公室‘最熊操盘手’的绿旗子就被集团撤掉了。哈哈！”

“哈哈，集团很会来事啊！”

“我昨天看副总裁还来项目了，前天财务总也来了。”崔华补充道。

“那可不，咱们卖好了，他们也坐不住了。”景丽不忿地说。

“转化率是基石，这一件事做好了，可以盘活整个项目！”肖受历说。

“嗯，想想还真是这样。”崔华接过了话茬，“这几天，销售团队更有干劲了，不仅相互取经，还暗自较劲，之前因为房子卖不动带来的那些阴霾一扫而光。”

“业绩都是比出来的。当有一个置业顾问能卖动时，其他人就会想，‘既然他能卖掉，我肯定也能’。毕竟，没有谁会轻易承认自己比别人差。”肖受历说。

“是啊，而且你们那套物料是真管用，置业顾问在接待过程中都会有意识地把客户带到这几个展板面前，有效拉长接待时间。他们不仅当面讲，还把设计稿发给客户，让客户带回家给家人朋友看。”崔华今天明显比平常更善言谈。

赵笑律喝了几杯酒，已经有点头晕了，也打开了话匣子：“我看今天售楼部多了几个新面孔。”

“是的，都是新来的，而且没什么工作经验。”崔华补充道。

“之前招聘，我们明确规定不要新人，因为培养太耗时间，即使培养起来了又有辞职的风险，干脆直接招有经验的，还要招高手。但这样的话，短期内又很难招到满意的置业顾问，况且项目卖不动，人都留不住，谁还愿意来啊。”景丽接着说，“后来，听了肖总的建议，有了这套物料后，项目大胆起用新人，只要肯下工夫的，一律录用。现在发现，新人更有激情和干劲，大大提高了团队的战斗力。”

“这次卖的两套，有一套就是新人卖掉的。来项目一个月，只有一年工作经验。”崔华补充道，“想不到，这套物料还解决了项目招聘难的问题。”

“来，我再敬大家一杯。”肖受历又端起了酒杯。

景丽低头扫了一眼手机，兴奋地说："哈哈，又有几个分销的人加我微信了。"

"分销带访成交，迅速在分销圈传开啦！"肖受历笑着问。

"是的，这两天每天都有分销门店主动上门。"景丽不无感慨地说，"路名牌广告出街的那天，我打了那么多电话，当天就陆陆续续来了 6 个有带看意愿的门店，一共就十几个经纪人。我亲自重新讲解了项目，还给他们分析了成交客户画像，走的时候又给他们准备了新制作的物料，还有新的项目微信笔记。"

"一切都在向好，说明项目正在进入正循环，飞轮转起来了。"肖受历微笑着点点头，又捋了捋他那标志性的胡子。

"其实，我内心一直都很焦虑，项目半年才卖两套，我们两个月要卖十套啊，这比登天还难。"景丽双手撑着下巴，若有所思地说，"不过，今天总算松了口气。"

"慢一点，反而快，接下来业绩还会更好。"肖受历点了一根烟，一番吞云吐雾后，接着说，"我很感谢大家，因为我们给很多项目都提过这套方法逻辑，但都失败了。"

"你觉得为什么他们失败了，而我们成功了？"景丽问。

"很简单。"肖受历说，"理论只占 1%，剩下 99% 都是执行。有的项目压根儿就不接受，坚信自己那套经验是对的，就按照他们的习惯来；有的项目光说不做，做了还打折扣。咱们不仅实际去做了，还执行得特别到位。"

"哈哈，来干一杯！"景丽又举起酒杯。

"肖总，还有八套的任务，下一步我们要怎么做？"

"建议趁热打铁，扩大战果。"

"具体怎么做？"

"让集团放大授权，批准费用，投放广告。"

"集团那边我来沟通，投放什么广告呢？"

"在工作排期表上我们列的是投放今日头条，宣传项目的土地逻辑 + 产品逻辑，覆盖和锁定更多客群。"赵笑律补充道。

"今日头条？我们之前投过啊，没什么效果。"

"或许是因为投放的方法不对。"肖受历斩钉截铁地说，"今日头条这些主流媒体是有投放技巧的，我们已经尝试过很多次了，也摸索出了经验，而且效果都很好。”

“行，那你明天再给我们具体讲讲要怎么弄。”景丽举起酒杯，接着说道，“马上要开月度会议了，我要汇报一下兰园过去这一段时间的绩效评估，只摆事实用数据说话，再向集团申请费用，投放今日头条。”

“来，干杯！”

……

房地产营销工具箱

工具 1 转化率是基石，这一件事做好了，可以盘活整个项目。

工具 2 理论只占 1%，剩下 99% 都是执行。有的项目压根儿就不接受，坚信自己那套经验是对的，就按照他们的习惯来；有的项目光说不做，做了还打折扣。只有按照实际去做了，并且执行得很到位，才会有所收获。

20. 窄告——精准有效的流媒体广告

第 40 天　阴转小雨　风力 2 级

距离对赌截止日还有 33 天

这两天在公司，赵笑律一直在熟悉今日头条的广告逻辑。他找郭三胖、林沛要来了其他项目投放的复盘报告，并以一顿大盘鸡作为代价，把两人请到了会议室。

“我们应该算是和今日头条合作次数最多的乙方了吧。”郭三胖说。

“不低于 20 次了，但我们绝对是最难合作的了。”林沛补充道。

“合作得多，还难合作，为什么？”赵笑律很疑惑。

“因为别人可能就准备一套素材，交给今日头条的客服就完事了，一直到投放结束都不用管。”林沛颇有几分得意地说，“而我们投放就不一样了，每次都是同时投放好几个素材形式，标题、封面入口图，甚至落地页内容都不一样。”

“这里面是有什么门道吗？”赵笑律好奇地问。

“对呀，先同步上线两三天，测试看哪个素材效果最好，这中间会不停地麻烦今日头条的客服，他们需要随时盯着后台数据，最终筛选出点击率最高的，然后加大力度持续投放。”林沛说。

“用一个比较时髦的互联网专业词汇来解释，这个方法叫‘AB 测试’，就是用 A 和 B 两个不同版本的内容，进行随机对照测试，哪个版本数据好就用哪个版本。”郭三胖补充道。

“我们这不止‘AB 测试’了，应该叫‘ABCDEF 测试’了。”林沛笑着继续说，“而且，今日头条测试出来的有效广告内容还适用于在百度浏览器、UC 浏览器、腾讯网页这些流媒体上投放。”

“那要持续投放多久？”赵笑律问。

“一个星期左右吧，达到多次曝光的目的，毕竟，客户重复看见广告才能记住项目。”林沛说。

“小步快跑，快速迭代，试错成本很低。”郭三胖补充道，“因为我们掌握了高效的投放原则，一般投放的效果都还不错。”

“那都有什么方法，快教教我。”

“看在中午吃大盘鸡的份上，就告诉你吧。”郭三胖故意表现出不情愿的态度。

“首先，今日头条广告是点击付费的，所以必须精准筛客，一定要拒绝噱头，拒绝标题党。否则，即使点击量很高，来电留电量也不会太高，转化不成有效客户，都是浪费。

其次，硬广就是最好的素材。项目位置、价格、产品不仅要体现，还要重点突出，这样才能降低客户的选择成本和决策成本。”

“这都是我们投放那么多次广告，走了那么多弯路积累的经验。是否有科学的方法指导投放，其效果的差距将以百倍甚至千倍来计算。”林沛说。

“难怪肖哥说不是今日头条没有效果，而是投放方式不对。”赵笑律这才恍然大悟。

“这还得取决于你的广告内容是否和今日头条的用户匹配。”郭三胖接着说，“今日头条 80% 的用户集中在 20–40 岁，70% 的用户分布在二三四线城市。另外，今日头条男性用户的占比更高，超过了七成，而且 35 岁以上用户对今日头条的使用偏好度更高，可以称得上是重度用户了，其中，41–49 岁的用户非常偏爱读房产类的内容。”

“男性用户多，年龄还偏大，不正代表购买力强嘛！”林沛补充道。

“所以，兰园很适合投放今日头条。”郭三胖接着说，“而且，男性不是更偏理性、偏逻辑思维嘛，所以才要上硬广内容。”

“那兰园具体要怎么投放比较好？”赵笑律问。

“别墅的客户大多是全城客，可以先把投放范围覆盖全城，筛选出精准客户画像和客户分布地图后，再锁定区域定向投放。”

“内容上呢？”赵笑律再问。

“逻辑五分法里兰园是什么逻辑？”

“土地逻辑 + 产品逻辑。”

“标题和内容围绕着这个就行了。”

“‘芙蓉湖旁，兰园叠墅，有天有地，太让人心动了’‘不可思议，芙蓉湖洋房价，买 200 平得 400 平，稀缺城市别墅’，标题这样行吗？”赵笑律把自己想的标题读了一遍。

“可以，再多想几个。另外，再多准备几个入口图的素材，单独一张大图和三张小图都要有，同步投放。”

等肖受历来到公司时，他立即把赵笑律和刘白叫到了办公室。

“今日头条的广告投放原理都清楚了吗？”

“清楚了，林沛和郭三胖给我讲过了。”赵笑律回答。

“集团已经同意景丽投放今日头条了，我也跟景丽说了说投放的逻辑，崔华已经在沟通今日头条的投放日期了。”肖受历点点头，接着说道，“以往那种大规模上广告，高举高打的营销动作，效果并不理想，也没法评估，绝非费效比最低的渠道。今日头条已经被我们验证过了，是个不错的选择。”

“给你们看一张图片。”肖受历说完，就分别给赵笑律和刘白微信上发了一张图过去。

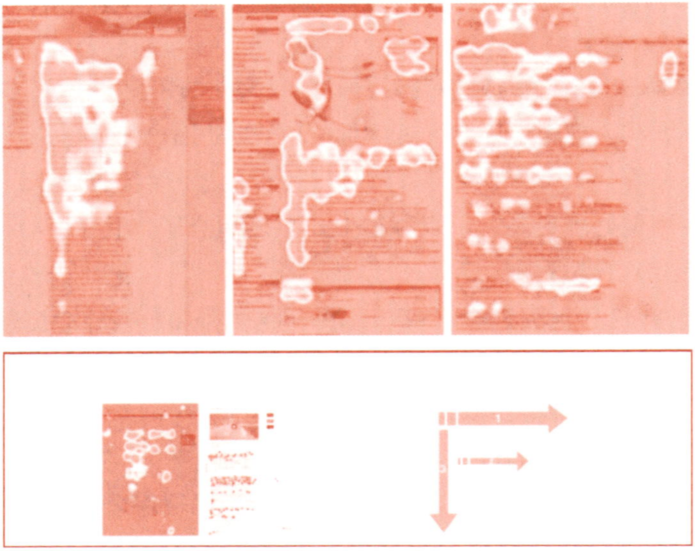

图 1-20-1　尼尔森 F 型视觉模型

“这个叫尼尔森 F 型视觉模型（如图 1-20-1 所示），是互联网网页设计的基础理论。”肖受历盯着手机，继续说，“用户在浏览一个页面的时候，视觉首先会从顶部开始从左到右水平移动；然后，目光下移开始从左到右观察，但是长度会相对短些；之后是以较短的长度从上向下扫视，形成一个 F 形状。”

“是不是要按照这个理论来设计今日头条的落地页？”赵笑律问。

“对呀，多实用的方法论啊。”肖受历接着说，“第一视觉落点就是页面的标题，也就是 F 的第一横，就要开门见山地体现项目的核心价值点，放大客户的购买理由；F 的第二横就是副标题，可以是对标题的解释或补充；F 向下的一竖这里，可以画个简易地图，把项目距离芙蓉湖的位置体现出来；最下方就放姓名、电话以及导航地图。当然，还有很重要的一点，就是要保证所有信息能在手机屏幕一页上显示全。”

“刘白，你明白了吗？”肖受历问。

“明白了。”刘白答道。

“你把其他项目设计的今日头条落地页发给刘白看一下，争取一次设计对，不返工！”肖受历对赵笑律说。

“好，我现在就发。”赵笑律接着说，“我们再沟通一下标题和落地页内容吧。”

很快，兰园投放今日头条的广告就上线了。赵笑律同步搭配了三组素材样式，正常情况下，房地产楼盘投放的点击率能有个 1% ~ 1.5% 就不错了，但兰园这次投放的每组素材的点击率都远超正常水平。更重要的是，六天时间共投放 10 万元，平均点击率 2.08%，最高点击率达到了惊人的 2.45%，共获得了 290 组客户留电，效果远超预期。平均阅读比例 58.3%，平均停留时长 34.0 秒，首屏阅读比例 90%，跳失率 10%，说明前置的内容极具吸引力。如图 1–21–2、图 1–21–3、图 1–21–4 所示。

图 1–21–2 兰园在今日头条投放广告的首屏页面

图 1-21-3　兰园在今日头条投放广告的三组素材样式

时间	展示数	点击数	点击率（%）	销售线索
4/ 8	438972	9007	2.05	66
4/9	344793	8445	2.45	45
4/10	508476	10343	2.03	36
4/11	503947	11345	2.25	57
4/12	545968	10547	1.93	43
4/13	403918	7459	1.85	43
合计	2746074	57146	2.08	290

图 1-21-4　兰园在今日头条投放广告的数据汇总

赵笑律感到很不可思议，以前他总是听到一句话：“我知道我的广告费有一半浪费了，但我不知道是哪一半被浪费了。”

今天，基于精准的今日头条投放，兰园投放的广告费不仅没有浪费，还获得了很多真实的客户信息，甚至通过今日头条‘AB 测试’，他们还测出了线下广告要打的内容。赵笑律惊讶于这种广告投放的科学性和实用性。

肖受历对数据很满意，以他的职业经验，他觉得这个费效比太划算了，当即就决定要继续加大投放今日头条的力度。

“内容还保持不变吗？”赵笑律问。

“最近成交几组客户了？”

“已经有四组了。”

“我们再去做一下客访，看有没有可以挖掘的素材。”

“好，我跟崔华说一声。”

“切记，最最关键的是，要回访客户啊，今日头条留电比点击率重要，回访比留电更重要！这一点一定要跟项目强调到位，不能白白浪费这么多有效的客户信息。”肖受历不忘提醒赵笑律。

房地产营销工具箱

工具 如何设计更有销售力的流媒体广告？

拒绝噱头，拒绝标题党，硬广就是最好的素材。

AB 测试时，多用几个素材（标题、入口图）同时上线，筛选出效果最好的，加大投放力度。

落地页的设计要符合尼尔森 F 型视觉模型。

一定要回访客户。

21. 虽败犹荣——努力从来不会白费

第 49 天　晴转多云　风力 1-2 级
距离对赌截止日还有 24 天

自从把周爱跟进客户的技巧萃取成方法，分享给团队的每个成员后，置业顾问都已经养成了习惯。这次客访，肖受历和赵笑律感觉格外轻松，他们获得的四组客户信息也更全面，更精准。

“第一轮今日头条投放覆盖了全城，筛选出的客户样本和我们第一次客访的客户画像很接近，我们可以选择两个客户故事，进行内容升级，再投放两轮今日头条，这样可以覆盖更多同类客群，从而引发共鸣。”肖受历看着白板上的四组客户样本，说道。

“两轮？那就是再投两个星期了。”赵笑律问。

“是的，正确的事情要重复做，坚持做。之前的投放是广泛筛选，这次就是精准匹配，创造需求。第二次的投放内容，我们聚焦到大家庭换房这个需求上。”肖受历指着白板，接着说，“就以这个 232 平方米的大平层客户换房的故事为案例素材，号召改善升级，全家人团圆，就买兰园别墅，落地页要把别墅里一家人的生活场景展示出来。”

肖受历捋着他那标志性的胡须，沉思了一会儿，接着说道：“下一次，也就是第三轮的投放内容就从别墅的灰空间入手，就以给孙女打造室内游乐园的这个客户的故事为案例素材，来激发客户的换房需求，住别墅给家人更好的爱和陪伴，这也是在利用我们之前提到过的心理账户。”

“现在已经不只可以投放今日头条了，还增加了抖音入口的投放，点击视频就能跳转到落地页，相当于又多了一个流量入口，覆盖的客群就更广了。”赵笑律一边记着笔记，一边补充道。

“行呐，抖音投放也加上。”

……

按照工作计划，兰园的今日头条广告有序地投放着。这两周，肖受历也没闲着，他又去兰园给置业顾问做了两场培训：影响力和 DISC 性格模型，赵笑律则写了几篇深度解读文章，持续对外释放项目价值。

第 73 天　晴转阴　风力 1-2 级

对赌截止日当天

很快就到了景丽和集团对赌的截止日了。此刻，图灵公司办公室里，肖受历和赵笑律都静静地坐着，盯着白板上的业绩，若有所思。

兰园累计成交 9 套

今日头条 2 套

路名牌广告 2 套

分销 3 套

邀约历史来访 1 套

老带新 1 套

两个月累计成交 9 套，还差 1 套就能达到集团的目标了，按照景丽和集团的对赌约定，没完成任务是要辞职走人的。谁也不知道今天会发生什么事，肖受历就坐在办公室里等景丽的电话。赵笑律也无心工作，他隔一会儿就要来一趟肖受历办公室，问问有没有消息。

下午快下班了，他们等了一整天了，也没等到景丽的回复。

“不会被辞退了吧？”肖受历小声嘀咕着。

“不应该吧，两个月卖 9 套，比半年卖 2 套厉害多了。只要是个明白人，也不会昏庸到把景丽辞退吧。”

“你说得也是，就像有些人做事不成，不是因为最初的想法不对，而是忽视了滞后效应，在还没有看到效果时就匆忙改变了策略。广告本来也有滞后效应，通常不能立竿见影，其效果总是滞后的，没准下个月会卖得更好呢。”

“是啊，今天没卖够 10 套，没准明天就够了，谁也说不准。”

“你问崔华了吗？”

“问了，他说他一整天都没见到景丽。”

“真是辞退了，应该给我来个电话的啊！不会一个人偷偷躲起来哭去了吧。”

“肖哥，咱俩别在这猜来猜去了，要不你给景丽打个电话。”

肖受历立即拨通了景丽的电话。两个人都屏气凝神，直到电话那头传来景丽的声音，才顿时松了一口气。

“景总，你还好吗？”

“肖总，我很好啊，出什么事了？”

“这不是我应该问你的吗？”

“我没出什么事啊。”景丽突然意识到了，“哦哦，你说的是对赌那事啊！”

“对啊，我们都等一天了，也不敢问，怕打扰你。”

“哈哈，我忘跟你说了，是我的错。”电话那头传来了景丽的大笑声，“我今天见总裁了，他压根就没提这事，那我也就当作什么都没发生呗。”

“这样看估计就没问题了，那我就放心了！”

“哈哈，总裁不仅没提这事，还特意交代了，让集团高层都去兰园项目学习，而且还强调不要影响肖总工作，更不要瞎指导，默默地去学习就行了。”

“哈哈，虽然没明说，总裁对你还是很支持的。”

“主要是支持你的工作，没有你们，哪能卖出9套房子啊，想都不敢想！”

“哈哈，值得庆祝。什么时候有空，该我们请你吃饭了。”

“别了，明天晚上项目团建，你们都来吧。”

房地产营销工具箱

滞后效应：因果之间有个时间差，这个时间差就是“滞后效应”。有些人做不成事，不是因为最初的想法不对，而是忽视了滞后效应，在还没有看到效果时就匆忙改变了策略。广告也有滞后效应，通常不能立竿见影，其效果总是滞后的。

22. 种草 > 狩猎——资源分配，花有限的钱抢占客户心智

第 75 天　晴　风力 1—2 级

时光总是太匆匆，转瞬之间，已经步入了初夏时节，赵笑律服务兰园也已经两个多月了。这个季节的兰园更美了，繁花似锦，鸟喧蝶舞，气爽风柔，感觉一切都在变得更加美好！

今天又是周一，周例会结束后，景丽邀请肖受历和赵笑律去办公室喝茶。

“肖总，我今天又看了一遍正循环模型，发现你说的都在应验。”景丽指着办公桌上贴的 A3 纸说道，如图 1–22–1 所示。

“你都打印出来了？”肖受历诧异地问。

“对呀，这模型太重要了，我每天都要看一遍，提醒我自己不要走偏了。”

“兰园能越卖越好，你厥功至伟。”肖受历的赞美之词溢于言表。

“哈哈，过奖了。”景丽笑着说，“你看我没有完成 10 套的任务，总裁不仅没有怪罪，反而更支持我了。”

“说明你获得了总裁的信任，收到了更多的授权，更少的干扰。”

“对呀，这不正好对应着‘营销负责人’这一栏嘛。”景丽指着纸张，继续说，“还有，项目卖好了，找集团申请费用投放今日头条也更容易了。”

“集团之前还认为线上广告无法衡量结果，是白花钱呢。现在，今日头条投放三次共花了 30 万元，就已经成交 2 套了，这不比给分销 30 万元 / 套的佣金更划算？”肖受历补充道。

“是啊，就连分销的合作意愿也提高了，之前不愿意合作的，也主动找上门来了。”

“团队的士气、能力也都上来了。”

“我最近一直在想，这是什么原因呢？其实，这些东西一想就通了，可为什么之前被忽略了呢？不仅做了那么多无用功，而且都没有效果。”景丽说。

“大道至简，根本没有秘诀，很多都是常识。其实，很多公司最大的问题就在于总想找秘诀，一招制胜，这么想的人一般都做不好。”肖受历接着说，“还有很多人，只关心你用了什么招数，并不关心背后的方法论和思考，直接套用在自己的项目上，并不一定有效果。”

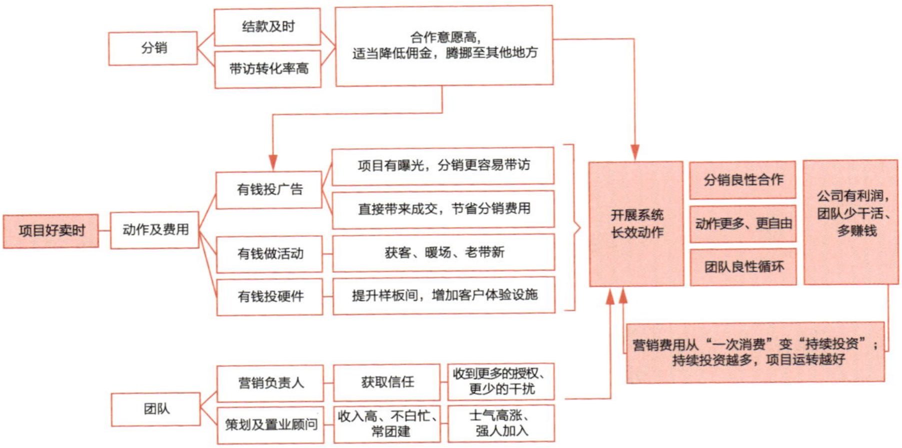

图 1-22-1　正循环模型

“肖总，我发现你们这一套营销动作，干的活少，还都有效，并没有瞎忙。”

“哈哈，这可不是我们偷懒哈！之前集团的工作任务指标已经证明了——忙碌不代表效率。售楼部的渠道、推广、案场管理三大类工作，算下来有二三十件事情可以忙活了。但是，忙只能代表你勤奋，把正确的事做正确，才能代表你的价值。”

“肖总，接下来我们要做的正确的事是什么？”景丽问。

“是不是可以考虑降低分销的佣金了。”肖受历说

“哇，我们想到一块去了。”景丽笑着说，“分销佣金都 30 万元 / 套了，已经占到 5% 了，确实太高了。”

“现在项目好卖了，适当降低分销佣金，他们还是愿意合作的，这样既能省出利润，还能把费用腾挪到其他更有效的动作上。

“好嘞，今天我就去落实这件事。”

“景总，还有两件有价值的事情可以做。”肖受历突然说。

“什么事呢？”

肖受历分别指了指纸上的“做活动”和“投硬件”栏目。

“我建议举办业主访谈，深入了解客户对兰园的需求，比如他们都需要什么商业业态，也借此为商业街招商做准备。我们之前合作过一个项目，一直想给商业街打造各种精品店，结果业主却说就想要个大超市。同时，围绕庭

院开展设计活动，提升业主的满意度。”

“业主访谈我跟集团商管沟通一下，这个比较好操作。庭院设计不如直接做成系列暖场活动，这样还能增加案场人气。”

肖受历点点头，接着说：“第二件事，我建议把降低的分销佣金一部分投到样板间的提升上。”

景丽疑惑地皱了皱眉头。

肖受历马上补充道：“把清水样板间的庭院直接改成菜园，打造成峰值体验。”

“这个想法挺好，之前一提花钱集团就各种卡费用，现在卖得好了，是应该提升一下现场的体验了。”景丽接着说，“具体怎么操作呢？”

“我只是有个初步的想法，比如，聘请园艺师在庭院里开垦出一垄菜园、一个花园，在菜园里种上应季的瓜果蔬菜，花园要保证四季有花开，再养上几只兔子……一个月之后，庭院绿意葱葱，果蔬飘香，客户来了就能采摘瓜果，还能亲自给蔬菜浇水，真实地感受别墅生活，代入了对未来美好生活的想象，很容易动心起念。客户停留的时间越长，越容易激发损失规避的心理，一旦客户离开就会有一种失去这种美好生活的感觉，这种损失让他们难以接受，从而增加了购买的可能性。”

“这听着确实很不错！我肯定会拍照发朋友圈的。”景丽啧啧称赞。

“没错，还可以当作社交货币。”肖受历接着说道，“我们可以告诉客户，菜园虽然不大，但是种的菜肯定吃不完，还可以送邻居、送朋友，甚至邀请亲戚朋友直接来院子里采摘，到自己的别墅来做客，多有面子的事情呀！帮助客户跟重要关系建立连接，绝对不输星级酒店的排场。客户这次自己来，下次还能带朋友来采摘，无形中促成了老带新。如果客户或者业主感兴趣，还可以提供免费的种子和园艺道具，让园艺师上门进行一对一定制咨询。这样形成一个接待的闭环，总有一个钩子会触动客户。

最重要的是，置业顾问还有各种理由重复邀约客户。比如，院子里的花开了，可美啦，快带着家人来拍照吧；院子里的茄子熟了、黄瓜结果了，快来摘一些回去吃吧；咱家宝贝喜欢的小白兔又长大了……不同的时节，不同的邀约理由，真心实意，让重复到访成为可能，让菜园成为连接客户的纽带。”

“肖总，你这一说我听着都心动了。”景丽笑着说。

“哈哈，再给置业顾问做一下培训，提炼一些故事话术，增加销售谈资。接待的时候，直接把客户邀约到院子里洽谈，逼单成功的概率就更高了。”肖受历的脑子高速旋转，还在发散着各种使用场景。

“东原地产的‘童梦童享’儿童配套，还有阿那亚、麓湖这些神盘的逻辑，都是这样的，我们称之为种草模式。”

景丽脸上又写满了不解，肖受历解释道：“前期投入大点，效果还会滞后，但一次投入，持续受益。这就好比种下一片菜园（草），吸引第一批业主/意向客户（羊），业主邀请亲朋好友来访（更多羊），亲戚朋友再传播，吸引更多客户来看房（更多羊），从而筛选出意向客户。同时，客户看过后，内心也种下了草（菜园），再去其他项目看房，对比之后发现，还是菜园好，然后重复到访甚至购买（变成羊），接着传播给身边人，吸引更多客户来看房（更多羊）。”

“哦，我明白了，有点像一本万利啊！”景丽恍然大悟。

“哈哈，对，就是复利模式。”肖受历笑着继续说道，“相对地，传统的获客形式，比如拓客、分销，类似于狩猎，动作猛、见效快，但动作不能停，一停就断了客户，属于单利模式。”

“这就是之前说的‘慢一点，反而快’吧！”赵笑律一直在听，也忍不住插话。

“对呀，慢一点，反而快，不是鸡汤，真的是有科学依据的。”肖受历接着说，“两点之间并非直线最短。从A到B，最高效的路径很可能是从A到C再到B，即客户—菜园—买房，就是慢一点，反而快。”如图1-22-2所示。

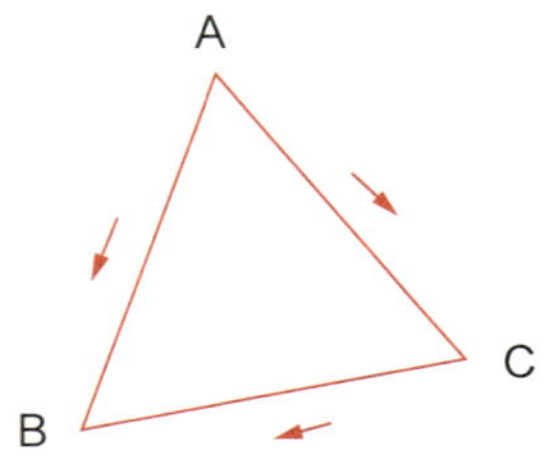

图1-22-2　两点之间并非直线最短

“这个必须做，我一会儿就安排去。”景丽说。

房地产营销工具箱

工具 1 忙碌不代表效率，把正确的事做正确，才能代表你的价值。

工具 2 大道至简根本没有秘诀，很多都是常识。其实很多公司最大的问题就在于总想找秘诀，一招制胜，这么想的人一般都做不好。

工具 3 种草 VS 狩猎。种草前期投入大点，效果还会滞后，但一次投入，持续受益，属于复利模式；狩猎动作猛、见效快，但动作不能停，一停就断了客户，属于单利模式。

23. 客户体验地图——在每个环节都提高效率做增量

第 108 天　晴转多云　风力 2 级

一个月之后，兰园的菜园正式对外开放。正如肖受历最初描绘的那样：绿意盎然，瓜果飘香，当天就吸引了很多客户到访。赵笑律还拍照发了朋友圈，临走的时候，两人还摘了一些黄瓜和西红柿，带回去给同事们尝尝，如图 1-23-1 所示。

图 1-23-1　兰园庭院实景图

回到公司后，肖受历叫住赵笑律，说道："基本上到今天，兰园重要的营销动作都执行完了。"

"还有'拦截鸣翠谷'的广告，一直没有上。"赵笑律补充道。

"那个需要再等等。我问过景丽了，清水路往鸣翠谷去的那一路段的广告位都租出去了，还有两三个月才到期。"

"好的。"

"今天我们一起再总结回顾一下。"

"好啊！"赵笑律顿时来了兴趣。他赶紧把带回来的黄瓜、西红柿交给了人事，让她帮忙洗洗分给大家吃，便抱上电脑小跑着来到了肖受历办公室。

肖受历正在白板上画着表格。等他画完后，便转过身说道："世界上 99.99% 的商业竞争都是靠组织效率和经营效率的提升来获得优势的，如果想要保持竞争力，就必须尽一切努力提升效率，成功的营销只是将各个环节完美执行，无缝衔接，最终形成强大的合力，实现完美销售。营销所有的动作都是一件事——提高效率做增量。但是，从哪些环节找效率呢？今天介绍一个方法论，叫客户体验地图。”如图 1-23-2 所示。

推广	线下	机场大牌、路名牌、候车厅、车体
	线上	今日头条、官微、微信定投、广播、抖音
问询	来电	售楼部座机、置业顾问电话
	搜索	详情页、SEO、官微
	朋友	口碑管理
售楼处	阵地	精神堡垒、围挡、商业街包装、景观
	沙盘	区域、项目、户模
	服务	茶饮、小食品
	物料	折页、项目单页、户型单页、展板
样板间	景观	沟通性文字、图片
	功能空间	沟通性文字、场景图片
	灰空间	地下室、庭院、露台
	体验	动手参与
谈判	辅助物料	数据、案例、示意图
	故事	业主故事
离开	车场	可带走物料、名片、赠饮、伴手礼（钩子）
	活动	邀约回访
	忠诚度	泛社群、业主培训

图 1-23-2　客户体验地图

肖受历指了指白板上的表格，然后一边踱着步，一边说道：“客户体验地图就是从一个特定客户的视角出发，记录下他与这个产品或者服务接触、进入、互动的完整过程。以买房为例，客户从第一次知道项目，进而产生兴趣，再到来访，直至最后成交，每个环节都是触点，客户都有体验，这就是客户买房的体验地图。

我们就是要从这些环节里‘找效率’，不能寄希望于一句广告语、一个画面，或者某一个活动就能解决销售问题。”

赵笑律饶有兴致地凑上去看了好一会儿。肖受历点了根烟，补充道：“这个过程大概分八个阶段，我们一个个地看：

第一阶段：未知。

客户一开始并不知道项目，某天无意中看到候车亭、路名牌广告，或在今日头条、微信刷到项目信息，也可能是坐出租车上听到广播，如果他本来就有买房的打算，刚好项目宣传的广告匹配他的需求，或者因为广告做得好，客户看完动心起念，激发了新的购房需求。

总之，客户被你的广告吸引，并产生了兴趣，他会打电话咨询，或者回家上网搜索更详细的信息，也可能会通过朋友打听这个项目。

第二阶段：进入。

客户来到项目现场，进入阵地，看到路两边的精神堡垒、道旗、工地围挡、商业街包装、景观呈现等，感受到了项目的领地感。所以，区域广告路网要做尽。

第三阶段：到达。

客户到达大门口，会有形象岗礼仪接待，还会有保安引导停车。进入售楼部，有服务人员迎接，并提供点心和茶水。

第四阶段：讲解。

置业顾问带着客户按接待动线讲解项目，同时了解客户的家庭结构和购房需求。

第五阶段：参观。

客户去景观示范区、样板间参观，通过对现场场景的体验感受，唤醒对未来生活的想象。置业顾问借此进一步了解客户的购房动机。

第六阶段：洽谈。

参观体验结束后，客户再回到售楼部，在洽谈区挑户型、算价格。这个时候，置业顾问需要更多的道具和话术来打消客户疑虑，建立信任，逼定成交。这些道具可能是“灵魂三问”展板、业主故事等。

第七阶段：离开。

客户离开之前，置业顾问要提供一份完整的项目资料让客户带走，方便他回家和家人、朋友讨论，再送一份伴手礼，在形象岗的接待下，让客户满意地离开。

第八阶段：回访。

无论客户成交与否，置业顾问都要邀约回访。成交了再回访就叫老业主维系，没有成交就创造更多的机会让客户再次到访项目，多一次接触就多一次成交的机会，哪怕客户没有买，只要他认可了项目，就会有口碑传播，就有可能推荐身边的朋友购买。

营销是心理战，所有的接待动线、物料、话术都围绕着这些触点来和客户进行心理沟通，每个环节我们都力求有效，没有废动作，最终打动客户成交。”

赵笑律听完眼前一亮，说道：“这很像华杉老师讲的，客户体验设计的三个阶段——来之前、来之中、来之后。”

“说来听听！”

“来之前就是客户一开始是迷茫的，我们通过广告提供信息服务，让他产生兴趣，有所期待而来；来之中就是要比他期待得再多一点点，给客户制造惊喜，才能收获满意；来之后就是客户带着口碑走，成为传播者。”

肖受历听完，又拿起白板笔，在表格前加了一列，如图 1-23-3 所示。

来之前	推广	线下	机场大牌、路名牌、候车厅、车体
		线上	今日头条、官微、微信定投、广播、抖音
	问询	来电	售楼部座机、置业顾问电话
		搜索	详情页、SEO、官微
		朋友	口碑管理
来之中	售楼处	阵地	精神堡垒、围挡、商业街包装、景观
		沙盘	区域、项目、户模
		服务	茶饮、小食品
		物料	折页、项目单页、户型单页、展板
	样板间	景观	沟通性文字、图片
		功能空间	沟通性文字、场景图片
		灰空间	地下室、庭院、露台
		体验	动手参与
	谈判	辅助物料	数据、案例、示意图
		故事	业主故事
来之后	离开	车场	可带走物料、名片、赠饮、伴手礼（钩子）
		活动	邀约回访
		忠诚度	泛社群、业主培训

图 1-23-3 客户体验设计的三个阶段

“所以，‘来之前’是勾起客户的期待，‘来之中’是价值确认和体验惊喜，‘来之后’要让客户‘值得回忆，乐于谈论，带走信物’。”肖受历说。

“哇，这个太好用了，像是一个营销的作战地图，对照着这个地图，每个环节该做什么事，一目了然，就不会遗漏了。”赵笑律的眼神里闪烁着兴奋。

“而且还可以当作营销自查清单，随时诊断和检测项目各环节的营销动作是否到位，哪里不到位，立即优化。”

“我发现给兰园做的所有营销动作都可以装到这个地图里。”赵笑律说。

“是的。”肖受历吸了口烟，沉思了片刻，接着说，“客户体验将成为楼盘的核心竞争力。你想啊，大部分售楼部的风格、布局都差不多吧，很多楼盘的价值点也都雷同吧，产品户型差异化也不大吧，大家都在同一维度上竞争，怎么让客户记住你并认可你？谁能带给客户更好的体验，谁就能赢得客户的心。”

“这样来看，应该把每个环节的体验设计都做到最好。”

“理论上是这样的，但实际上你不可能有那么多的精力和资源，把每个环节都做到 100 分，比如房子各方面都好，价格就一定不友好。”肖受历问道，“忘了峰终定律了？”

“没有，峰值、终值决定整体印象。”赵笑律说。

肖受历又拿起白板笔，在表格上写下“峰值”“终值”，如图 1–23–4 所示。

来之前	推广	线下	机场大牌、路名牌、候车厅、车体
		线上	今日头条、官微、微信定投、广播、抖音
	问询	来电	售楼部座机、置业顾问电话
		搜索	详情页、SEO、官微
		朋友	口碑管理
来之中	售楼处	阵地	精神堡垒、围挡、商业街包装、景观
		沙盘	区域、项目、户模
		服务	茶饮、小食品
		物料	折页、项目单页、户型单页、展板
	样板间（峰值）	景观	沟通性文字、图片
		功能空间	沟通性文字、场景图片
		灰空间	地下室、庭院、露台
		体验	动手参与
	谈判	辅助物料	数据、案例、示意图
		故事	业主故事
来之后	离开	车场（终值）	可带走物料、名片、赠饮、伴手礼（钩子）
		活动	邀约回访
		忠诚度	泛社群、业主培训

图 1–23–4　客户体验的峰值终值设计

“真正的体验设计并不是要做到整体的服务提升，而是要有所取舍，更不能你喜欢什么，就展示什么，而是要考虑客户要什么。”肖受历接着说，“在保证整体的服务体验不低于60分的前提下，在关键节点压倒性投入，打造体验的峰值，再设定一个美好的终值体验的小尾巴，这样就牢牢俘获了客户的心。”

“现在这个表格完整了。”肖受历盯着白板看了一会，说道：“整个流程就是客户体验地图，是一个楼盘营销的底层逻辑。”

赵笑律赶紧站起来拍照，好收藏进自己的知识库。

正好到了午饭时间，赵笑律执意要请肖受历吃饭。

“今天就不喝酒了，下午还要上班。”赵笑律笑着说，“肖哥，感谢你这段时间来的悉心栽培，我以茶代酒，敬你一杯！”

碰完杯，肖受历笑着说：“你也用不着客气，今天这顿饭还是我请，你不主动的话，没人会逼着你成长。”

“四个月前，我还是个迷茫的广告人，现在你让我明白了基于常识的营销方法。”

“你能坚持下来，没有被虐走，一切都是你应得的。”

“肖哥，你给了我们所有的答案，我们只不过是个执行的工具而已。”

肖受历举起手来，制止了赵笑律说话，“没有人把现成的答案送到你们手上，多少个晚上，你们熬夜加班，殚精竭虑，直到找到答案才肯罢休。”

“不少个晚上吧。”赵笑律微笑着承认。

……

“我们这套营销方法能执行下去，要感恩遇到了好项目，也遇对了人。”肖受历吃了几口菜，接着说，“你是不知道，传统做法在很多人头脑中根深蒂固的程度让人诧异，别说合作了，每次我问问题的时候，就会被别人理解为傲慢，甚至认为我是在挑毛病。”

“嗯，景总和崔华都很不错，值得交朋友。”

“所以景丽能到集团担任营销总，崔华能在兰园升到策划总，都是他们应得的，是早晚的事。”肖受历吸了口烟，接着说，“他们过去也一直依赖直觉，按照业界通行的做法做事，导致楼盘业绩越来越差。我们介入以后，他们认可我们，根据基本营销原则，重新检验做事的方式。结果你看，打破了多少陈规陋习。”

“哈哈，或许马克·吐温说得对——常识，其实一点都不平常。”

直到享受完美味的午餐，赵笑律才逐渐理清了思绪。肖受历的营销方法符合一般的常识，直接呼应了书里学到的一切。这些解决方案看起来没什么了不起，但是过去的很多年，很多开发商的做法恰好与之背道而驰，而且房地产营销到现在还在坚持这种过时的、毁灭性的做法。

肖受历捻灭了烟头，手静静地搭在桌子上。过了一会儿，他说：“我们自诩为营销公司，自然有我们的一套真本事，这套本事能让我们走正道，少做无用功，少干活多挣钱。”

“我觉得我来对平台了，在这里，一年顶十年。”

“那是你，很多人可不这样想。”肖受历笑了笑，“公司这几年，来来去去多少人，看不上公司的大有人在。”

“现在，我感觉终于可以回归专业，取经《定位》、大卫·奥格威、叶茂中、华与华……把广告做成对社会实质有价值的事情。”

“‘谋事在人，成事在天’，你是自燃型的人，是自带发动机的操心员工，必然会大有可为。”①

房地产营销工具箱

工具 1 世界上 99.99% 的商业竞争都是靠组织效率和经营效率的提升来获得优势的，如果想要保持竞争力，就必须尽一切努力提升效率。成功的营销只是将各个环节完美执行，无缝衔接，最终形成强大的合力，实现完美销售。

工具 2 营销所有的动作都是一件事——提高效率做增量。不可寄希望于一句广告语、一个画面或者某一个活动就解决销售问题。

工具 3 客户体验地图就是从一个特定客户的视角出发，记录下他与这个产品或者服务接触、进入、互动的完整过程。

① 本部分内容参考了得到课程“跟华杉学品牌营销 30 讲”和“梁宁产品思维 30 讲”。

下篇

角色关系表

肖受历	图灵公司老板
赵笑律	图灵公司策划
林　沛	图灵公司策划
郭三胖	图灵公司策划
龚　深	如意上院营销总监
郝　好	如意上院销售经理
吴　勇	如意上院策划经理
郑寻欢	如意上院策划专员

赵笑律笔记

时间：10 月 28 日　地点：如意上院售楼部

如意上院简介：

如意上院，一个强地缘楼盘，位于文化路与财富大道交汇处。项目总占地面积约 108 亩，建筑面积约 21 万平方米，采用现代简约的建筑风格，由 17 栋高层和 1 个幼儿园组成。

如意上院所在的有熊市是一个人口将近 500 万的地级市，GDP 排名全省第十，距离省会京州市仅一小时车程。有熊市是典型的资源型工业城市，曾经依煤而立，因煤而贵，如今正大力推进“工业立市　产业兴市”的战略部署，力争进入全国百强城市行列。

有熊市城市总体规划“西移南拓”，经过近十年的发展，西城区已经完全成熟，是名副其实的行政中心，更是有熊市的形象窗口。目前，南部新城当属政策的宠儿，正在强势崛起。区域自带流量和光环，吸引了众多房企扎堆入驻，一时间集中了 20 多个在售项目。

然而，这些政策利好是别人的，如意上院却什么也没有。

如意上院位于有熊市东城区以东，项目再向东便是产业集聚区，尽管区域是政府产业转型升级的主战场，甚至项目对外宣传位居产城融合的中心，但尴尬的是，历来大家都认为有熊市的位置是“出了东环就出城”。因此，如意上院并不在主城客户的购房选择范围内。如图 2-0-1 所示。

整个东城区常住人口基数少，都是典型的工薪阶层，住房多以小产权为主，家属院等老社区居多。近两三年，才有少量开发商进驻，而且比如意上院拿地早的两三个项目开盘都销售非常火爆，区域内的房价也有了较大幅度的提升，涨幅约 2000 元 / 平方米。目前，除了如意上院以外，区域仅剩贰号城邦、茉莉府两个小项目主力在售，其他均是尾盘销售。

鉴于区域房价上涨，购房需求上升趋势明显，竞品楼盘又处于供货空档期，深耕有熊市 20 年的如意地产，抱着对市场极大乐观的态度，果断选择在此时机开发销售。

作为首进东城的作品，如意地产高度重视，以满满的诚意拿出了最新的

4.0 系产品，全新的户型设计，面积也以主流的 100~115 平方米小三房为主，并搭配少量 135 平方米的大三房。价格更是区域最低，堪称市场上绝无仅有的高性价比产品。

为了保证开盘业绩，如意上院提前半年就开始蓄客，公交车体、跨街广告、广播电台等，市场上能用的广告全部拿下，高举高打，并在蓄客期就与产业区内各大企业洽谈团购事宜。

然而，天公不作美，恰逢市场下行。当公司所有领导都等着为 7 月开盘大卖而庆功时，如意上院却给了所有人当头一棒，以区域最低价，创造了如意地产“史上最烂开盘记录”。更出人意料的是，之后的几个月，如意上院的销售业绩出现了断崖式下滑。分销提佣、大兵团拓客、线上直播……该用的招都用了，依旧不见起色。首开失利后，销售团队成员已经大规模离职。

……

谁知，公司又重提年度 400 套的销售任务（当前累计销售 196 套），相当于要在今年仅剩的 2 个月里冲刺 204 套的销量，这无异于登天！

一时间，营销上一筹莫展，项目上也不知所措，疲于应对，员工们更是怨声载道，有些人甚至选择了躺平。

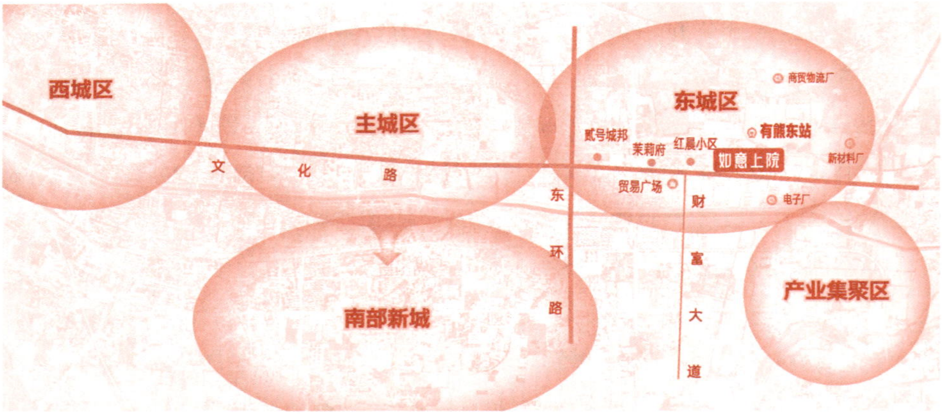

图 2-0-1　有熊市如意上院分布图

24. 被“忽悠”来的营销总——被渠道绑架，被指标压迫，被集团严控

第 1 天　晴　风力 2-3 级

金秋的阳光格外温馨、恬静，透过窗户洒在了工位上。刚到公司，赵笑律便迅速放下背包，拿出电脑，放在了支起的电脑架上。然后，熟练地从桌子下面拉出走步机，铺平，摆正。接着，接通电源，套上鞋套，站到走步机上，同时打开了电脑。

待一切安排妥当后，赵笑律拿起遥控器，轻轻一按，在听到“滴滴滴”三声提示音之后，走步机运转了起来。赵笑律随即开始了他全新一天的“走步式”工作。

这台走步机是赵笑律三个月前买的，彼时的兰园已经步入正轨，他也不似之前那样忙碌了。不停地熬夜加班以及公司组织的体检，都让他意识到健康的重要性。可地产人又忙于工作，没有固定的时间去运动，经朋友推荐，赵笑律果断购买了这套装备。现在，他每天都在走步机上边走边工作好几个小时。

健康、会思考、不油腻，这是赵笑律给自己 30 岁之后的人生定下的基本标准。

走了十分钟，赵笑律感觉有一点点热了，便伸手把窗户打开了一道缝。微风迎面吹来，轻柔和煦，难得一见的蓝天飘着朵朵白云。一眨眼，大半年时间过去了，兰园的工作也进入尾声。此刻的他，正一边走着步，一边敲着电脑键盘，整理着兰园的复盘报告。

“没准以后能写成书呢。”赵笑律心想。

这时，突然响起的手机铃声打断了赵笑律的思绪。他拿起手机一看，是肖受历的电话，他赶忙接通：“喂，肖哥！”

“景丽介绍了一个项目，在有熊市，下午跟我去看看，一点左右去公司捎上你。”

“好嘞！”

赵笑律一激动，差点从走步机上摔下来。他突然想到《论语》中的一句

话：“近者悦，远者来”，让已经在服务的客户喜悦，远方的客户自然就来了。

想想年初刚来图灵公司时的迷茫，到现在团队的工作被甲方认可，还主动介绍项目，赵笑律不禁生出万千感慨，唯有专业，才能成就地产广告人的职业价值。

下午一点，刚坐上车，赵笑律就好奇地问起来：“肖哥，我们的业务飞轮也转起来啦？”

“哈哈！”肖受历笑了笑，“是景丽的一个朋友，刚去项目没多久。”

“也是别墅？”

“不是，是一个刚需流量盘。”

“也是卖得不好？”

“相当不好，具体还不知道，去了再聊聊吧。”

赵笑律看了一眼车上的导航，显示的目的地是如意上院营销中心。

大概一个小时后，他们进入了有熊市，下了高速沿着文化路一直往西十公里，便是如意上院项目所在的位置。在这条十公里长的道路两侧，密密麻麻分布的都是汽车4S店。文化路是有熊市的城市主干道，贯穿东西的交通大动脉。赵笑律打开地图，放眼望去周边都是村镇，分布着电子、商贸物流、新材料等工厂，东南方向还有一个很大的产业园区。

肖受历并没有直接到如意上院售楼部，而是拐个弯去项目附近转了转。他的工作习惯就是每到一个陌生的城市，都会先看看城市的基本面。

临着如意上院西侧的是一个占地两百多亩的贸易广场，东北方向是有熊东站，一个货运火车站，主要负责煤炭等生产资料的运输，周边基本上都是老旧小区，单位家属院居多。

这时肖受历的手机响了，因为连着蓝牙，赵笑律能很清楚地听到手机那头的声音：“肖总，到哪里了？”

“龚总，已经到了，我们在项目附近呢。”

“好啊，我在售楼部门口了，您来了就能看见我！”

挂断了电话，肖受历一边打着方向盘，一边说道：“先去售楼部吧，人家都出来迎接了。”

“好热情啊！”赵笑律心想。

他们刚把车开进停车场，还没停稳，远远地就看到一个大腹便便、几近秃顶的中年男人向他们走来。肖受历也下了车，两人确认过眼神——是彼此要找的人，龚深一边握手一边大笑着说：“肖总，总算把您盼来了！”

“哪里哪里！”肖受历看向赵笑律，“龚总，这是我同事，赵笑律。”

龚深立即转过身，微笑着和赵笑律握手。

“兰园项目就是他主力负责的。”肖受历补充道。

“赵总好，兰园项目做得太好了，向您学习。”

此时，一阵微风吹过，龚深头顶那几根头发也随着摇曳起来，如同树叶掉落般凄凉，赵笑律顿时感受到了一丝深秋的凉意。

在前往售楼部的路上，赵笑律仔细打量着眼前的一切。售楼部的立面非常气派，设计感十足。景观示范区细节也很到位，精致的水系涌泉、弯曲的石拱桥，还有层叠而上的石板、垂直落下的水景照壁……纷纷在眼前铺陈开来。论颜值和投入，并不比京州市的楼盘差。

售楼部里面的空间也很大，品牌馆、区位图、大沙盘、户模一应俱全。水吧区与儿童游乐区分列两侧，与洽谈区相对独立。孩子们玩耍的时候，既不会影响大人了解房子，还能在水吧工作人员的视线范围内，保障孩子的安全，非常人性化。

龚深把二人引进了 VIP 室，服务人员随即端上茶水。三人都坐定后，龚深立即从兜里掏出香烟，递给了肖受历一根，肖受历接下并表示了感谢。赵笑律摇摇头说自己不抽烟，龚深便不再强求，转身去给肖受历点火，顺便也给自己点了一根。龚深又往烟灰缸里倒了点水，并推到了肖受历面前，肖受历再次表示感谢。一番吞云吐雾后，龚深率先打破了沉默：“肖总，以前来过有熊市吗？”

“来过，但是没有来过东城区，这边还挺偏的。”

“确实很偏，我也刚来这里两个星期吧，叫个出租车都很难。”龚深笑着说。

“项目什么时候开的盘？卖得怎么样？”肖受历笑着问。

“三个月前吧，7 月份第一次开盘，蓄客了有大半年，就卖了 32 套。开盘前还在附近的单位组织了一波团购，卖了 130 套。公司领导对这个项目寄予的期望很高，他们都觉得项目很好，而且价格不贵，是区域最低价，市场还没什么货，肯定是流量快销。据说，开盘当天庆功宴都定好了，结果被狠狠地打脸了，连一半的任务都没完成。”虽然来的时间短，但龚深对项目的过往如数家珍。

“之后的几个月呢？”

“之后就更惨了，直接断崖式下跌。8、9月成交都是十二三套，10月份还没有突破两位数！”

“竞品和市场怎么样？”

“最近都卖得一般，挨着我们比较近的两个竞品是贰号城邦和茉莉府，体量比较小，加起来还没我们地块大，每个月顶多也就十套左右。这两个也是区域目前主力在售的项目，其他都是尾盘了。”

“我们刚来的时候在周边转了转，发现家属院和老小区很多。”

“是的，这边工厂比较多，所以有很多家属院，都是十几年的老小区了。之前是没有商品房的，也就是这两三年才有一些开发商进来。有两三个项目开盘卖得很好，导致区域的房价每平方米也涨了大概2000元。”

“项目上分销了吗？”

“上了三家分销。从开盘时就合作了，开盘有十几套是分销带的客户，后来不知道什么情况，分销也没客户了，就要求项目降价，提高佣金，甚至还要求增加到访礼。

降价肯定不可能了，项目已经是区域最低价了，而且再降就赔钱了。公司答应提高佣金比例，当天成交当天结佣。那段时间售楼部客户来访确实增多了，但是置业顾问反映都是水客，销量也没见好转。

这边本来就偏，区域也没几个项目，分销都不愿意合作，南部新城那边才是整个城市的主力发展区，分销去那边带一组客户能同时看很多项目，而带一组客户来这边，又偏又远不说，还没几个项目可看，算不过来账的。

再后来，分销也指望不上了。公司就要求自建渠道团队，结果折腾了一个月，费钱费力还没有效果，就放弃了。”

“难怪景丽说您‘临危受命’呢，项目确实很棘手啊！”肖受历笑着说。

“哈哈，确切地说，我是被‘忽悠’来的！”龚深尴尬地笑了笑，接着说，“说来也巧，有一次和如意地产副总裁一起吃饭，他说这是流量盘，产品没问题，躺着都能卖掉，就缺一个营销总。当时，正好媳妇生完孩子，我在家陪产了一个月也想出来找事做，加上那天酒也喝多了，就稀里糊涂地答应了。”龚深说完大笑了起来。

肖受历和赵笑律也跟着笑了起来。

“您这是掉坑里了啊！”肖受历笑着说。

“可不是嘛！”龚深摇了摇头，无奈地说道，“公司对这个项目的预期太高了，领导层都觉得如意上院用的是公司4.0的最新产品线，其他城市同类产品系的项目价格高还卖得好，这边每平方米才卖4000多，物美价廉，而且区域供货断档，不可能卖不好的。

我前面已经有两任营销总离职了，其中一个就干了一天，第二天就走了。第二个是区域营销总，公司派他来直管项目，他尝试了大兵团拓客，还直接对市场打出了之前的团购价，但也不到两个月就辞职了。”

龚深吸了口烟，笑着说，“要是真好卖了，今天咱们也不至于坐在这里聊天了。”

说罢，三人都不约而同地笑了起来。龚深停顿了一会，继续说：“公司领导都觉得不可思议，怎么这么好的项目卖成这个鬼样子，就怀疑是团队的能力有问题。结果一帮子领导，还有跨城市的，隔三岔五就来指导工作，我才来两个星期，已经接待过五次公司领导了。”

“这个跟兰园情况很像，也是病急乱投医，卖不好了，集团各条线，甚至财务线，都来指导工作。”肖受历吸了口烟，接着说道，“关键是他们又不专业，看到哪有瑕疵就要改善哪，见火扑火，大干快上，手里拿着锤子，看什么都是钉子，好像谁都可以指导营销，谁都能说两句似的。其实，真正值得投入的是什么，该聚焦哪一个营销动作，他们都不知道。当重担落在别人肩膀上时，提出建议是多么轻松。”

“每隔一段时间，总会有领导提出新计划，作为解决一切问题的灵丹妙药。有些计划似乎奏效了，但是没有一个计划给项目带来真正的好处。项目月复一月地蹒跚前行，情况从来不曾真正好转，甚至日渐恶化。”赵笑律补充道。

“你们很了解内情啊，看来找你们是找对了！”龚深又吸了一口烟，一番吞云吐雾后，说道，“更苛刻的是，公司还给项目制定了每天的工作清单，比如，必须通过朋友圈每天发3次品牌动态、3次项目价值点海报、3次现场热销氛围海报、2个视频，每天几点发全部规定死，不仅销售、策划要发，物业全员也都要转发，还有置业顾问每天必须打够50组电话，加够10组微信。集团每天考核，完不成罚款，还要通报批评！”

肖受历和赵笑律相视一笑，他们不约而同地想到了兰园每天必须完成的13项任务清单——“13难”。“原来不幸也是相似的！”赵笑律心想，但还是故作惊讶地问道："这很苛刻啊，能完成吗？"

"完不成也要想办法必须完成。"龚深特意强调了"必须"两个字。

肖受历秒懂，接着说："那这样对团队的伤害很大啊！"

"对啊，这可是致命的。现在项目上的工作可以分为四种优先级：'紧急''非常紧急''紧急得不得了''立刻完成'。总之，每天就是开会，应付这些考核，而且根本就没办法依照进度完成。虽然我是一个营销总，但基本上就是一个执行工具而已，什么想法都干不成。"

"项目是自己的销售团队，还是找的代理公司啊？"

"自销，如意地产所有的项目都是自销，代理公司哪会接受这样的考核。我也不倾向于找代理公司，代理公司大部分都是'事前拍胸脯，出了事拍大腿，解决不了拍屁股走人'。"

"那咱们是如何每天完成那么多考核任务的啊？"赵笑律还是很好奇。

"能完成的完成，完成不了的找广告公司 P 图呗，公司要的是截图，我们只能这么办了。现在团队都很疲惫，都在应付公司交代的工作，哪还有心思卖房。"龚深顺手摸了摸自己的大脑门，打趣地说道，"我这事情一多，压力一大，怎么办？那就只能掉头发。"

龚深这一动作，引得肖受历和赵笑律哈哈大笑，他们没想到龚深是这么有趣。

"说实话，我也想着不干了。"龚深沉思了一会，接着说，"但是，毕竟和副总裁是熟人，真要是拍屁股走人了，以后还怎么混啊，圈子就这么小。再说了，好卖的楼盘哪那么好就轮到你头上，不试试怎么知道不行呢！公司已经同意我找外援了，我一下就想到了景丽，她最近不是高升了嘛，我打电话向她取取经，这不她就推荐了你们，还发了你们给兰园做的物料。我觉得很实用，我这个项目就需要这种务实的营销打法。"

这时外面有人敲门，龚深说了一句"请进"，两男一女先后走了进来。龚深示意他们坐下，便对着肖受历和赵笑律介绍："这是策划经理吴勇，这是策划郑寻欢，这是销售经理郝好，他们三个在项目上的时间比较久，了解得比我清楚，有问题可以直接问他们。"

龚深介绍完项目主力团队，又介绍了肖受历和赵笑律。

"加个微信吧。"赵笑律说着，便起身把手机递给了他们。

几人又聊了半个小时，肖受历看了一眼手机，说道："龚总，我看时间还来得及，能不能找几个置业顾问，我们想了解一下成交客户的情况。”

“这个比较难，因为开完盘之后，置业顾问大部分都离职了，现在的10个置业顾问基本上都才来项目上一个月左右，没什么客户。”销售经理郝好说道。

“之前的置业顾问全都走了？”肖受历惊讶地张大了嘴巴。

“嗯，都离职去了其他项目，还有两个在这，但是他们没多少客户。”

“那我们先找这两个置业顾问盘盘客户吧，还有目前手里有成交客户的，我们都聊一聊。”肖受历说道。

“好的。”郝好点点头说。

“肖总，您是要成交客户分析吗？我们策划这边整理了一份，发您不就行了。”策划经理吴勇说道。

“好啊，资料您直接发赵笑律，客户的情况我们也必须亲自去了解，这样对下一步做决策更有利。”肖受历说。

“郝总，顺便让置业顾问按正常流程给我们讲讲项目吧，然后再了解一下成交客户情况。如果分销有在售楼部不忙的，我们也可以约着聊聊。”肖受历补充道。

“好的，肖总。”郝好回答。

房地产营销工具箱

工具1 “近者悦，远者来”的意思就是，让已经在服务的客户喜悦，远方的客户自然就来了。

工具2 唯有专业，才能成就地产广告人的职业价值。

25. 继续“大兵团作战”——明知山有虎，偏向虎山行

第 2 天　多云　风力 2-3 级

“两个月要卖 200 多套啊？”肖受历睁大双眼，方向盘差点都没扶稳。

“对啊，昨天晚上公司开的会，马上就年底了，公司要冲业绩。大家讨论来、讨论去，又把如意上院今年的任务提上了桌面。”

“什么任务啊？”

“公司之前给如意上院定的目标是今年要卖够 400 套，加上开盘和团购，目前已经卖了 196 套，还剩 204 套，正好在最后两个月里集中冲刺一波。”电话那头的龚深无奈地说。

“问题是去掉团购的 130 套，从 7 月份开盘到现在，项目四个月只去化了 66 套，相当于平均每个月也就能卖 16 套。可现在两个月就要卖 204 套，也就是一个月要卖 100 套，这怎么可能做到嘛！压根就不合理啊！”肖受历气得直想爆粗口。

“是啊，可公司领导不管，项目的产品没问题，价格还那么低，卖不好是你们的问题。”

“龚总，您再跟集团说一说，这样的指标我们也没法做啊，任务也不是这样拍脑袋就决定的啊！”

“肖总，我理解。我当时听到这个消息，跟您现在的心情是一样的，但几位高层已经达成一致意见了，老板也默认了。我昨天晚上就想跟您说的，怕影响您休息，所以才拖到现在跟您说。”

“好吧，我们已经在路上了，一会到了再详细说吧。”

肖受历挂完电话，气得当场就在车里破口大骂。一直坐在副驾驶的赵笑律也惊掉了下巴，他愤愤不平地说道：“不让一线直接呼唤炮火，还瞎指挥，居庙堂之高，还不忧其民，真过分！”

“不作不死，作不死就往死里作。”肖受历把车窗摇下去一半，然后默默地点了一根烟。

肖受历和赵笑律刚进售楼部，龚深就迎了上来。旁边的几个工人正在挂条幅，条幅上赫然写着两句话“大干两个月　冲刺 204 套”“只要干不死　就

往死里干”。郑寻欢则在下面指挥着左右移动位置，见肖受历和赵笑律来了，赶紧过来打招呼。

“这条幅现在就挂上了？”肖受历大吃一惊。

龚深无奈地苦笑道：“公司要求的，今天上午必须挂上。”

“不是应该挂在会议室吗？挂在案场，客户看着影响多不好。”

“公司要求必须挂在案场，这样才能时刻提醒大家。”郑寻欢补充道。

“可是，这个月还没过完啊？还有三四天呢。”赵笑律嘀咕道。

“唉……”龚深叹了一口气，便不再作声。三人径直走向 VIP 室，郑寻欢则继续指挥挂条幅去了。

“公司定这个任务，说给什么支持了吗？”肖受历刚坐下就直奔主题。

“没有明说，除了降价，只要能完成任务，我们都可以提。”

“像置业顾问的激励、案场的物料更换，还有对外的广告、今日头条投放、线下派单这些都支持做吗？”

“我估计他们会卡，案场物料更换、拓客派单这些还好说，基本上我都能定，剩下的需要花大钱的，就不太好说了。”

这时，吴勇和郑寻欢敲门而入，水吧员也送上了茶水和水果拼盘。

“龚总，您是怎么打算的？”肖受历问道。

“我还没想清楚，眼下能做的就是想办法刺激分销带客。”

“我看最近几个月的月报，分销的带访、成交效果并不好，比开盘之前差了很多。”

“所以他们一直在提条件，让降价、提高佣金。我这几天约分销负责人吃饭，会具体说这事，降价是不可能了，佣金还能跟公司争取一下。”

龚深喝了口茶，接着说道：“肖总，我其实还有另一个考虑，就是要不要组建自己的渠道团队，我们不能把希望都寄托在分销身上，根据之前的效果来看，如果分销作用不大，我们就完全陷入被动了。”

“大兵团不是之前也弄过嘛？”赵笑律插话道。

“弄过一个月，然后就停了。”龚深说道。

“当时是怎么弄的？”肖受历问。

龚深看着吴勇和郑寻欢，示意他俩具体说一说。

“大兵团是两个月前的事。当时开盘后也是看分销效果不好，佣金还高，公司领导就觉得不就是拉客户来看项目嘛，也没什么技术含量，不如我们自己把这钱挣了，就支招说成立自己的渠道团队，要求一个星期之内招够50人。本来项目就偏，根本招不来人，时间又很紧，结果拼拼凑凑组建了一个20人的自渠团队。”策划经理吴勇接着说道，“然后，每天去拓客派单，周边的工厂、老小区，还有乡镇都去了。折腾了一个月，钱也花了，效果还是不好。这时候公司领导又来支招，说现在抖音很火，要同步做好线上导流工作，所以又改做直播了。”

“直播做得怎么样？”赵笑律问。

“做了半个月，没效果，就停了。”郑寻欢说道，“当时要求一天直播两场，要求全员天天转发，还必须进直播间观看。后来公司就不管了，也就流于形式了。”

“这次搞大兵团和之前的有什么不一样吗？”肖受历问。

“这次想做大一些，争取组建一个100人的自渠团队，把拓客范围放大，辐射到市区以及更远的乡镇。”

“龚总，我直接问了哈，咱们对大兵团的效果有多大把握？”肖受历再问。

“我也不知道，但我这个人不信邪，只要做到位了，肯定会有效，就像一个厨师有一个厨师的风格，同样的菜谱，不同的人能做出不同的味道。”

肖受历笑了笑，没有作声，从口袋里掏出烟，给龚深递了一根，给吴勇和郑寻欢也递了一根。一番吞云吐雾后，龚深问道：“肖总，我这只是临时想法，不成熟，您给指导指导，我们该怎么办？”

肖受历捋着他那标志性的胡须，沉思了一会儿，说道：“整个片区所有的在售项目加起来一个月才卖了50套左右，现在如意上院一个项目一个月就要卖100多套，这已经突破边界了，这是不可能完成的任务。”

见大家都不作声，肖受历继续说道：“我们看了项目的月报，前两个月的转化率在5%左右，这个月才刚到2%，如果按这个转化率计算，每个月100套的任务相当于每个月要来访5000组有效客户，这已经突破项目的边界了。所以，两个月卖204套房不可能。”

“刺激分销，搞大兵团，不能说它错，对其他项目来说确实是见效很快的方式。但是，对如意上院来说，并非如此。”肖受历弹了弹烟灰，抬起头笑着说，“龚总，我实话实说哈，您别介意。”

“没事，尽管说，我们需要专业的指导。”

“我们明知道大兵团没有效果，还花大精力去做这件事，这是在赌博。‘明知山有虎，偏向虎山行’。明知不见效，还妄想马上就能见效。”肖受历笑着说。

龚深频频点头，赶紧给肖受历续了杯茶。

“我们这也是没招啊，被公司任务压得死死的。”龚深无奈地摇摇头，又微笑着说，“肖总，您有什么高见？”

“我跟大家分享一个方法论，叫正负循环模型，大家听完就懂了，我们就是靠这个逻辑把兰园卖动的。”

赵笑律赶紧拿出电脑，郑寻欢则起身帮忙投屏到房间里的电视上，龚深示意吴勇去把郝好也叫过来。一切准备就绪，肖受历对着 PPT 详细地讲解了一遍正负循环模型、TOC 瓶颈理论、转化率 > 来访量这些营销的底层逻辑，并具体讲解了兰园当时的落地计划和执行动作。末了，肖受历说道：“兰园就是这样一步步启动，并步入正轨的，如意上院也要遵循这个逻辑。”

龚深思考了一会，问道：“肖总，您的意思是我们要先做好内部动作，提高转化率，再考虑对外的推广动作。”

“按科学的营销逻辑是这样的。”肖受历斩钉截铁地说，“我们昨天听了置业顾问讲解项目，大家都才来一个月，接待水平还有很大的提升空间。成交客户我们也了解了一些，但是样本太少，接下来还需要想办法了解更多的成交客户信息。”

肖受历话锋一转，接着说：“但是，我们这套方法也完成不了两个月卖 204 套的任务，而且我相信也没有一个方法能让如意上院在当下就能卖掉 204 套。”

“如果转化率提高了呢？”龚深想了想，继续说，“比如从 2% 提高到 10%，甚至 20%，是不是就能完成任务了。”

“理论上是这样的，转化率越高越容易达成目标。”肖受历接着说道，“但是，假如转化率提高到 10%，每个月也需要将近 1000 组客户，但如意上院最近几个月的平均来访量才 400 组，即使转化率能提高到 20%，也需要大约 500 组客户。转化率是第一道门槛，客户量是第二道门槛，况且我们不敢保证在这么短的时间内就能把项目的转化率提高到 20% 啊！”

“确实，即使大兵团作战带来了客户，也会有很多水客，而且团队都是新人，短时间内快速提升他们的接待能力也不现实。这样来看，转化率和来访量都遇到了很大挑战。”龚深吸了口烟，静静地望着屏幕说道。

“龚总，我们开的药方就是这样的。”肖受历指了指屏幕，接着说，“但是，最终能不能达到公司的预期，我们心里也没底。”

龚深点点头，笑着问道：“肖总，依您来看，为什么分销、大兵团在这个项目都失灵了？”

“这个答案在客户。我们需要做客访调研，获取更多的信息来论证，现在还不敢下结论。”

以龚深的性格，公司再怎么管控，任务再怎么不合理，他也不会知难而退，更不能灰溜溜地被赶走。被公司套上这么多枷锁，又面临高压任务，可以自主做动作的空间在哪里？肖受历的话点醒了他，先提高转化率，解决项目的关键瓶颈，在取得公司信任、摆脱枷锁前，置业顾问、销讲话术、案场物料这些都是龚深能够控制的，也是最能见效的。眼下，他只有在刀尖上勇敢地起舞了。

下午，龚深在自己的办公室开闭门会议，郝好、吴勇、郑寻欢都在。

“今天开这个会，就是想听听大家对上午肖总他们提出的建议的一些感受，还有下一步我们到底该怎么办？”龚深开门见山地问。

“我没听到什么新鲜的内容，都是老生常谈，我觉得我们现在也是在这样做的。”策划经理吴勇抢先说道，“他们那一套在别墅项目上成功了，在我们刚需盘上不一定能走得通。”

“我觉得是挺好的，但是我担心时间不允许，虽然说慢一点反而快，可我们有公司的任务压着，没法慢啊！”销售经理郝好接着说。

“咱们先不要考虑公司的任务，就单纯从他们对项目的分析上来评判。”龚深提醒道。

“那我就没有疑问了。”

“郑寻欢，你怎么看？”

“我资历比较浅，但是他们说的我觉得很合乎逻辑，有理有据，不管你们是怎么想的，反正我是被说服了。”策划专员郑寻欢说道，“现在我们都在被公司推着往前走，每天有忙不完的工作，却不知道自己在忙什么，我觉得我们往前看的能力和盲人没什么两样，我们只是忙着应付，并没有事先清晰地规划。”

“但是，你必须同意，你的反思能力比过去强多了。”龚深笑着说。

“重点是即使肖总他们是对的，我们也这样做了，可能还是完成不了公司的任务。”郝好接着说道。

“是啊，相当于一开始就给我们判了死刑。”龚深若有所思地说道，“但是，只要我们还在这个项目上，就必须放手一搏。”

“那么，我们下一步怎么办？是继续大兵团作战，还是和肖总他们一起优先提升案场的转化率？你们选择哪个？”龚深接着问。

“提升转化率！”郝好和郑寻欢几乎异口同声地说。

“吴勇，你也同意吗？”龚深问。

“大家都同意了，那就试试吧。”吴勇答。

“龚总，我们是要跟公司做对吗？公司的考核都不管了吗？”郝好问。

“是啊，感觉我们要顶风作案一样。”郑寻欢补充道。

“哈哈，我们都很清楚项目的现状，要想整体改善，需要从许多细节改善入手。所以，我们必须有耐心，毕竟罗马不是一天建成的。”龚深笑着说，“都灵活一点，公司的考核我们现在不是都在执行着嘛。我们的原则就是按照科学的营销方法来改善项目。”

“那要是最后没有完成公司的任务呢？”郝好又问。

“反正无论怎么样，两个月卖 204 套都是不可能的。”吴勇说。

“重要的是，我们先按正确的方法去做，项目有改善了，我们再拿着结果跟集团争取时间，拿事实说话。”龚深信心满满地说道，“起码我们看到兰园这样做了，确实是一步步在向好的方向转变，我那个朋友景丽还升职了呢。所以，躬身入局，干就是了！想那么多干什么！”

“先做对，再做好。”郝好说。

“我怎么感觉这是个动员大会啊！”郑寻欢说。

“哈哈……”

在龚深开闭门会议的同时，郝好帮忙约的之前项目上的两个置业顾问也到了。肖受历、赵笑律又和他们进行了深入的交流，获取了几组成交客户的信息。

沟通结束后，肖受历问：“现在有几组成交客户样本了。”

“有效样本 12 组，剩下的四组是关系户。”

“嗯，样本还是有点少。”

“那有什么其他办法吗？”

“有，登门拜访客户。”

等龚深他们开完会出来，肖受历赶紧叫住了龚深和郝好：“龚总、郝经理，我们需要你们的协助。”

“肖总，您尽管吩咐。”

“能不能找几组有代表性的成交客户，跟他们约一下时间，我们想明天去他们家拜访一下。”

“登门拜访啊？”郝好吃惊地问。

“是的，现在客户的样本量不够，我们想再多了解一些，还得麻烦您再准备几份礼品。”

“行，没问题，项目上有储备的礼品，您可以随便挑。”

“好的，感谢。”

“肖总，您去客户家里具体是干什么，我该怎么和客户打个招呼比较好。”

“嗯，就说如意地产做客户调研的，不会耽误很长时间。”

“好的，我们今天安排好，明天一起去。”

肖受历和赵笑律准备离开时，龚深一直送到了停车场。

“肖总，我们下午内部讨论了，公司的指标和任务照常进行，您提的那些转化率动作，我们接下来也全部执行。”

“感谢龚总信任。”

“其实，有一家合作单位，他们承诺能上 100 个小蜜蜂，公司个别领导觉得很靠谱，我本来是拿不准的，听了您今天讲的那些方法才意识到，有些事真的不能操之过急。”

“感谢感谢，我们一定全力以赴。”

“放心好了，我已经跟公司沟通过了，合同明天盖完章就发给你。”

回去的时候，太阳已经开始下山，把天空染成了一片玫瑰红。赵笑律坐在副驾驶座位，一边欣赏着落日余晖，一边问肖受历：“肖哥，你说怎么那么多人都迷恋大兵团作战啊？”

肖受历看了一眼车窗外，说道：“就像这晚霞一样，看得见的，才能带来安全感啊！”

“我们把方法论都讲了，兰园的案例也展示出来了，这还不可信？”

“就像这晚霞一样，虽然看见了，但是绚烂是别人的，还不属于自己，他们心里没底啊，一是不知道要怎么做，二是万一没做成，谁来担责？”

“先解决转化率，还是先解决来访量，归根结底，是营销价值观的问题。”肖受历接着说，“解决转化率的问题是向内求，解决来访量的问题是向外求。”

赵笑律有些不解。

“你想想，降价、激励、上分销，这三板斧需要操盘手自己做什么吗？”

“不需要吧，动动嘴就行了。”

“是啊，只需要靠外部资源和损失利润来解决销售问题就行了，而盘客、团队培训、规划接待动线，以及案场的销售力物料准备、老客户维系等，都是需要花时间和精力去做的，但会被认为短时间内无法对业绩产生重要支撑，所以很少有人问津。”

“我听过最极端的例子就是什么推广动作都不做，天天练习销讲考说辞，转化率就能得到很大提升。”赵笑律补充道。

“前提是你的销讲说辞是合格的，你的团队管理是到位的。”

“也是，听起来很简单，执行起来又是另一回事了。”

“几乎所有滞销楼盘的瓶颈都在于销售团队对产品价值的传达，这里每提高一分，客户的认可度就会提高一分。”肖受历说。

“嗯，价值价格模型。归根结底，还是要尽可能提升项目在客户心中的价值感。”

这时，晚霞也褪去了夕阳里的最后一抹酡红，天空逐渐由湛蓝过渡成青黛，落日的余晖像半透明的墨油纸一般，一点一点铺展开来。

“项目降价、上分销，就像这晚霞一样，无论怎么绚烂，终究是转瞬即逝的。更关键的是，之后留下的这些无底洞该怎么来填？”肖受历又抬头看了一眼车窗外，继续说道，“其实，这和人生的价值观是相通的，外求即贪，贪则堕；内求即修，修则生。凡事找外因，十年都是一个样子；凡事找内因，每天都是新样子。所以，遇到问题向内求，先不讲外部条件，利用现有资源解决立刻就能解决的问题，能力大做大事，能力小做小事，但是不能不做事。”

房地产营销工具箱

先解决转化率，还是先解决来访量，归根结底，是营销价值观的问题。解决转化率的问题是向内求，解决来访量的问题是向外求。凡事找外因，十年都是一个样子；凡事找内因，每天都是新样子。

26. 先瞄准、再开枪——答案还在客户

第 3 天　多云转晴　风力 1-2 级

一进公司，赵笑律就看到肖受历办公室的门敞开着，就径直走了进去。肖受历已经来了，煮好了茶，正在一个人静闲慢品。

“肖哥，书我看完了。”说完，赵笑律就把《目标》塞到了书架上。然后放下背包，一屁股坐在肖受历对面的沙发上。肖受历点点头，立刻给他倒了杯茶，赵笑律毫不客气地端起来一饮而尽。

“肖哥，《目标》我看了两遍了，但我有个疑问，为什么非得转化率才是瓶颈呢？”赵笑律突然问道，“根据 4P 理论，营销分为产品、价格、渠道、促销，产品和价格会不会也是瓶颈呢？”

“嗯。”肖受历捋着他那标志性的胡须思考。

“还有一个问题，就算转化率是 TOC 瓶颈，但是，这样说还是太虚了，我觉得是不是应该继续往下拆解呢？”赵笑律又问。

“你想怎么拆解呢？”

“比如销讲说辞、团队激励、案场物料，每一个都可能是瓶颈，哪个有问题就解决哪个。”

“你这样说也没毛病。”肖受历笑着说道，“挺好的，善于反思，才能不断进步！”

肖受历又一次起身，拿起马克笔在白板上边写边说：“不过，参考 4P 理论，我觉得把房地产营销分为这五个环节更合适一些。”赵笑律一抬头，看见白板上写着：

地产营销

产品
推广
展示
价格
销售

赵笑律点了点头。肖受历接着说："我们一个个分析，看看究竟哪个是瓶颈。"

赵笑律坐正了身体，聚精会神地听。

"先看产品，产品是瓶颈吗？"

"嗯……"

"不好说是吧，从营销角度说，我们能改产品规划吗？"

"不能。"

肖受历在"产品"两个字下面画了个叉。

"再看价格，价格是瓶颈吗？"

"嗯……"

"也不好说是吧，但是价格我们能改变吗？"

"很难。"

"几乎不可能！"

肖受历又在"价格"两个字下面画了个叉。

"再看推广，推广是瓶颈吗？"

"不是。"

"为什么？"

"因为像兰园和如意上院都高举高打，投放了很多广告，但依然卖得不好。"

肖受历又在"推广"两个字下面画了个叉。

"现在就剩展示和销售了，谁是瓶颈？"

"这个不好判断啊，好像都可以是。"赵笑律陷入了沉思。

"这样，我们再继续拆分看看。"肖受历又用马克笔在"展示"两个字右边写上了"硬件展示""软件展示"，在"销售"两个字右边写上了"时机节点""客户摸查和维护""推售策略""销售技巧"，如图 2-26-1 所示。

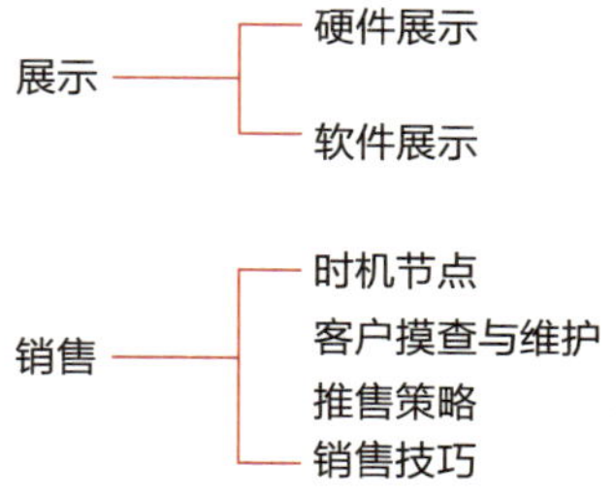

图 2-26-1　展示和销售细分

图片来源：《房地产营销 19 讲》

"再看看哪个是瓶颈？"肖受历转过身看着赵笑律问道。

“硬件展示不是，软件展示是。”

“很好，那‘销售’里的呢，哪个是瓶颈？”肖受历接着问。

赵笑律盯着白板看了一会，接着说：“我觉得‘客户摸查和维护’和‘销售技巧’一定是瓶颈，但是，‘推售策略’和‘时机节点’就不一定了，这个得看项目的实际情况。”

“嗯，基本上是这样的。我们作为乙方，确定能发挥营销价值的地方就是‘软件展示’‘客户摸查和维护’和‘销售技巧’，这三点就是兰园和如意上院营销的 TOC。”肖受历用马克笔分别在这三个词旁边重重地画了一个圆圈。

“这样一梳理，顿时清晰了很多，不过怎么一下子有三个瓶颈啊！”赵笑律疑惑地说道。

“别急，还没结束呢。”肖受历指了指刚才画过圈的三个词，接着说：“你看这三点结合起来是什么？”

赵笑律还没反应过来，肖受历就说话了：“是不是‘转化率’？”

“对呀，确实属于‘转化率’的范畴。”有那么一秒钟，赵笑律觉得难以置信。

肖受历又用马克笔画了三个箭头，将“软件展示”“客户摸查和维护”和“销售技巧”指向了“转化率”三个字。如图 2-26-2 所示。

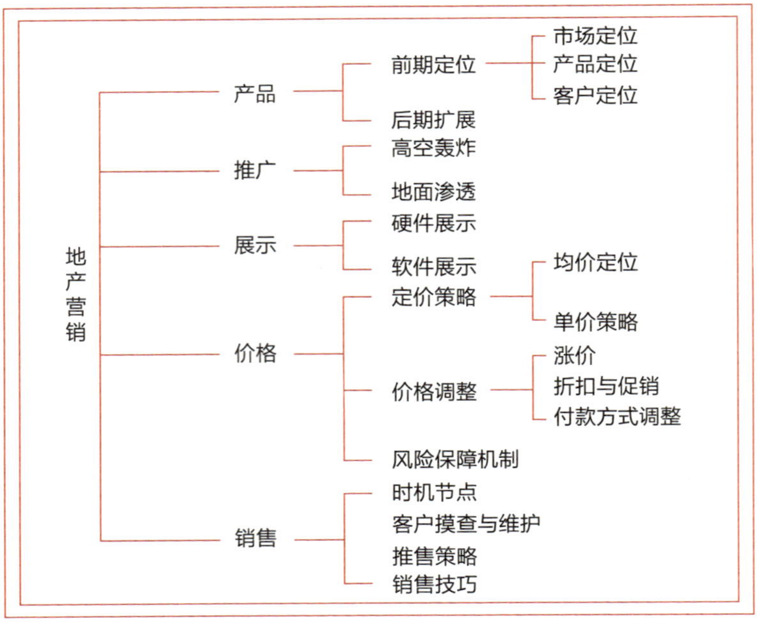

图 2-26-2　地产营销逻辑树

图片来源：《房地产营销 19 讲》

“要想提高转化率，这些动作都是要做的，不可能孤立地提升销售技巧或者软件展示，就把问题解决了，而是要让这些动作产生合力。”

“你再想想，兰园最开始的转化率是多少？”肖受历问。

“没算过，反正半年才卖了 2 套，转化率应该很低。”

“如意上院的转化率呢？”

“昨天你说的是 2% 左右。”

“看吧，只要是卖不好的项目，转化率都很低，而且很致命。”肖受历点了点头，接着说：“所以，转化率才是 TOC，必须放在营销的第一位。”肖受历喝完最后一口茶，看了一眼手机，说道：“走吧，时间差不多了，该出发了。”

上午 9：30，肖受历和赵笑律便到了如意上院售楼部，林沛也跟着一起去了。郝好、郑寻欢正在清点礼品。

“肖总，我一共约了十组客户，都是比较熟的。”郝好说。

“好啊，感谢。今天一天能拜访完吗？”肖受历问。

“没问题的，有两个客户稍微远一点，是在村里，其他客户都住在附近，有些还在一个小区。”

“好的，那我们就听你安排。”

“肖总，你们为什么要去做客访呢？”郑寻欢清点完礼品，直接坐到肖受历对面，问道。

“没有调研就没有发言权，调研是为项目下一步的策略做准备。”

“我见过那么多广告公司，很少有像你们这样的。”郑寻欢感觉很新鲜。

“我还是第一次见要去客户家里访谈的呢。”郝好也坐了过来，补充道。

“一般情况下，当你没有策略方向或者找不到广告语时，有三个方法可以用，第一个是访谈老板，第二个是访谈销冠，第三就是访谈成交客户。”

看着两人迷惑的表情，肖受历接着说道：“第一个访谈老板，不一定非要是老板，也可以是区域总、投拓总、产品研发负责人等，我们想通过他们了解拿地的初衷，对城市的判断，以及对产品的解读。但是，访谈老板要面对的问题就是他说得不一定对，因为老板会觉得自己的项目像自己的孩子一样，哪里都好，这样就很容易陷入认知偏见，所以，要对老板说的进行甄选。

第二个访谈销冠，就是访谈项目上卖得好的置业顾问，听一听他们对成交客户的分析，同时找到他们在接待客户过程中常用的一些方法和技巧，并复制给其他成员，从而提升整个团队的接待能力。不过，访谈销冠会遇到的问题就是他们可能格局不够，提供的内容信息需要筛选。

我们在服务兰园的时候比较幸运，项目上的置业顾问都在，有几个人的能力还非常强，提供了很多有效的客户信息，我们还把销冠跟踪客户的方法复制给了团队其他成员，相当于把整个团队的‘最高智慧’标准化了。

如果置业顾问说不清楚客户情况，或者流失率比较高，像如意上院这种情况，就是新人很多，对之前成交的客户都不太了解，我们就只能约客户当面聊，或者带着礼品登门拜访，这就是第三个方法访谈成交客户。因为直面的是客户，能得到他们真实有效的购买动机和抗性，那么，依据这些信息做出的决策一定是对的。”

郑寻欢听完眼前一亮，接着问道：“你们一般会了解客户的什么信息呢？”

“比如多大年纪、什么穿着打扮、开什么车、在哪里工作、什么职业、住哪里、家庭结构、买房子干什么用、要和谁一起住、有没有看过其他项目、怎么跟别人介绍我们的项目等，越详细越好。”

“那我们总结的客户分析是不是就没有用了？”郑寻欢像是有一肚子的问题要问。

“当然有用了，你画的客户分布地图就很有价值，会为后期投放广告或者有针对性地拓客提供参考。不过，一般情况下，这些客户数据都很泛、很浅，没法帮助做决策。所以，还要详细地了解成交客户。当然了，这是两种客户分析形式。”肖受历又把定量分析和定性分析讲了一遍。

“不过，定性分析会不会太慢了，而且执行成本很高。”郝好问道。

“没错，相比较来说，确实麻烦了一些，但是值得这样做啊！如果你用一天时间做定位和定价，你卖出这个项目可能要十年；如果你用一个月时间做定位和定价，你卖出这个项目可能只需要一天。

同样地，营销做不好，是因为距离一线不够近。如果你通过客访得到了最真实的客户反馈，是不是可以反过来指导营销策略的制定呢。先瞄准，再开枪，方向对了，努力才不白费。

这些年，营销人的精力都花在了搞发布会、举办大型活动、促销和流程申请上，殊不知，客访才是营销最基本的动作。”

赵笑律也坐在一旁默默地听着。虽然这些他都明白，但是今天又听到了一些新的东西，而且跟服务兰园那会儿相比，肖受历又进步了，知识越来越成体系。

“脑白金那句广告语，你们知道怎么来的吗？”肖受历问道。

“呃……也是客访出来的？”

“没错。在卖脑白金早期，史玉柱带着几个人去公园实地调研，找了一些老头、老太太聊天。老人们都知道脑白金，却没吃过。为什么不吃呢？因为自己舍不得花钱买，中国的老人对自己最抠了，对孙子孙女却很大方。那怎样才能让他们买脑白金呢？老人们就说，如果儿女给他们买，他们就愿意吃。你看，多半老人并不是不想吃，其实是在等子女买。

所以，根据这种调研结论，脑白金的广告对象就做了调整，不再是老头、老太太了，而是他们的子女。给老人送礼是中国的传统美德，是尽孝道，儿女们回家看望父母都会给老人买些礼物，于是才有了那句用了十几年都没换过的广告语‘今年过节不收礼，收礼只收脑白金’。”

“我今天算是长见识了。”郑寻欢开心地说。

“原来脑白金的广告也用了心理账户啊。”赵笑律心想。

“这也是为什么在3000多个保健品里，只有脑白金脱颖而出，做到了销量第一。营销最核心的就是要了解你的产品要卖给谁，把目标客户研究透了，路子对了，再适当用一些表现手法，把你的这个想法当面告诉他，把当面说的那些话，变成广告告诉他。”

“肖总，我们该出发了，先去红晨小区，这是一个20多年的老小区了。”郝好突然提醒。

“好，走吧。”

一上午，郝好先带着肖受历几人拜访了几组地缘客户，虽然都在附近，但老社区都没有电梯，需要爬楼梯，几个来回下来大家都累得够呛。中午简单地吃了个便饭，他们又顺道去附近的工厂看了看。肖受历一直不忘提醒赵笑律和林沛，多观察、多拍照，多留意后期可以投放广告的地方。对买烟时遇到的超市老板、饭后遛弯的爷孙……肖受历都不忘上前攀谈几句，问一问本地人对如意上院的印象。

到了下午，郝好又带着几人去了较远的几个乡镇客户家里，除了去工厂和乡镇坐车，大部分时间都是在步行，郝好直呼“这真是用脚步丈量出来的科学调研”。

经过一天的奔波，一行五人走访了全部的十组家庭。

回到公司，已经是晚上七点，三人疲惫地瘫坐在肖受历的办公室。

沉默了半分钟，肖受历打破了沉默：“一共有多少组客户数据了？”

“加上今天的10组，一共是22组。”赵笑律回答。

“把分销说的那几组，还有未成交的那几组都汇总在一起，综合着看。”

“你俩汇总吧。”停顿了几秒钟，肖受历接着说：“你们应该学会在没有外力协助的情况下依靠自己的力量做这项工作。”

“行，我们当一回自己的指挥官。”林沛说道。

接下来，赵笑律和林沛一起对着电脑，梳理了一遍每组客户的信息。之后，赵笑律看着电脑念数据，林沛则拿起马克笔在白板上记录。两人就这样配合着，把如意上院的客户购买逻辑汇总了出来。肖受历则瘫坐在椅子里，慵懒地点上一支烟，深吸一口，吐出袅袅烟雾，同时埋头刷着手机。

一个小时过去了，赵笑律和林沛又对着电脑和白板，仔细核实了一遍数据，确认没问题了，才告知了肖受历。肖受历这才缓过神来，他放下手机，熄灭烟头，从椅子上慢慢站了起来，并伸了个懒腰，打了个哈欠。然后，看着白板读起来：

如意上院五类客群购买逻辑

第一类：上班族未婚首置

客户画像：20–30岁，刚步入工作岗位，单身，准备自己买婚房，家是外地的或准备分巢居住，经济基础弱，需要家里掏钱买房

买点：性价比高，上班近，路顺

抗性：心理压力大，没有安全感，交房时间晚

第二类：租房家庭首置

客户画像：30–35岁，在附近上班，普遍有孩子，租房或借住在亲戚家，想在城里买套房安身，缺乏购房经验，怕被骗

买点：上班近，配套多

抗性：心理压力大，感觉要破产

第三类：给孩子准备婚房

客户画像：40–50岁，孩子年龄15–20岁，提前给孩子准备婚房

买点：便宜，有面子，品牌好

抗性：偏远，不着急买，交房时间晚

第四类：地缘居住改善/养老

客户画像：40–55岁，儿女已独立，自己养老或赡养父母，从步梯老小区改善到这里

买点：离得近，环境好，能够享受生活

抗性：交房时间晚，区域可选择多

第五类：乡镇进城买房

客户画像：35–55岁，父母给孩子买，诉求点是“市里的房子”，孩子结婚要在城里有房

买点：回家顺，性价比高，有面子，品牌好

抗性：倾向于买离家近的县城房，对市区生活优势不了解

“客户不买房子的理由千奇百怪，客户购买房子的逻辑就那几种。”林沛看着白板，总结道，“如意上院是个强地缘楼盘，我们大概梳理出了五类购房群体，即年轻人的首套房、租房家庭的首套房、给孩子买婚房、退休养老、进城买房，基本上涵盖了如意上院所有的购房群体。”

“主城区外溢的客户有没有？”肖受历问道。

“几乎没有。今天那个超市老板不还说‘出了东环就出城’，本地人都深受这个观念影响。”林沛答。

“我们问的那几个分销也说，主城区的客户基本上都带不过来，他们更倾向于南部新城。”赵笑律补充道。

“总结得挺好。”肖受历满意地坐到椅子上，说：“那接下来你们打算怎么办呢？”

“五类客户的居住现状、关注点和敏感点都不一样，建议有针对性地喊话，一类客群一句播传广告，不同客群不同的销讲说辞和物料。”赵笑律说。

“广告语想好了吗？”肖受历问。

“还没呢。”赵笑律小声地回答。

“嗯，决策的依据有了，答案就在这里，之后的工作就简单多了。不过，我觉得还可以思考得更全面一些。”肖受历看着白板，吸了口烟，接着说道，“今天先这样吧，你们回去想想广告语，我晚上也再梳理一下，都累了一天

了，早点下班吧。还有其他问题吗？”

见没有人接腔，肖受历又说：“今天到此为止，明天上午同样的地点，咱们继续讨论。”

肖受历又一番吞云吐雾，然后熄灭了烟头，一天的忙碌终于画上了句号。

房地产营销工具箱

工具 1 如果你用一天时间做定位和定价，你卖出这个项目可能要十年；如果你用一个月时间做定位和定价，你卖出这个项目可能只需要一天。营销做不好，是因为距离一线不够近。先瞄准，再开枪，方向对了，努力才不白费。

工具 2 一般情况下，当你没有策略方向或者找不到广告语时，有三个方法可以用，第一个是访谈老板，第二个是访谈销冠，第三是访谈成交客户。

工具 3 客户不买房子的理由千奇百怪，客户购买房子的逻辑就那几种。

27. 把蛋糕做大——对内打造超级案场，对外进行饱和攻击

第 4 天　阴　风力 1-2 级

第二天早上，差几分十点的时候，赵笑律就被刚到公司的肖受历叫到了办公室。肖受历把包放下，还没坐定，便直接问道："怎么样，有没有想出什么好的广告语？"

赵笑律有点局促不安，他侧脸看了一眼门外，说道："林沛还没到呢，要不等等他。"

"他不来了，出去开会了。"肖受历接着说，"兰园的广告语你们不是想得挺好的嘛，肯定都已经驾轻就熟了。"

赵笑律看着电脑，念道："对未婚首置的客户——婚前买如意上院……"还没念完，肖受历赶紧打断了他，"等下念，我写一下。"

肖受历便拿起板擦，先把昨天写过的字擦掉了一部分，并示意赵笑律接着念，他写道：

如意上院五类客群播传广告

第一类：上班族未婚首置

播传：婚前买如意上院　经济独立有底气

第二类：租房家庭首置

播传：工作买如意上院　上班很近压力小

第三类：给孩子储备婚房

播传：结婚买如意上院　好房好省好结婚

第四类：地缘居住改善 / 养老

播传：养老买如意上院　电梯好房陪伴多

第五类：乡镇进城买房

播传：进城买如意上院　钱少房好离家近

写完之后，肖受历盯着白板，双手抱在胸前，不时捋着那标志性的胡须，又细细咂摸了一番。随后点点头，紧接着脸上的笑容越发灿烂，不禁称赞

道："行，挺好的，你这播传广告技巧炉火纯青了啊！"赵笑律笑了笑，没有吱声。

"你们这结论是有了，但还不足以指导下一步的营销策略制定。"肖受历又拿起板擦，把白板右边全擦了，只留下刚才写的播传广告那部分，接着说，"我昨天晚上又翻了翻项目月报，还查了查近两年的市场销售数据，发现了几个问题。"

赵笑律一听到这，顿时又来了兴趣。他正了正身子，准备享受一场知识盛宴。

"第一，区域内常住人口有限，购房需求也有限。区域房地产市场比较初级，近两三年才有几个楼盘入驻，而且都卖得很好，基本上已经消化完了市场有限的需求，导致区域房价涨幅明显，这也让如意地产产生了错觉，误认为区域需求很旺盛，并对销售业绩非常乐观。其实，区域市场就这么大，蛋糕也就这么大，已经被前几个楼盘瓜分完了。现在，整个区域月销售不过 50 套，需求已经透支。"

"也就是说如意上院每月能卖十几套已经非常可观了？"赵笑律插话问道。

"是啊，他们的预期太高了，想卖回之前那几个楼盘的销量很不现实。"肖受历停顿了片刻，接着说道，"第二，如意上院是一个强地缘楼盘，成交客户以工薪阶层为主，覆盖半径不出项目周边 5 公里范围，而且主城区客户认为这里又偏又远，根本外溢不过来。所以，区域购房需求消化完之后，才会出现带客难的现象，导致分销失灵，大兵团无效。"

"嗯，'过了东环就出城'。"赵笑律又想起了当地人这句约定俗成的话。

"上面这两点足以说明这完全是一个内生型的房地产市场。如意上院作为一个强地缘楼盘，区域内需求不足，区域外需求又外溢不过来，市场需求遇到了边界，导致项目去化一直达不到公司的预期。"

"这跟兰园很不一样啊。"赵笑律说，"兰园还能分流芙蓉湖和鸣翠谷的客户，这样来看，如意上院只能自生自灭了。"

"兰园是分蛋糕逻辑，如意上院分蛋糕不成，只能想办法做大蛋糕了。"

"把蛋糕做大，这个听起来简单，做起来很难吧？"

"方法还是有的。"肖受历来回踱着步，盯着白板看了一会儿，轻声说道，"有两种方法做蛋糕，一种方法是广泛筛客，通过扩大如意上院的触达面，比如全城拓客，覆盖更多的目标客群，从中筛选出有需求的；另一种方法是刺激需求，还是区域这些客户，他们本来没有购房需求，我们通过一定的方式，比如精准拓客，精准匹配目标客户，刺激他们动心起念，从而产生新的购房需求。”

“第一种无异于大海捞针，第二种是无中生有，都要和客户的观念和认知做斗争，好难啊。”赵笑律皱了皱眉头。

“营销不就是心理战嘛。”肖受历笑着说道，“有句话怎么说的，成交，是你说服了客户；不成交，是客户说服了你。”

“话是这样说，我怎么感觉毫无头绪呢。”赵笑律侧着头，脸上写满了困惑。

“所以，答案还在客户啊。”肖受历指了指白板上的客户总结，继续说道，“你们梳理的这些客户购买逻辑就派上用场了。”

见赵笑律不再吭声，肖受历端起茶杯，一饮而尽，赵笑律见状赶紧续满。

“最后，再看五类成交客户，你们总结得很到位了，我们再对照着马斯洛需求层次理论来看一看。”肖受历拿起马克笔在白板上画了一个三角形。“这些工薪阶层基本上都处在最下边的‘生理需要’和‘安全需要’，属于温饱阶段，买房不是刚需置业，就是首改置业。”如图 2-27-1 所示。

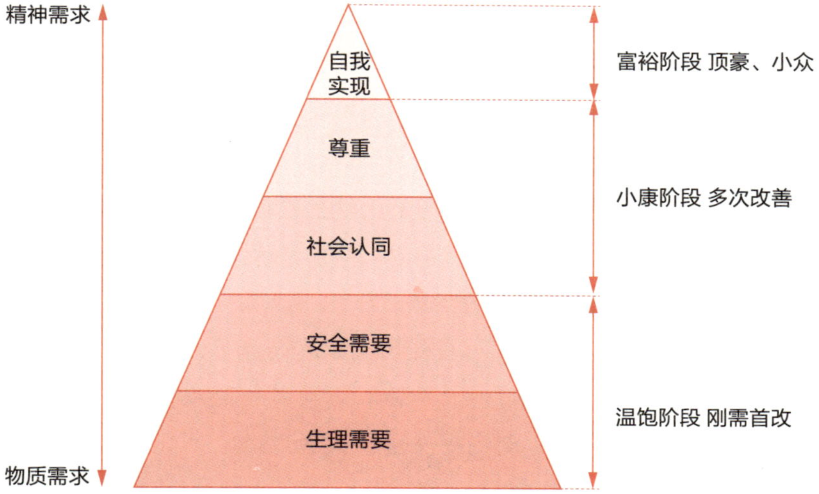

图 2-27-1　马斯洛需求层次理论

肖受历又看向赵笑律，说道：“你翻翻如意上院出街的广告，还有案场包装，对比一下，看看内容是否和客户的需求相匹配？”

赵笑律立即在电脑上打开文件夹，找到之前的广告，念道：“对外出街广告写的是鼎立轴芯，院定城东；文化路上　如意地产4.0新派住区；高颜值现代美学建筑。案场的灯箱广告上写的是礼序归家　尊贵彰显；全龄趣享　童话秘境；至臻礼遇　静候归家；心向自然　静享鲜氧。”

“很明显，项目展现出来的价值点和客户的需求是错位的。”肖受历接着说道，“再加上市场下行，客户观望情绪浓重，如意上院去化总达不到预期，也就在情理之中了。”

肖受历在椅子上坐下，从桌面烟盒里抽出一根烟，叼在嘴里，说道：“基本上项目情况就是这样。”肖受历点燃烟，吸了几口，一番吞云吐雾后，接着说，“一个强地缘楼盘，在一个需求透支的内生型区域，想要扩大任务指标，营销该如何破局？”

“先提升转化率，再增加来访量。”有了兰园的经验，赵笑律脱口而出。

“没错，具体怎么做呢？”肖受历再问。

“嗯，先调整案场物料，“灵魂三问”、区位图等，还有销讲说辞，再根据五类客群分布地图，投放不同的广告内容。”

“今天我们再升级一下。”肖受历点点头，接着说，“其实就是两件事。”

肖受历拿起马克笔，在白板上写道：

对内——超级案场

对外——饱和攻击

“超级案场是我们已经在做的内容了，就是根据客户体验地图，在不同的环节，通过调整物料、优化说辞、设定峰终值等动作，提升团队的整体接待水平，打造一个具有超级销售力的案场。”

“大概可以分为这几个部分。”肖受历又拿起马克笔，一边写一边说：

对内——超级案场

1. 产品展示力

案场物料体系：“灵魂三问”、户型场景化展示、区位图、手卡、金句展板、分客群说辞……

目的：准确完整地传递项目信息，降低客户接收的损耗。

2. 氛围感染力

领地昭示性、进入区话语沟通、样板间场景化展示、停车场服务优化，峰终值设定……

目的：合理分配成本，营造氛围，情绪沟通，保证整体体验不低于60分。

3. 团队发挥力

超级销讲夹、培训、考核……

目的：保证执行到位，拉平团队智商负差距，让群体表现接近智商高点。

“这样梳理更成体系了。”赵笑律忍不住拿起手机拍了张照。

“都是一点一滴从实践中总结出来的。”肖受历得意地笑了笑，“融合了我十几年的从业精华呢！”

“没有一定的积累，断然不会达到你这么高的造诣！”

肖受历不再搭话，转过身问道：“‘饱和攻击’听过吗？”

“嗯，就是高举高打嘛？”赵笑律只能从字面意思去推测。

“‘饱和攻击’原本是个军事术语，指的是二战时苏联针对美国制定的一种战术。这种战术的特点是采用大密度、连续攻击的方式，在短时间内，从空中、地面、水下不同方向、不同层次向同一个目标发动攻击，达到让敌人无法应付的饱和状态，然后将敌人一举击溃。

将‘饱和攻击’用在营销上，意思就是对于营销尽量加大投入，提高强度，直到成功。饱和攻击营销法是华为销售经验的核心。”

“听起来像是面面俱到，什么都要做啊。”赵笑律疑惑地说。

“肯定不是哦，一定要筛选，一定要聚焦，在关键的局部进行饱和攻击。”

“我还以为降价、上分销也属于饱和攻击呢？”赵笑律说。

“降价、上分销这种大干快上的打法和我们提倡的先对内提高转化率，再通过诊断对外饱和攻击，是两种营销方式。前者需要巨额的支出，项目将会付出极大的代价，后者才是更科学、更高效的方法。”肖受历说。

“‘饱和攻击’也像《孙子兵法》里所说的，形成局部兵力优势，各个歼灭敌人的作战方法。”赵笑律补充道。

“是的，要在关键的营销动作上压倒性投入，形成绝对优势。”

“对于如意上院来说，针对这五类客群，有这四个饱和攻击的动作。”肖受历又拿起马克笔，一边写一边说：

对外——饱和攻击

1. 地缘渗透：七次曝光—老社区场景痛点喊话—动心起念—激发换房需求

2. 工厂拓展：设置钩子—送礼品—刺激痛点—产生需求

3. 乡镇客户：建立购买逻辑—诉求性价比—突出敏感点—建立心理账户—引发共鸣

4. 刚需客户：客户比较分散，今日头条流媒体投放—扩展触达面—精准获客

肖受历坐下喝了口茶，回头看了一眼白板，接着说：“刚才你想的那些针对不同客群的播传广告就可以用在这些‘饱和攻击’的渠道里。”

“这只是初步的思路，还需要再完善一下。”肖受历又喝了口茶，笑着说道，“听着很爽，是吧？”

“嗯嗯。”赵笑律兴奋地站了起来，又拿出手机拍了照。

“那你负责把这些整理一下，下午去项目上汇报。”

“呃……好吧。”

房地产营销工具箱

工具 1 有两种方法做蛋糕：一种方法是广泛筛客，通过扩大如意上院的触达面，比如全城拓客，覆盖更多目标客群，从中筛选出有需求的；另一种方法是刺激需求，还是区域内这些客户，他们本来没有购房需求，我们通过一定的方式，比如精准拓客，精准匹配目标客户，刺激他们动心起念，从而产生新的购房需求。

工具 2 将“饱和攻击”用在营销上，意思就是聚焦筛选，在关键的局部尽量加大营销投入，提高强度，直到成功。

工具 3 降价、上分销这种大干快上的打法和我们提倡的先对内提高转化率，再通过诊断对外饱和攻击，是两种营销方式。前者需要巨额的支出，项目将会付出极大的代价，后者才是更科学、更高效的方法。

28. 超级案场（一）——每个接待触点都是心理博弈

第 5 天　多云转阴　风力 1-2 级

肖受历回到公司已经是第二天下午了，他一进门就把赵笑律叫了过去，顺便把林沛、郭三胖也叫了过去。赵笑律是最后一个进入办公室的，脸上写满了疲惫。

“昨天晚上熬夜了？”肖受历问。

“到凌晨了吧。”赵笑律说完又打了个哈欠。

“不至于吧，这思路不是很清晰了。”肖受历诧异地说道，“昨天下午开完会，咱俩不还一起到现场走了一遍接待动线嘛。”

“你不是说知道和做到是两码事嘛！你嘴上说说，听起来确实很简单，但是写起来就不是那么回事了。再说，我距离你这个水平还差十年的功力呢，自然要多花些时间打磨。”赵笑律也没好气地跟着回了几句。

“哈哈，我误会你了，晚上请大家吃饭。”肖受历笑着说，“接待动线梳理完了吗？”

“必须梳理完啊，要不然白熬夜了。”赵笑律指了指自己的黑眼圈，接着说，“上午又看了兰园的接待心电图，还找林沛和郭三胖学习了一下他们做过的接待动线。”

“那投出来，大家一块讨论一下吧。”

“稍等，我投个屏。”

“项目上同意你们的思路了？”趁着赵笑律投屏的时间，林沛问道。

“同意了，时间不允许了，多耽误一天就是多浪费一天。龚总觉得无路可退了，必须坚决执行！”

“这么爽快啊！”林沛笑着说，“我以为他们要纠结几轮呢。”

“昨天下午汇报的时候，龚总的原话是这样的，‘其他任何事情都不能凌驾于这个优先顺序之上，我们现在知道该干什么了，那就放开手脚去干吧’。”赵笑律补充道。

“和景丽一样都是很务实、能干事的人。”肖受历说道。

这时，赵笑律已经连接好了投屏，等所有人不再吱声了，他才轻轻地说道："售楼部就是最大的自媒体，每个能让项目曝光，能与客户产生连接的触点都是媒体，接待动线就是启动自媒体工程，打造售楼部的体验系统，让每一个触点都刺激客户认同项目。"

然后，赵笑律用激光笔指着自己画的草图，继续说道："我把接待动线分了四个区，一是进入区，以项目阵地为主，在售楼部外集中抓导视。设置进入区有三个目的：第一个是有昭示性，方便客户按图索骥找到项目；第二个是打造项目的领地感；第三个是匹配客户原有需求，激发新的需求。

我的想法是在如意上院售楼部前摆上桁架、道旗，还有大玻璃贴，通过广告内容和客户做心理沟通。因为这些广告都不需要置业顾问讲解，所以必须足够精炼显眼，让客户在惊鸿一瞥之间注意到，并被内容所吸引，最好有所触动，愿意去售楼部里看看。

二是讲解区，进入售楼部，就开始有置业顾问讲解了，内部做好自媒体，不放过任何一个和客户的触点，打造体验的道场。这部分接待非常关键，务必达到三个目的：

第一，要不偷懒、不跳步地给客户传达项目价值。客户买房的先决条件就是对项目价值的认同，所以，客户需要了解项目的品牌、规划、配套、户型、红线内不利因素，以及房源和价格。销售力物料就是高效能的接待道具，比如品牌展板、'灵魂三问'展板等，这时候都能派上用场了。客户有可能不跟着接待动线走，还可能打断甚至不听讲解。这都没关系，只要这些销售力物料在案场，置业顾问可以回头再讲，或者见缝插针地讲，保证把这些内容全部传达给客户。

第二，置业顾问要透彻地了解客户。比如，摸清客户的家庭结构、居住现状、购房动机等。现场的点位有很多，置业顾问有充足的时间接触客户。只有了解了客户的需求，才能对症下药，为客户挑选合适的房源，从而规划满意的生活方式。

第三，让项目和客户的需求对位，赢得客户好感，让客户喜欢上项目给予的生活方式。如何把项目的生活方式，高效传达给客户，最能体现一个置业顾问的接待水平。一般的置业顾问都会讲解项目价值点，客户的情况也能了解到一些，但如何让二者产生强关联，让客户入戏，需要一定的生活阅历以及共情力。买房好比相亲，置业顾问如同媒人，置业顾问要力求先让双方了解彼此，建立好感，进而产生喜欢等感情。'客户'和'项目'两情相悦了，才能谈买不买的事。

三是参观区。之后就是带着客户去参观样板间、景观示范区了。房子再好，毕竟口说无凭，只有在实景中客户才能想象得到未来的生活面貌。在去样板间的路上，可以放上双面的展板，去的时候看到的是‘开启你和家人更好的生活’‘好房子才是优越生活的底气’‘让你的房子配得上你的拼搏’等沟通性话语，引发共鸣；回来的时候，展板的背面是另一句话‘下次来做主人，不做客人’，重复出现，不断号召客户购买。

在样板间内的各个功能空间都放上生活场景图，配上走心文案，让客户带入对美好生活场景的向往，为下一步谈判做好铺垫。

四是谈判区。最后又回到售楼部，置业顾问确定客户的购房需求，并逼定下单。这时候可以增加一些物料展板，以沟通性内容为主，适合坐下来讲。同时，增加一些手卡，内容可以放客户故事、物业故事，引发认同，激发客户心理账户。”

赵笑律说完，几个人盯着屏幕看了一会儿。

“有几个地方还是很有想法的。”郭三胖先说道。

“想得很全面了。”林沛也附和着。

“不过，我觉得整体的内容可以更直接、更口语化一些，毕竟是刚需盘，需要匹配客户的认知水平。”郭三胖说。

“这也是我想说的。”林沛接着说，“我刚才又想了想，觉得可以出一波都是卖房金句的大字报。”

“快具体说说。”赵笑律又来了兴趣。

“比如，针对将要结婚的年轻人，我们告诉他该相亲，没有房，媒婆也只能说凉凉。跨不过房子这道坎，女神看你像备胎。”林沛看着自己的笔记本念道。

“句句事实，字字扎心。”郭三胖称赞道。

“针对要给孩子准备婚房的父母，我们可以这样喊话：儿子结婚甜如蜜，为人父母剥层皮，因为结婚是吸金神兽，买房买车彩礼婚礼，样样都要钱。即使这样，给孩子买套婚房，父母才算毕业。所以，提前买婚房，能分散结婚资金压力，正好项目价格不高，是特别合适的选择。”林沛接着说。

“FAB（F）啊，都是客户痛点，更容易激发需求。”赵笑律补充道。

“这些金句文案都是在和客户建立情感联系，刺痛你，让你不安，令你哭或笑，令你爱或恨，最终给客户传达一个信息——我懂你。”林沛翻看着笔记本，接着说道，“把这些内容展示在售楼部，客户看了就懂，听了就有触动，就能提高置业顾问的接待效率。”如图 2-28-1 所示。

图 2-28-1　如意上院售楼部展板

大家你一言、我一语地讨论开了。赵笑律则趁热打铁，当场就修改了起来。不过，肖受历一直都没有发言，他双手交叉抱在胸前，右手捋着那标志性的胡须，面带微笑，他最喜欢看这样的讨论场面了。对于肖受历来说，员工不断成长，能独当一面，才是他这个创始人最大的成就。

三人又讨论着修改了一会儿，郭三胖突然意识到肖受历一直没有说话，他开玩笑似地问道：“肖哥，你离线啦，怎么一直不说话？”

“我在认真听呢。”肖受历这才正了正身子，说道，“接待动线就是客户进入售楼部以后走的路线，也是注意力流动的路线。每一个环节对提高转化率都非常重要，它们共同存在于客户这场丰富的‘买与不买’的内心戏中，一步步‘助推’其做出购买决策。

大家都说得很好，我也觉得展示设计可以更直接显眼一些，这样你的物料能恰到好处地进入客户的视线。只有进入客户视线，才能进入客户的考虑范围。”如图 2-28-2 所示。

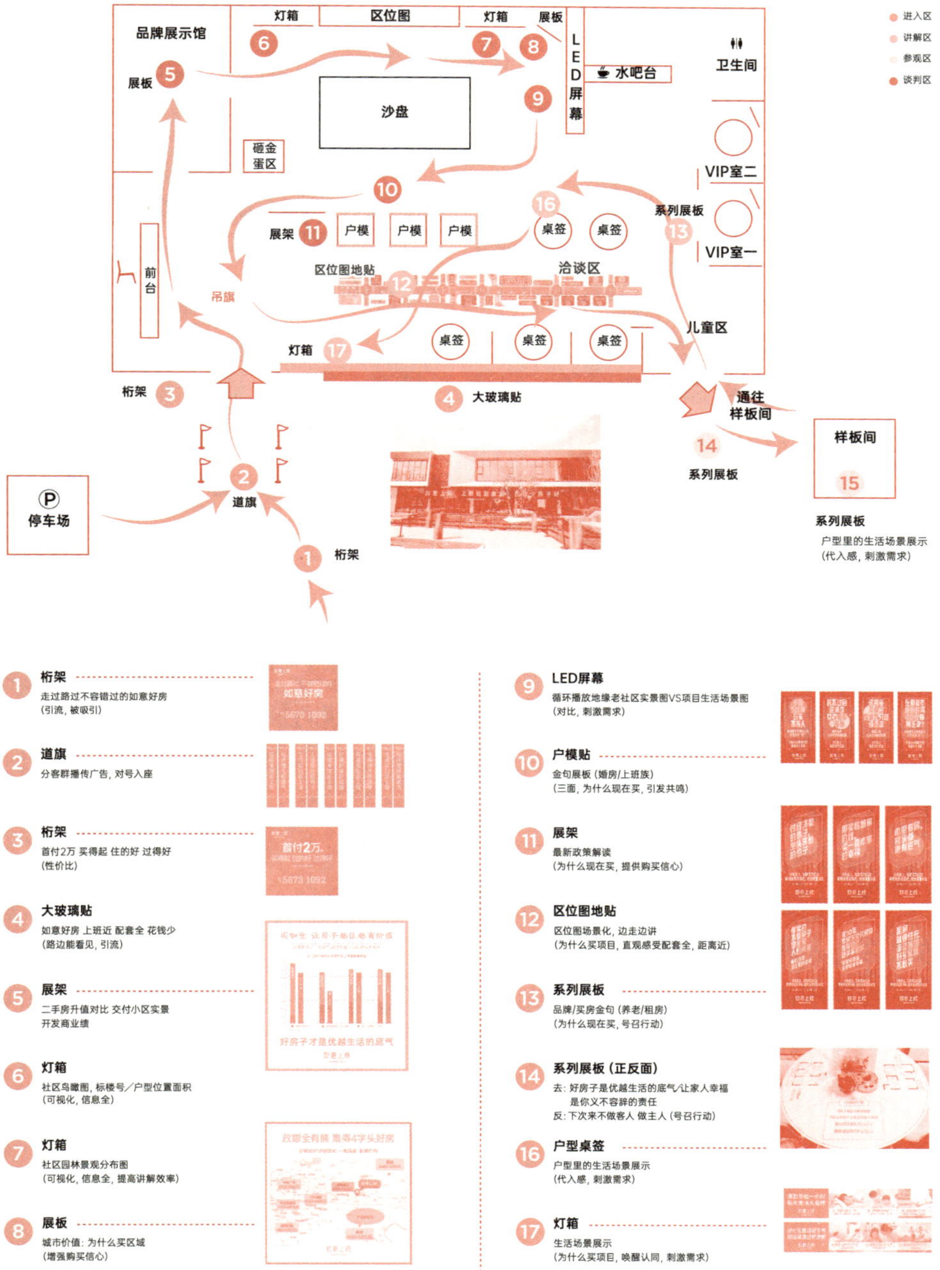

图 2-28-2 如意上院接待动线

“不过，我觉得还可以在样板间增加一个峰值体验。”说完，肖受历便拿起手机搜索了起来。

“像宜家一样，允许客户在样板间随便坐、随便躺吧？这样绝对印象深刻。”林沛脑洞大开。

“直接贴上提示牌，并提供道具，鼓励客户在样板间拍照，这样吸引客户二次传播。”赵笑律说。

“你们说得都对。”肖受历这才放下手机，缓缓抬起头，说道，“我说的峰值体验是这样的。”肖受历把手机递到三人面前，接着说：“一对深圳的夫妻，在疫情期居家期间，利用 5.9 平方米的阳台搭出了一方生机蓬勃的花果园。”赵笑律、林沛、郭三胖立即围了上来。

“在这个花果园种了番茄、柠檬、蓝莓、菠萝、薄荷、辣椒、迷迭香……”肖受历说道。

“这个厉害了，直接在都市高楼上开垦出了一片新天地。”郭三胖赶紧把文章转发到了自己微信上。

“钢筋水泥里的‘小桃花源’”林沛赞叹道。

“是不是有点小啊，感觉不太好操作啊。”赵笑律问道。

“虽然不像兰园那样有个别墅的大庭院，但是这 5.9 平方米的阳台完全够用了，这对夫妻种的瓜果蔬菜成了他们居家办公期间最重要的补给。”肖受历接着说道，“而且操作也非常简单，他们就是用一个小碗，铺上纸巾，放上种子，喷点水，再盖上塑料膜，用牙签戳几个洞，没多久就发芽了。”

“可是现在天冷啊，没法实现吧？”林沛问。

“这对夫妻家的阳台是北阳台，采光并不好，这些瓜果蔬菜的日常光照基本依靠补光灯。”

肖受历把文章也转发给了赵笑律一份，然后说道：“如意上院户型的南向阳台也有五六平方米了，完全可以在样板间打造一个这样的峰值体验。”

“好的，肖哥，我一会和项目上沟通一下。”赵笑律说。

肖受历又带着几人打磨了一遍如意上院的接待动线，确定没有问题后，他看着屏幕，问道：“你们觉得该如何评判一个售楼部案场是否具备超级销售力？”

“这个嘛……”三人相互看了一眼，一时不知道该怎么回答。

“我提供一下我的标准，就看案场提供的物料是否满足三个原则，第一是销售用不用？第二是客户认不认？第三是竞品恨不恨？”三人点点头。肖受历看着定稿，笑着说：“最成功的接待动线就是台滑梯，让客户一路滑向收银机。如意上院这个接待动线，成了！”

房地产营销工具箱

工具 1 售楼部就是最大的自媒体。每个能让项目曝光，能与客户产生连接的触点都是媒体。接待动线就是启动自媒体工程，打造售楼部的体验系统，让每一个触点都刺激客户认同项目。

工具 2 接待动线就是客户进入售楼部以后走的路线，也是注意力流动的路线。每一个环节对提高转化率都非常重要，它们共同存在于客户这场丰富的“买与不买”的内心戏中，一步步“助推”其做出购买决策。

工具 3 如何评判一个售楼部案场是否具备超级销售力？就看案场提供的物料是否满足三个原则：第一是销售用不用？第二是客户认不认？第三是竞品恨不恨？

工具 4 最成功的接待动线就是台滑梯，让客户一路滑向收银机！

29. 超级案场（二）——把区位图踩在脚下

第 12 天　阴转多云　风力 2-3 级

“如意上院的区位图要改吗？怎么改？”这是从昨天到今天一直困扰着赵笑律的问题。

他问了林沛、郭三胖，他们都不太确定。他又斗胆问了肖受历，不出意外，肖受历又是那句“你觉得呢？”

没办法，问题还是要靠自己解决。赵笑律当即又查阅了很多参考资料，但是越看越困惑，感觉都可以借鉴，又感觉都没法用。这时，一个声音在他耳边响起：“去现场，答案在现场。”

于是，他果断地一个人开着车来到了项目上。

此刻，赵笑律正站在如意上院的区位图前，细细地端详着。

“如意上院是强地缘楼盘，区位图要花大篇幅来讲周边配套，15 分钟成熟生活圈是要重点体现的内容，力求让客户放眼望去，能够看见区位图上的地标都是邻居，而且商场、学校等都在附近，河景、公园也在楼下，走着就能到。”赵笑律对照着自己分析的结论，发现眼前的区位图基本上吻合。

“区位图是挂墙模型，没法改。”他心想。

“不能照搬百度地图，不仅要体现现状，还要展现未来，不能讲客户都知道的……”他仔细回想着做兰园区位图时大家一起讨论的内容。

恰好，一组客户过来了，赵笑律赶紧退到一旁，心无旁骛地听着。

置业顾问还没讲完区位图，客户就问道：“咱们离贸易广场这么近吗？”

“对呀，就 900 米，我们中午都走着去那吃饭。”

……

过了一会儿，第二组客户来了。

“这离万达广场看着也不远啊！”

“确实很近，我骑电动车测量过，才 4.2 公里。”

……

紧跟着第三组客户过来了。

“我们工厂就在项目东边啊！”

“对啊，只有 1 公里，走着就能到。”

“这么近，平时都没注意。”

……

“走着走着就到了……”赵笑律一边来回踱着步，一边喃喃自语。

突然，他灵机一动，“谁说区位图必须挂在墙上看？为什么不可以设计一个走着看的区位图呢？”赵笑律看着空荡荡的地面，一个大胆的想法在他脑海里产生。他赶紧找来尺子量了一遍，从售楼部大门口一直到最里面的儿童区，足足 20 米。他马上跟肖受历通了视频，兴奋地喊道：“肖哥，我要把区位图踩在脚下！”

“踩什么？踩区位图？”

“对，我要踩出一个 20 米长的区位图。”赵笑律依然很兴奋地张大了嗓门。

“这么激动，快说说怎么个‘踩’法。”赵笑律的反常激起了肖受历的好奇心。

赵笑律一边在售楼部走着，一边比画着，把新鲜出炉的想法告诉了肖受历。

“我建议把之前区位图上文化路主干道上的重点生活配套简化、放大，然后再突出，并标上到项目的实际距离，设计成一个长达 20 米的地贴，从售楼部这头覆盖到那头。”

“嗯，这样设计确实也对得起文化路的城市地位了，毕竟是贯通有熊市东西的交通大动脉。”肖受历补充道。

“当接待客户时，置业顾问只需要边走边讲，边讲边走。‘您看项目距离这些成熟配套多近？不信，咱走两步’。走着走着就到了学校，走着走着就到了河边……而且，所见即所得，给客户更直观的感受，更身临其境的真实感。”赵笑律继续着他的想象力。（如图 2-29-1 所示）

“嗯嗯，挺好的想法。”肖受历笑着说。

图 2-29-1　如意上院地贴区位图

“肖哥，你想想啊，偌大的地贴霸屏售楼部，案场销售氛围瞬间就上来了，而且这是不是也是峰值体验啊，别的售楼部还没有这样做的，长达 20 米的冲击力，客户第一眼就被吸引住，绝对过目不忘。”

“你这一去现场灵感爆棚啊！”

“我也是在现场听置业顾问讲解时有感而发。”

“哈哈，答案果然在现场吧！”

“是啊，我憋了两天都不知道怎么办，来这两个小时就知道怎么做了，太不可思议了。”

“哈哈，想法都不是憋出来的。”

“肖哥，我还觉得不同的客群在这个地贴区位图上看到的内容也不一样。地缘客户会感觉平时熟悉的生活配套都在附近，很亲切；上班族一看，项目紧挨着工厂，路很顺；乡镇客户看了，会觉得城市里的配套很全、很近，而且回老家路很顺；主城区的客户来了，一看距离万达广场也不过 4 公里，有可能会觉得这里并不算偏，而且临着主干道，房价还便宜……”

“回头你写销讲说辞的时候，可以把这些写进去。”肖受历提醒道。

“嗯嗯，有这样一个物料在案场，俨然一个不说话的销售，看得见、看得清、看得懂！能节省置业顾问多少口舌啊！不费吹灰之力，就能把事说清楚，甚至客户自己就能看明白，还方便理解楼盘价值。”如图 2-29-2 所示。

图 2-29-2　现场拍摄的如意上院地贴区位图

“我感觉你都可以去当置业顾问了。”肖受历笑着说。

“肖哥，我大概能体会到你为什么喜欢说‘看情况’了，确实楼盘不一样，区位图的做法也不一样，今天我是自己实际操练了一回，感受颇深。”

“哈哈，我是不想让你们被限制死了，营销还是很有趣的。”

房地产营销工具箱

工具 1 想法都不是憋出来的，答案在现场。

工具 2 有这样一个长达 20 米的物料在案场，俨然一个不说话的销售，看得见、看得清、看得懂！

30. 超级案场（三）——不同客群的针对性单页

第 15 天　阴转小雨　风力 2-3 级

赵笑律敲了敲肖受历办公室的门，便直接推门进去了。

“肖哥，我刚跟郑寻欢通了电话。”赵笑律还没坐下就说道，“他们项目上设计的所有物料必须由公司营销中心审核，流程比较慢。所以，我想着提前设计单页，不耽误后面拓客用，怕到时候来不及。”

“可以啊，一般会审核多久？”

“不确定，郑寻欢说上一版单页改了有一个多星期才定稿。”

“营销中心都审核什么啊，改这么久？”

“追求项目调性，狠抠细节。”赵笑律坐下来，接着说，“我看了如意上院之前的单页，就是‘鼎立轴芯　院定城东，文化路上　如意地产 4.0 新派住区’这种内容，这明显跟项目客户不匹配，我担心我们设计的单页在营销中心那通不过。”

“确实是个问题。”肖受历吸了口烟，沉思了片刻，说道，“那就单独设计一版单页给公司营销中心审批，再按照我们自己的需求另外设计单页，不给公司审批，直接用。”

“这样不太好吧，万一被公司发现了呢？”赵笑律问。

“这也是没办法的办法，公司只给了两个月期限，分秒必争，肯定不能让营销中心再浪费一两个星期，有跟他们掰扯的闲工夫，都能开始第二轮派单了。”肖受历严肃地说。

“嗯，行，我跟郑寻欢沟通一下。”赵笑律接着问，“肖哥，单页的形式我还想参考兰园那版，你看合适吗？”

“嗯……形式你自己定。”肖受历一番吞云吐雾后，接着说，“但是要分客群做。”

“那就是要做五版单页了？”

“是的，不同的客群要有不同的单页内容。”

“这会不会有点多？”

“别拘泥于内容和形式，关键是要根据实际需求，从客户角度来考虑。”

肖受历停顿了片刻，问道，“比如，针对老社区换房的客户怎么设计单页？”

“嗯……”赵笑律还没想好怎么回答，肖受历接着说道：“首先，字要大吧，我们那天不也去这些老社区转了嘛，老年人居多吧，字大点是不是方便他们看呐？

其次，这些客户普遍觉得现在住得挺好的，换房还要背房贷，压力大、生活累，他们压根就没有换房的动力，怎么办？可以通过对比，告诉客户天天坐电梯和爬楼梯的生活有什么不一样；小区地面都是绿化景观，而不是停满了车，有什么好处……尤其是老年人，操劳大半辈子了，还住在楼梯房里，上下楼极不方便，想下楼遛个弯、串个门、买个菜都很麻烦，基本上回家了就懒得下楼，这样长期憋在家里对老人身心健康也不好……再把那天你们拍的实景图放上，没有对比就没有伤害嘛。

最后，再放个标题——你愿意在这样的老社区里，和家人再凑合 20 年吗？是不是刺激了痛点，还触动了心理账户，更容易激发客户的换房需求了？”如图 2–30–1 所示。

图 2–30–1　如意上院针对老社区换房客户的单页

赵笑律狠狠地点点头，埋头做着笔记。

“再比如，针对乡镇进城买房的客户怎么设计单页？”肖受历又问道。如图 2–30–2 所示：

图 2-30-2　如意上院针对进城买房客户的单页

“突出价格优势，住城里有面子……”赵笑律抬起头，想了想，接着说道，“还有回老家很方便……”

“对嘛，肯定不能和老社区换房的客户单页内容一样。”肖受历又一番吞云吐雾后，接着说，“以前都是一招鲜吃遍天，不分渠道、客户，只用一套物料打天下，而且大多数情况下，开盘前的第一波广告会把项目调性拔得极高，开盘后的第二波广告则直接‘裸奔’，打价格战。”

“还真是这样的。如意上院刚面世的时候，直接打的广告是‘鼎立轴芯院定城东’，现在直接‘首付 2 万起了’。”赵笑律想了想，补充道。

“还有，针对上班族这类买房客户怎么设计单页？”肖受历继续问道。如图 2-30-3 所示。

“强调项目离单位很近，生活很方便……”

“如果再深入一点，可以想一想他们住得离单位远了，有什么痛点。”

“嗯……每天要起大早、赶班车，一旦错过了，一天的工作就白干了，而且因为每天都要早起，牺牲了多少陪家人的时间。如果住在如意上院，每天通勤节省 1 小时，不仅有时间接送孩子上学了，还能和家人共享精致的早餐；下班了，还能带家人逛街、看电影，一天不慌不忙，生活舒适又从容；人生最大的成功就是家庭，给孩子最好的教育是陪伴，等孩子上初中了，他有自己的朋友圈了，你想陪他，他都不愿意了……”

图 2-30-3 如意上院针对上班族买房客户的单页

“激发心理账户。”赵笑律心想。

“所以说，不同客户的关注点、敏感点都是不一样的。”肖受历接着说道，“‘一刀切’的单页在如意上院是行不通的。”

“嗯，明白了，我再想想。”

房地产营销工具箱

工具 1 以前都是一招鲜吃遍天，不分渠道、客户，只用一套物料打天下，而且大多数情况下，开盘前的第一波广告会把项目调性拔得极高；开盘后的第二波广告则直接“裸奔”，打价格战。

工具 2 不同客户的关注点、敏感点，都是不一样的，关键是我们要根据实际需求，从客户的角度来考虑，针对不同类别的购房客户，设计不同的拓客单页。

31. 超级案场（四）——让可带走物料成为二次传播的道具

第 18 天　多云转晴　风力 1-2 级

“我们一起核对一下工单，看看工作进度。”肖受历说完又拿起马克笔，站到了白板前，接着问道，“截至目前都完成了哪些工作？”

赵笑律看着自己电脑上列的清单，一个个地梳理着，然后答道：“户型单页、手卡、‘灵魂三问’展板、门口桁架、玻璃贴都已经制作完成，并落位到了售楼部；区位图地贴、灯箱、样板间场景物料还在制作中；五类客群的销讲说辞也写完发给他们了；五类客群的单页已经定稿，项目上在询价，明天能发制作。”

肖受历一边在白板上罗列着，一边问道：“最近又没少加班吧？”

“嗯，活来如山倒，活去如抽丝，反正都像赶趟儿似的一个接一个的。”

“哈哈，我们遇到的项目没有一个不急的。”肖受历尴尬地笑了笑。

“对呀，营销慢一点，反而快。”赵笑律笑着回答，“这些物料可慢不得，早一天到位，早一天见效。”

“这样也好，毕其功于一役，集中起来一次做完，后面也省事。”

“这不，紧赶慢赶地，也差不多都完成了。”赵笑律如释重负地说。

肖受历笑了笑，来回踱着步，捋着胡须又想了想，说道：“你去公司书架上找一些资料过来，平层图、鸟瞰图、效果图、生活配套图，等等吧，之前市调的资料里都有。”

赵笑律不知道肖受历葫芦里卖的是什么药，他很快出去找了一叠资料回来，放到了肖受历面前。肖受历随手翻了翻，抽了几张出来，沉思了片刻，问道：“回想一下，你自己买房或看房的经历，有没有这种感受，听置业顾问讲了一大堆，然后一出售楼部全忘了？”

赵笑律确实深有感触，他正回想着，肖受历又说道：“尤其是你回到家，你家人问你，‘今天看的房子怎么样啊，周边有什么配套啊，看了哪栋楼啊，选了几层啊……’有没有觉得一问三不知啊？可能你使劲回忆，要么是模棱两可地讲不清楚，要么是脑子一片空白，根本回答不上来。”

“尤其是那些千亩大盘，置业顾问站在沙盘前能讲半个小时不带停地，他前面讲，我后面就忘了。”赵笑律补充道。

“这不怪你，人的天性就是遗忘。我们讲客户体验地图的时候说到，茫然和遗忘是客户的两个特征。置业顾问通过案场接待，好不容易把客户从迷茫中唤醒了，他一出售楼部又把你讲的全忘了，重新陷入迷茫，这种现象其实很常见。”

肖受历又问道：“那么，怎么对抗‘遗忘’呢？”

“重复打广告呗，让客户多看几遍就记住了。”赵笑律说。

“是的，最好的方法是重复。”肖受历接着说道，“对楼盘来说，除了重复打广告，还可以在售楼部提供这样一份资料，让客户带走。”肖受历指了指面前的物料。

赵笑律这才意识过来，他苦笑道：“原来，这是一项工单啊。”

“哈哈，这些物料不像区位图、单页那么受重视。”肖受历得意地说，“却是客户二次传播最好的道具。毕竟，离开售楼部之后，客户主动替你传播起到的效果要好过你自己去投放广告。”

肖受历又翻看了一下面前的物料，抬起头说道：“有了这样一套物料，除了能抵抗人天生的遗忘特性，还能减少信息传递的损耗。”

赵笑律疑惑地皱起了眉头，然后瞬间顿悟，顿时眉舒目展地说：“就像石头激起的波浪一样，信息的传递也是会衰减的。”

“是的，我记得在某个综艺节目里看到过一个传话游戏。第一个人说‘烤鸭比咖啡美味’，传到第三个人那里，就成了‘老鸭子比咖啡还要黑’，第八个人听到的就是‘炸鸡比跑山鹅贵’。你看，单纯的信息传播衰减得很厉害。再考虑到环境因素的干扰，还有接收者理解能力的差异等原因，很容易产生理解上的误差。”肖受历说。如图 2-31-1 所示。

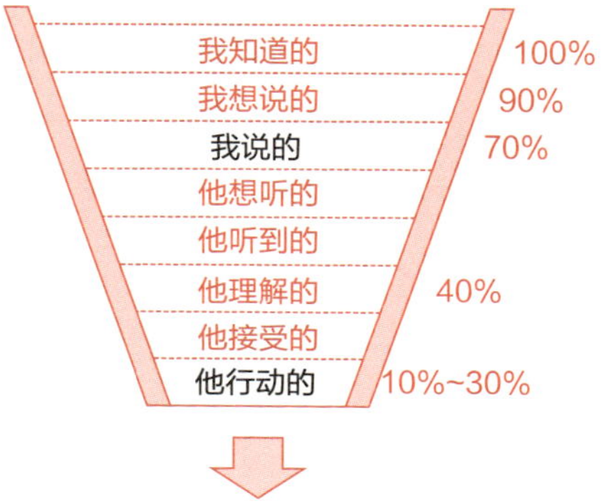

图 2-31-1　信息传递过程中的衰减效应

“这样一说，我觉得广告多用口语也是在减少信息传递的损耗，因为听觉的成本最低，信息基本没什么损耗，如果使用书面语言，传递能力就弱了很多。”赵笑律说。

“还记得我们给兰园汇报路名牌画面的场景吗？”肖受历问。

“记得啊，我们当时还把画面打印了出来呢。”赵笑律答。

“因为希望景丽和她的团队能一次就接受我们的画面设计，我们就把路名牌的设计稿按实际比例打印了出来，这也是在降低信息损耗，从而尽可能地减轻他们思考和决策的负担。”肖受历补充道，“如果你当时不去现场拍照，不把画面打印出来，即使你兢兢业业地做到 120 分，传递到景丽他们那里可能就只剩 60 分了。如果他们不同意我们的方案，你能怪他们没认真听吗？”

赵笑律恍然大悟，狠狠地点点头。

“所有的传播思考都是基于信息损耗的。”肖受历接着说道，“你在售楼部的时候，有大沙盘、有户型模型、有区位图可以看，还有置业顾问讲解，不懂的随时给你解答。一旦你回到家了，这些场景就都没有了，必须有物料作为道具，这些鸟瞰图、平层图、生活配套图就构成了整个楼盘的全貌，它们就像一个‘微型售楼部’。”

赵笑律把物料拿在手里认真地看了看，又抬头看着肖受历说道：“之前还说到‘走之后’要让‘客户值得回忆，乐于谈论，带走信物’。

‘值得回忆’就是要让客户有记得的东西，这些物料就可以帮助他们记忆；‘乐于谈论’就是客户愿意到处跟别人说，这些物料可以成为道具，我们要替客户设计好说什么，这样客户就成了传播者；‘带走信物’就是客户最后还能带走一件可以成为证据的东西，拿去展示给别人。这些物料也算是一种信物吧，你看，人证、物证俱在，那别的客户不就来了吗？”

“对啊，客户就相当于传话筒，可视化的物料就是道具，这不也是终值体验吗？不一定非要费尽心思地送个什么有创意的、贵重的礼品，先把这些基础的物料做到位再说。你的物料做到位了，别的楼盘没有，是不是你的终值体验就好过它们了？”

“我记得户型单页最大的用处也是带回家，方便给亲戚朋友讲。”赵笑律又想起了兰园的户型单页。

“是的，还有的项目提供《品牌价值手册》《区域价值白皮书》《区域旅游地图》等，不过考虑到制作成本，这些物料要有选择地赠送，尽量筛选出意向度高的客户赠送。”肖受历补充道。

“肖哥，直接从微信上发给客户一份物料不就行了？为什么非要制作出来，让客户带走呢？”赵笑律问。

“这可不能图省事。你想啊，客户把物料带回家和你直接发微信上，客户的感受能一样吗？肯定是把物料带走更能让客户感到受重视啊，而且手机屏幕这么小，怎么展示给家人看？还得放大拖动，体验感太差了。更重要的一点是沉没成本啊，客户大老远地拿了一份物料回家，一般就会想，反正都带回家了，就看看吧。”肖受历严肃地说道。

“而且，客户看完你的项目，可能又去看下一个项目了，如果你给的物料多，给的信息全，是不是显得你更专业呢？你可以同时在微信上给客户发一份电子版的资料，但让客户拿走的物料该有还是要有。”肖受历又补充道。

“明白了，肖哥。”赵笑律接着问道，“为什么现在去售楼部很少见有置业顾问提供这样一份可带走的物料呢？”

“置业顾问不愿意给客户，可能是没有意识到这套物料的价值，觉得它们没有用；也可能是因为这套物料做得太差了，真的没有用。”

“哦。”赵笑律点点头。

“一个合格的案场，必须具备这些可带走的物料；一个合格的置业顾问，接访完一个客户，一定要主动给客户提供这样一份很全的物料，让他带回去。有心的置业顾问还会用笔画一画，重点突出关键信息，以此来防止客户遗忘。做这些物料该花的钱、该有的投入，一个都不能少。”肖受历特意强调了一遍，“你可以列个清单，把这些物料记下来，具体的根据项目情况再增加。”

赵笑律立即拿起笔在本上写了下来：

可带走的物料清单

社区鸟瞰图

区域鸟瞰图

周边配套图

总规平面图

园林规划图

标准层平面图

户型单页
核心价值点物料
其他软性物料

“不过，每个物料都单独制作一份太散了，还容易弄丢，而且成本还高。”肖受历思考了一会儿，接着说，“可以考虑把它们都合在一起，设计成折页，这样就更方便客户带走了，顺便还降低了制作成本。”

“还可以拿去拓客用，信息更全。”赵笑律补充道。

“是的。我觉得更有价值的是，置业顾问都可以随身携带一份，当和客户深入沟通时，随时能拿出来，再给客户讲一讲。毕竟，客户总会有遗忘，总不能再拉着客户去区位图、大沙盘那里讲一遍吧。正好可以坐下来，打开这个折页，就像打开一份地图一样，客户哪里不懂就问哪里，慢慢细说。”如图 2–31–2、图 2–31–3 所示。

图 2–31–2　传统折页

图 2-31-3 如意上院可带走的物料——折页

房地产营销工具箱

工具 1 可带走的销售力物料的作用：第一是抵抗客户遗忘；第二是减少信息损耗，可以成为客户二次传播的道具。

工具 2 置业顾问不愿意给客户这套可带走的销售力物料，可能是没有意识到这套物料的价值，觉得它们没有用；也可能是这套物料做得太差了，真的没有用。

工具 3 一个合格的案场，必备这些可带走的物料；一个合格的置业顾问，接访完一个客户，一定要主动给客户提供这样一份很全的物料，让他带回去。

32. 客户忠诚度——把事情做过头制造惊喜

第 21 天　晴　风力 2-3 级

入冬以后，顿感窗外的世界寂静了不少。在家的时候，如果觉得太静了，赵笑律便会闭上眼睛凝神倾听，去捕捉因内心忙碌而忽略掉的外部声响：有人散步至窗下传来交谈声，小孩们嬉闹的叫喊声，公交车到站时的播报声，以及私家车经过时低沉的轰鸣……无数细微的声音在窗子外流动，时有时无，而窗内的他早已觉得幸福不已。

今天是如意上院的周例会，赵笑律比往常起得稍微早一些，还特意给自己收拾了一番。因为他不仅要汇报如意上院这一阶段的工作成果，还要给销售团队培训接待动线和销讲说辞。

昨天肖受历就特意嘱咐，今天的会议是他的主场，他必须注意一下形象。赵笑律当时就开玩笑地说要把结婚时穿的西装穿上，做最靓的仔。

果然，赵笑律不仅梳了个大背头，还穿上了西装，连皮鞋也擦得锃亮，甚至特意拿出了自己的手提包。

“哎哟，不错哦，今天有模有样了啊！”肖受历到公司，看到他的第一眼就说，“不过，这是你结婚的西装吗？”

“不是，结婚的西装穿不上了。”赵笑律尴尬地笑了笑。

“哈哈，也行，起码正式了很多。”

“嘿嘿，绝不能给公司丢脸。”

一到项目，龚深又热情地迎接了出来，一见面就是各种称赞和感谢。原来，公司领导来项目视察了，对现场的包装很满意，尤其是对地贴区位图，还号召公司其他项目都来参观学习。

肖受历和赵笑律则从外到内，仔细看着售楼部落位的每一个物料。赵笑律看着自己加班熬夜的心血再次得到了兑现，心中的自豪感油然而生。之前是服务兰园，现在是如意上院，他越发明白了营销的价值和意义。

“昨天物料全部到位，我就马上邀约分销来项目了。郝经理也按照咱们提供的销讲说辞亲自给他们讲解了项目，还把新设计的单页等物料带走了好多份。”龚深在会上说道。

“龚总，我建议将所有已成交的业主再次邀约到访，把案场的价值重新讲一遍，二次洗脑。”肖受历接着说道，“这也是在利用承诺和一致原理。”

看着龚深一脸的疑惑，肖受历接着说：“人都对自己做出的承诺有认同感，尽管有时明知承诺是错的，也会保持行为的一致性，因为做出的承诺已经潜移默化地指导了自己的思想。这就是承诺和一致原理，是影响力六法则中的一个，是主宰人们行为的一个主要的原动力。”

“《影响力》这本书我看过。”一提到“影响力”三个字，龚深立即想到自己看过这本书，“意思就是人从主观上是想保持言行一致的。”

“是的，业主已经买过我们的项目了，二次洗脑就会加深他对项目的认同感。”

“这也是禀赋效应吧。”赵笑律插话道。

“说来听听。”

“当一个人拥有某项物品时，他对这项物品价值的评价要比未拥有之前大大提高。”赵笑律接着说，“就像《小王子》这本书里写的，花园里有成千上万朵玫瑰，又漂亮、又妖娆，但小王子还是只想念自己星球上的那一朵，因为那是专属于他的玫瑰花。同样的，我买了如意上院的房子，就会打心里觉得这房子买得值，甚至还会向邻居朋友夸赞如意上院多么好。”

“因为拥有而喜欢。”肖受历向赵笑律投来赞许的目光。

“好，老业主邀约二次到访，这个我来安排。”郝好回答道。

“肖总，现在物料也都到位了，下一步的动作要做什么。”龚深问。

“一是按照我们之前沟通的，根据客户分布地图，针对不同的客户进行饱和攻击。这个物料我们已经在准备了，这是下一步的重点工作。”肖受历停顿了片刻，接着说道，“第二个，我建议做活动。”

众人面面相觑，脸上都写满了疑惑。赵笑律也很吃惊，做这么高投入的营销动作，不应该是肖受历的作风。

“开盘前后，项目也做了恐龙主题展、水上大冲关这种成本高昂的大活动，但对销售的促进效果并不理想。”龚深补充道。

“我指的是维系老业主的活动。”肖受历特意强调了“老业主”三个字，并接着说，“专做老业主维系的活动，依托现有的一百多组成交业主，赢得他们的口碑，开拓更多客户。”

“肖总，那你觉得具体怎么做呢？”龚深问。

“就一件事——送东西。”肖受历说，“成本也不高，都是日常需要的，比如苹果、西瓜、菠萝，萝卜、白菜等应季的瓜果蔬菜，或者面粉、大米等经常吃的粮食，再或者搪瓷杯、瑜伽垫、折叠桌这类日用品，现在是年底了，也可以考虑送一些年货，比如手套、挡风被等，客户好拿，提着就能走。

“类似的活动之前也做过。”郑寻欢补充道。

“做了多久？”肖受历问。

“没几次吧。”郑寻欢没有底气地答道。

“这件事不难，关键是能坚持多久。”肖受历接着说，“我的建议是每周末都送，月月送，甚至年年送，如果可以，一直送到项目结束为止。”

见没人吭声，肖受历接着说：“很多开发商都把售楼部的活动砍掉了，觉得没什么用，还不如把钱给分销。其实，项目做活动有三个作用：第一是引流新客户；第二是维系老客户；第三是人气暖场。通过活动带动案场人气，营造销售氛围，利用从众跟风的社会认同原理，刺激现场客户成交的冲动。”

“我为什么要坚持做老业主维系活动呢？”肖受历停顿了片刻，接着说，“有三点考虑：一是区域竞争激烈，渠道拦截凶猛，做大活动势必成为雷锋，我们花钱吸引来的客户会被瓜分掉。”

“这个我最感同身受了。”郝好笑着说，“之前做的恐龙主题展、水上大冲关活动，都会有竞品来拦截客户。”

“二是小城无小事，这是个熟人社会，口碑大于一切，老业主的口碑就是免费的传话筒，比硬广、拓客等宣传渠道更有效。三是老业主已经买房了，把他们维系好，提高他们对项目的忠诚度，就会带来更多的客户。”如图 2–32–1 所示。

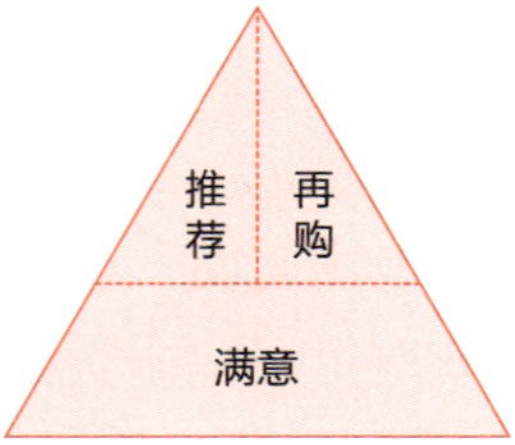

图 2–32–1　客户忠诚度模型

肖受历起身拿起马克笔，在旁边的白板上画了一个三角形，说：“这个方法论叫客户忠诚度模型，忠诚度怎么来？忠诚度 = 满意 + 推荐 / 再购。对客户来说，你做到 100 分是分内的事，客户不会感激。一旦你把事情做过了头，制造了惊喜，客户就会有好感。长此以往就会形成好的口碑，就会有忠诚度，从而带来成交。要么客户重复购买，要么推荐身边的朋友购买。”肖受历坐下来，接着说，“同样的，我们给业主送一次两次礼品，他会觉得是项目分内的事，而且其他项目也会这样做。但是，我们提高送的频率，每周末都送，就是在制造惊喜，就是在积累业主的忠诚度。”

“我记得有个数据，发展一个新客户的成本可以发展 3~10 个老客户。也就是说，同样 1000 万元的销售额都来自老客户，比都来自新客户，成本要低得多，利润要高得多，业绩也会稳定得多。维护好了老客户，能对我们的工作起到事半功倍的效果，因为老客户比新客户有更好的信任合作基础。”

“从这个角度来看，销售最需要做的就是维系好老客户，提高老客户复购和推荐的比例，赢得客户的终身价值。”赵笑律在一旁插话道。

“是的，我们不建议眉毛胡子一把抓，而应该集中精力和资源只做老业主维系这一件事。不盲目求新求异，就踏踏实实把这件小事做成。”肖受历说。

“这样也能保证售楼部每周都有人气，热度一直不减。”郝好说。

“每逢周末业主都会想：这次去能领什么礼品呢？塑造习惯，习惯形成认可，认可打造项目忠诚度。”赵笑律说。

“即使维系了一年，也花不了多少钱，抵不过一场大活动的费用。但是，效果却不可同日而语。”

“而且，坚持做会形成标准化的活动流程，既简化了活动思考、招标审批流程、前后宣传等一系列人力物力投入，保证我们有更充足的精力去做更多正确的事情。”

“是不是还可以考虑同步做另一件事——为业主过生日。每个月置业顾问提着生日蛋糕，亲自送到业主上班的单位，让更多人看见，或者直接送到家里，带给家人满满的惊喜和幸福感。”

“这是简单而正确的事情，就这样重复坚持，不停地给业主贴标签，塑造不一样的身份感。量变一定会带来质变，赢得了业主的好口碑，引发朋友圈二次传播，从而吸引更多客户到访，增长飞轮也就转起来了。”

“正所谓，慢一点，反而快。老业主维系，链接的是人，交付的是心，形成的是情感纽带。那么，客户对项目的信任度就会提高。”

大家热烈地讨论了起来，龚深最后总结道："行，既然大家都同意了，那就执行吧，先做一年再说。"

会议结束后是培训的时间。肖受历直接把这个机会让给了赵笑律，跟着他学了这么多，也到了该历练的时候了。有了兰园的锤炼，赵笑律已经轻车熟路了很多，再加上大部分都是自己打磨的内容，培训时倒也信手拈来，对置业顾问提的问题也能对答如流。

肖受历则坐在一旁，静静地看着赵笑律，回想着自己也是这样一步一步走来的，顿时心里升起无限感慨。这半年，他看着赵笑律从一个迷茫的地产广告人，一步步接受营销这套思路，被虐、被打击，成长为今天能够独当一面的顶梁柱，俨然不再是那个青涩懵懂的菜鸟。

回去的路上，沐浴着金色的霞晖，两人都很开心，赵笑律甚至哼起了小曲，肖受历也放开嗓门放肆地高歌。

"肖哥，我发现有一个方法论没有打通。"赵笑律突然说道。

"哦，说来听听。"肖受历侧着头倾听。

"你之前讲了成交量 = 转化率 × 来访量，今天又讲了忠诚度 = 满意 + 推荐 / 再购。"赵笑律接着说道，"我在想'推荐 / 再购'不就是老带新嘛，应该在成交公式后面再加个'老带新'，这样才完整，你觉得呢？"

"嗯，不完全对。"肖受历答道，"万一是全民经纪人呢，没买房子却推荐了客户购买，就不能算'老带新了'。"

"也是啊。"

"你这样说倒是提醒了我。"肖受历笑着说，"最终的成交公式应该是这样的：成交量 = 转化率 × 来访量 + 推荐 / 再购。这才是成交的万能公式，房地产营销的底层逻辑。"

房地产营销工具箱

工具 1 承诺和一致原理：一般人都对自己做出的承诺有认同感，尽管有时明知承诺是错的，也会保持行为的一致性，因为做出的承诺已经潜移默化地指导了自己的思想。

工具 2 禀赋效应：一旦我们拥有了某件物品，就会觉得它价值更大。

工具3 项目做活动有三个作用：第一是引流新客户；第二是维系老客户；第三是人气暖场。

工具4 发展一个新客户的成本可以发展3~10个老客户。从这个角度来看，销售最需要做的就是维系好老客户，提高老客户复购和推荐的比例，赢得客户的终身价值。

工具5 忠诚度 = 满意 + 推荐 / 再购。

工具6 成交量 = 转化率 × 来访量 + 推荐 / 再购。

33. 饱和攻击（一）——地缘渗透，七次曝光

第 23 天上午　多云　风力 1-2 级

“肖哥，五类客户的单页都到位了，项目上今天就着手去派单了。”赵笑律兴冲冲地跑进肖受历办公室，说道。

“去哪里派单？”

“今天计划去周边的老社区。”

“嗯，光派单还不够。”肖受历淡淡地说，“还必须保证‘七次曝光’。知道什么是‘七次曝光’吗？”肖受历又问道。

“现在知道了，你上次写白板上了，我之后就查了资料。”赵笑律胸有成竹地说道，“‘七次曝光’是营销上通用的法则，是指潜在客户只有在接收七次以上的广告宣传信息，才可能观看广告内容，甚至考虑发生购买行为。不要把整个营销预算赌在某个媒体的一次性攻势上，那样风险太大，还不如选择一些收费低点的媒体，一周接一周多投放几次。”

“没错，在接受新事物时，客户心中都会有一个接触次数的临界值，哪怕再有创意，如果次数不够，客户也很难在心中给你留位置。影响客户这件事不是一见如故，而是日久生情。”

“那是不是次数越多越好？”赵笑律问。

“当然不是了。你影响用户一次，几乎没有任何价值；影响用户第二次，才会有一些效果；一段时间内，连续影响用户三次，才能达到预期效果。经过测试后发现，七次是影响用户的最佳频次，也就是‘临界值’；超过最佳频次，影响的效果和性价比都开始下降。你也许可以加快突破临界值的‘速度’，但是无法减少冲击临界值的‘次数’。”如图 2-33-1 所示。

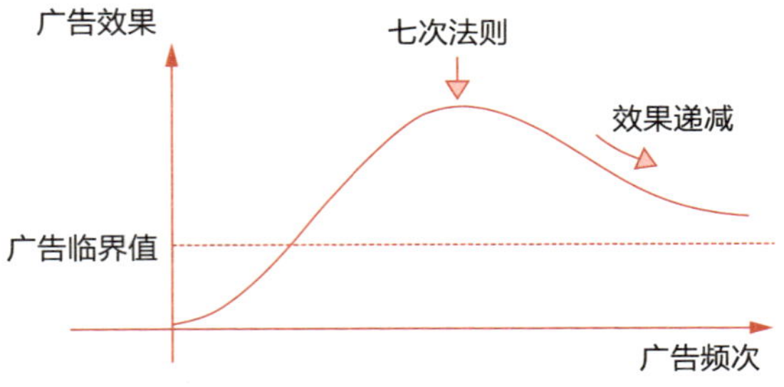

图 2-33-1　七次曝光法则

“还记得先生的湖吗？”肖受历又问道。

“记得，非常经典的地产案例，我还收藏了很多它的广告呢。”

“那你想过没有，先生的湖为什么会有这么多经典的广告出街？”

“嗯，难道和‘七次曝光’有关系？”

“是的，这得益于项目背后的投放策略。先生的湖每次开盘前，都会把市场上闲置的广告牌全部拿下，最少30~50块户外广告牌，一般只租半个月，而且基本上是白菜价。广告主题统一但形象多变，短期内集中引爆市场，每次推售都是一周内卖完，这就是‘七次曝光’的完美实践。”肖受历接着说，“假如先生的湖没有选择短租分散投放，而是在深圳市中心选了一个昂贵的户外，直接租一年，即使它的广告做得再出色，但是市场上没有达到‘七次曝光’，销量也很难说。”

“这是一个广告内容和媒介策略相互成就的经典地产项目。”赵笑律想了想，说道。

肖受历笑了笑，接着说：“‘七次曝光’的核心并不是七次或者八次，它的核心是重复的力量。人的天性就是遗忘，对抗遗忘的最好办法就是重复，最好是短时间内多次出现在客户视线里，这样客户想不注意你都难。”

“除了派单，还可以增加哪些广告投放啊？”赵笑律问。

“你不是去过红晨小区了，还拍了很多照片。”肖受历说道，“你翻翻照片，看看哪些地方可以投放广告。”

赵笑律迅速拿来电脑连上投影，一张张地翻看着拍的照片。

“小区的两个大门、道闸、人行道隔离栏是不是可以投放广告？”

“社区商店可不可以资源互换，我们免费提供购物袋、纸抽、扑克牌等，再放点单页，摆上展架、贴上海报，哪怕付点费用呢？”

“找物业沟通一下，看楼栋单元门两侧能不能贴上海报。”

“设置楼层贴，每层一句痛点文案，住户每次爬楼梯都能看见。”

“在地面停的私家车上放插车单页，告诉客户到访售楼部，免费加玻璃水。”

“挨家挨户插一遍单页。”

“社区广场能不能摆个临时接待点，摆上展架和单页，留下姓名电话，免费领抽纸、围裙、桌布。”

“可以开展会销，白天给老人们讲，晚上下班时间再给年轻人讲。”

“鼓励置业顾问自己去找广告位，海报展架都留自己的电话，项目提供费用支持。”如图 2-33-2、图 2-33-3、图 2-33-4、图 2-33-5 所示。

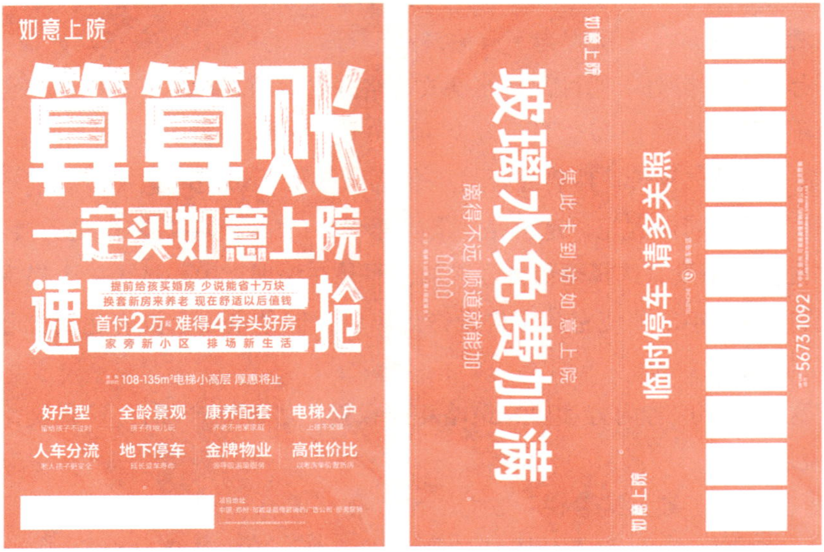

图 2-33-2　如意上院插车单页

图 2-33-3　如意上院针对老社区入口道闸的广告

图 2-33-4　如意上院针对老社区单元门入口的海报广告

图 2-33-5　如意上院针对老社区的楼层贴广告

……

“这一探讨，是不是有很多动作可以挖掘。”肖受历点上一根烟，接着问道，“红晨小区你了解吗？”

“我查了资料，是一个 20 多年的老社区，将近 2000 户，都是七层步梯房，以 80 多平方米的两房为主。”赵笑律答道。

“结合着小区的基本情况，就有很多客户痛点可以喊话。”肖受历点了支烟，沉思了片刻，继续说，“比如没有电梯，回到家了就不愿意下楼，尤其是老人，上下楼很不方便；户型太小，孩子没有地方写作业，总不能大人看着电视，小孩子在旁边写着作业吧。”

“地上到处停的都是车，基本上没有绿化，人车不分流，非常不安全；没有专门给孩子玩的空间；物业差，垃圾到处堆放；门卫工作松散，人员随意进出。”赵笑律补充道。

“你看，这一梳理就能找出很多客户的痛点，这样我们就能制定有针对性的说辞，是不是就更容易引发共鸣，从而激发换房需求了。”赵笑律不停地点着头，并做着笔记。

“这一套组合拳密集地打过去，达到‘七次曝光’，就有可能在某一拳击破客户的临界值，从此，项目在他心中就占据了一席之地。”肖受历接着问道，“下一个该哪类客户饱和攻击了？”

“工厂拓展。”赵笑律脱口而出。

房地产营销工具箱

工具1 “七次曝光”是营销上通用的法则，是指潜在客户只有在接收七次以上的广告宣传信息后，才可能观看广告内容，甚至考虑发生购买行为。影响客户这件事，不是一见如故，而是日久生情。

工具2 “七次曝光”的核心并不是七次或者八次，它的核心是重复的力量。

34. 饱和攻击（二）——工厂拓展，设置钩子

第 23 天上午　多云　风力 1-2 级

“我上次白板上写的内容是什么？”肖受历问。

赵笑律拿起手机，点开之前拍的照片，递给了肖受历。

对外——饱和攻击

1. 地缘渗透：七次曝光—老社区场景痛点喊话—动心起念—激发换房需求

2. 工厂拓展：设置钩子—送礼品—刺激痛点—产生需求

3. 乡镇客户：建立购买逻辑—诉求性价比—突出敏感点—建立心理账户—引发共鸣

4. 刚需客户：客户比较分散，今日头条流媒体投放—扩展触达面—精准获客

“还是一样的道理。”肖受历把手机还给赵笑律，接着说道，“把那天在工厂里拍的照片翻出来看看。”赵笑律继续在投屏上一张张地翻看着拍的照片。

“我们找找上班的客户都有哪些触点可以利用？”

“工厂工人上下班都要坐班车，那么班车车体、座套这些地方就可以包装成项目广告。”如图 2-34-1 所示。

“还有员工开的私家车，可以包装车贴。”如图 2-34-2 所示。

“还可以在食堂摆放展架，提供一些抽纸盒。”

“我觉得还可以在卫生间贴海报，这个最高频了。”

“哈哈……”

“另外，一定要设置钩子。”肖受历说。

“钩子是什么？我一直没弄明白。”赵笑律问。

“钩子就是礼品。”如图 2-34-3 所示。

“什么礼品都行？”赵笑律问。

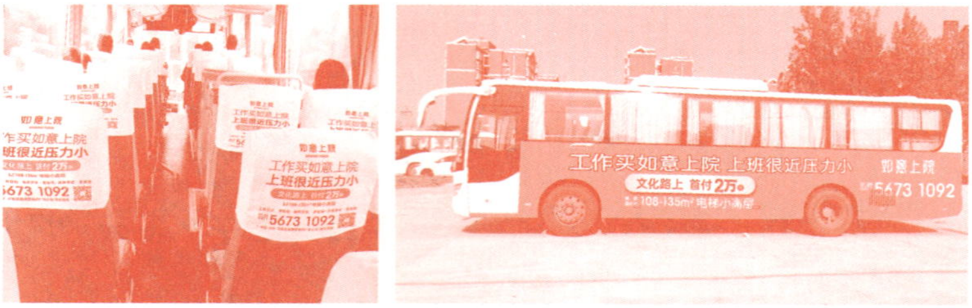

图 2-34-1　如意上院针对工厂班车车体及座位的包装广告

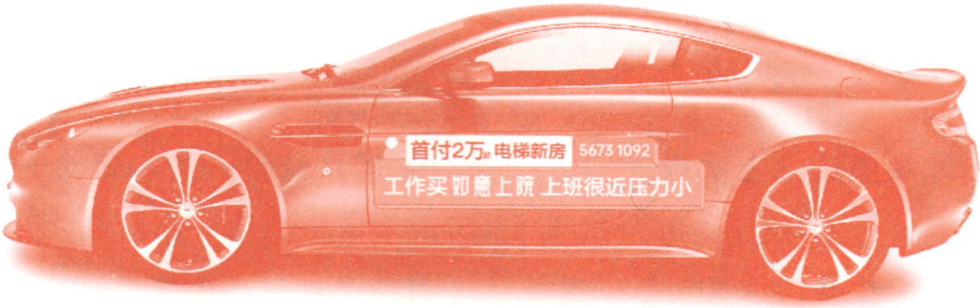

图 2-34-2　如意上院针对工厂私家车车体的包装广告

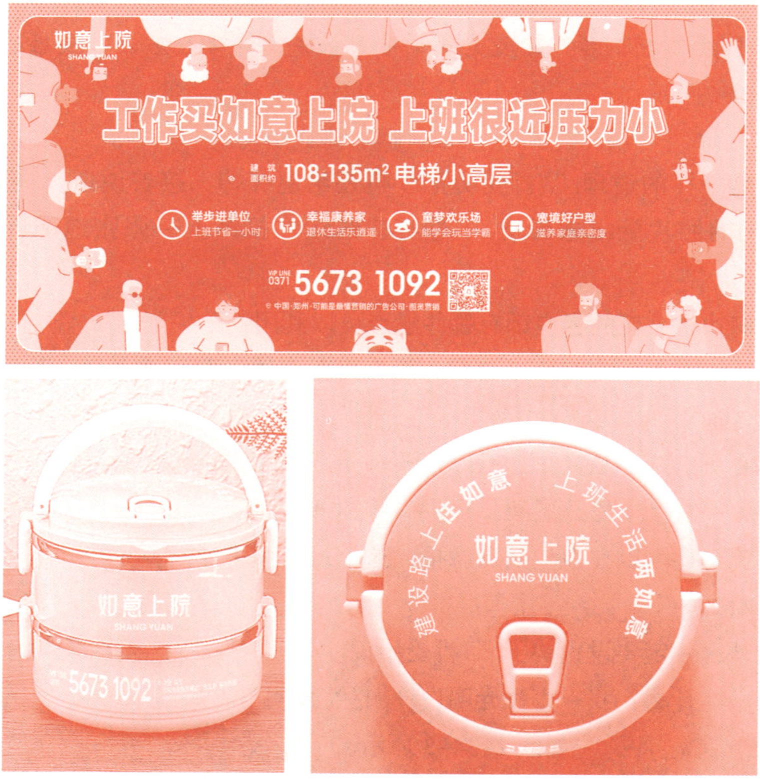

图 2-34-3　如意上院为工厂员工提供的礼品

“不是，首先是适合工作场景的，其次是适合在家里用的。”肖受历接着说，“最重要的是，这些礼品不能太私密，一定要有穿透性，既能实时提醒客户，也能曝光给他身边的人，最好能形成谈资，产生讨论。”

“嗯……”

“比如，办公用的大鼠标垫，铺满整张桌子，同事都能看见，这不就相当于项目的固定广告位了嘛，如果同事感兴趣了，就会问‘从哪来的啊’，这不就产生了话题嘛，还能炫耀一番。还有吃饭用的饭盒，客户拿着我们定制的饭盒去餐厅打饭，其他人都能看见，如果有同事喜欢了，过来问问，这不又产生话题了。另外，家里用的电饭锅、拖把等使用频率比较高的物品，每使用一次，客户都会想起是如意上院送的，每次使用都是在和项目产生交集。这样一来二去，就产生了更多的交流机会，为今后进一步联系甚至买房埋下了线索。”

“相当于项目和客户之间玩了一个无限循环的游戏，为卖房做了很多铺垫。”

“同样地，我们也要挖掘工厂客户的痛点，并制定相应的话术。”

“比如，针对离工厂太远，每天都要早起赶班车，没时间送孩子上学，甚至没时间吃早餐等问题，如果住在如意上院，每天通勤就能省出 1 小时，不仅可以多睡半小时，还能腾出时间经营家庭，生活质量肯定会提高。”

“对于刚上班的年轻人，我们告诉他项目周边生活配套齐全，住的离工厂近了，能省出更多的时间做自己喜欢的事，趁年轻多享受。而且，现在项目价格低，买套房结婚时候更有底气。”

……

肖受历和赵笑律又发散着讨论了一会儿。

“好了，该吃午饭了。”肖受历看了一眼手机，接着说道，“下午继续讨论后两个，早梳理完，早干活。”

房地产营销工具箱

工具 1 钩子就是礼品。首先是适合工作场景的礼品，其次是适合在家里用的礼品。

工具 2 最重要的是这些礼品不能太私密，要既能实时提醒客户，也能曝光给他身边的人，最好能形成谈资，产生讨论。

35. 饱和攻击（三）——覆盖乡镇，动心起念

第 23 天下午　多云　风力 1-2 级

今天注定是烧脑的一天，肖受历和赵笑律要一次性梳理完四个针对不同客群增加来访量的动作。中午短暂的休息后，下午一上班，他们又开始了新一轮的头脑风暴。

“肖哥，我们设计的区位图地贴被如意地产其他项目都拿去学了。”赵笑律放下电脑，刚坐定就说道。

“怎么学的？”

“源文件都要去了，直接改着用。”

“这不是盲目学嘛，抄个皮毛。”肖受历生气地说，“如意上院之所以这样做，是因为文化路是贯通东西的城市主干道，价值和地位在那摆着的呢，把区位图设计成地贴，非常合理。”

“是啊，他们只关心你用了什么招数，并不关心背后的方法和思考，直接套用在自己的项目上，并不一定起效果。”

“算了，不提也罢，该饱和攻击哪类客户了？”

“该梳理对乡镇客户的动作了。”赵笑律说。

“周边乡镇很多，也比较分散，需要扩大覆盖面。”肖受历说。

“根据客户访谈，他们最大的敏感点是价格，其次是离家近和有面子。”赵笑律补充道。

“嗯，现在基本上县城的房价都赶上这个片区了，‘县城价买市区房’，大品牌开发商的商品房，才更有面子。”肖受历说。

“乡镇客户处在马斯洛需求层次的底部，我觉得直接强调基本的物理价值点比较合适，比如暖气、燃气入户，还有电梯、物业、居住环境等，多彰显他们现在生活中没有的场景，唤醒他们的向往。”赵笑律说。

“是的，多说大白话，不要用任何专业名词。”肖受历接着说道，“对于要为儿女准备婚房的父母，告诉他们婚房提前买，以后结婚压力小；对于孩子还在上学的父母，告诉他们孩子在市里能接受更好的教育，自己也能享受更好的生活。”

“嗯，打开心理账户，激发父母对子女的爱。”

“可以在超市、餐馆等贴海报，放展架，免费送抽纸、手提袋。”

“村里路口的墙上、电线杆上也贴上海报，重复曝光。”

“还可以用大字报刷墙。”

“对乡镇客户来说，最重要的是情感维系，比如，客户过生日了，就把蛋糕直接送到家，最好再弄个大音响，现场直接唱生日歌，让街坊邻里都听见、看见。”肖受历接着说，“毕竟，口碑大于一切。”如图 2–35–1、图 2–35–2 所示。

图 2–35–1　如意上院针对乡镇超市的海报广告

图 2–35–2　如意上院针对乡镇门店提供的展架及手提袋

房地产营销工具箱

工具 乡镇客户处在马斯洛需求层次的底部，直接强调基本的物理价值点最有效，比如暖气、燃气入户，还有电梯、物业、居住环境等，多彰显他们现在生活中没有的场景，唤醒他们的向往，同时要多说大白话，不要用任何专业名词。

36. 饱和攻击（四）——刚需客户，精准触达

第 23 天下午　多云　风力 1-2 级

“再说最后一个，一鼓作气，一步到位。”肖受历站起来踱着步，接着说道，“刚需客户的问题是分布很散，除了地缘有一波，主城区也有很多潜在客户。”

“问题是，他们观念里不接受三环以东的位置。”赵笑律补充道。

“你看成交客户的数据，其实，还是有一小部分主城区的客户的。”肖受历接着说道，“这边房价低，离主城区也不远，而且临着文化路主干道，通勤很方便，是刚需置业的一个不错选择。”

“之前项目大兵团作战时，也想着去市区拓客，但范围太大了，就没做成。”赵笑律说。

“直接去市区拓客肯定不现实，毕竟客群太分散，即使如意上院去拓客了，效率也很低。几十人的团队忙活一天，拉不来几组客户，非常没有成就感，很快就没了动力。”肖受历坐下来喝了口茶说，“如意上院在市区的客户分布和兰园在全市的客户分布是一致的，都很分散，适合流媒体，最好的方法就是投放今日头条了。”

“肖哥，兰园是别墅项目，投放效果好，如意上院是刚需盘，也适合投放今日头条？”

“当然适合了。今日头条 80% 的用户集中在 20–40 岁，70% 的用户分布在二三四线城市，而且抖音用户和今日头条用户重合度也很高。”

“嗯，我明白了。”赵笑律接着说道，“这次还是今日头条和抖音入口一起投放，这样覆盖的客群就更广了。”

“行啊，投放规则你已经很熟了。”肖受历打了个呵欠，接着说，“可以多写几个标题，针对租房客户、买婚房的客户等，全都要覆盖到。”如图 2–36–1 所示。

“好的。”

“五类客户的饱和攻击动作都梳理完了，还有问题吗？”肖受历问。

“暂时没有了。”赵笑律笑着说。

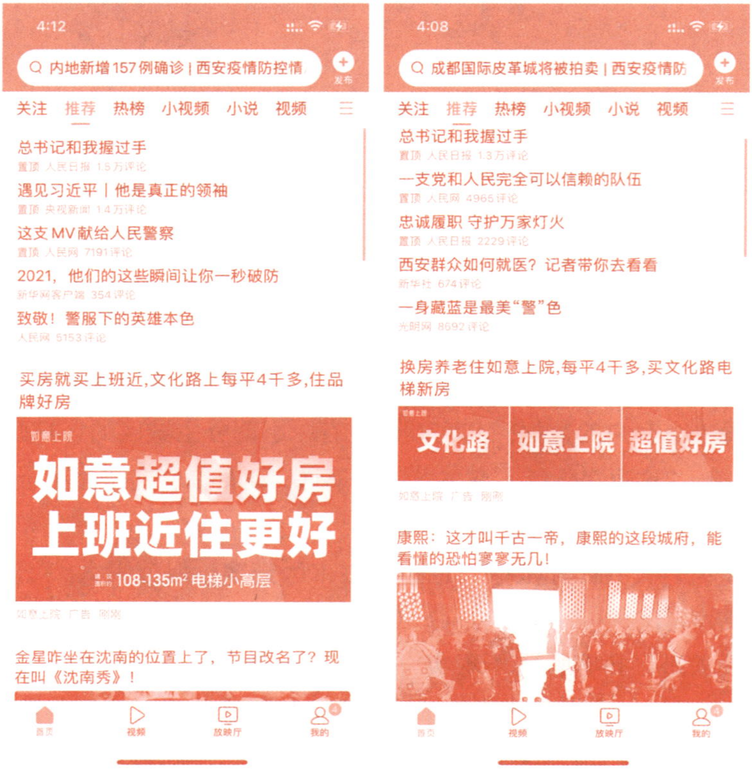

图 2-36-1　如意上院投放今日头条的广告页面

"这些'饱和攻击'的营销动作，其实就像农民种田一样，今天撒下一粒种子，明天不一定开花结果，但将来一定会丰收。很多时候不要只想着去找那些优质资源，其实所有的资源都有可能变成优质资源，但是都需要用心维护。"

"嗯，正确的事情重复做，反复做。"

"好，收工。剩下的就交给你了！"

房地产营销工具箱

工具 1　刚需客群太分散，直接去市区拓客不现实，效率很低。几十人的团队忙活一天，拉不来几组客户，非常没有成就感，很快就没了动力。

工具 2　如意上院在市区的客户分布和兰园在全市的客户分布是一致的，适合流媒体，最好的方法就是投放今日头条了。

37. 销售名片——再小的物料也是广告

第 54 天　阴转晴　风力 2-3 级

平时的生活大多匆忙，烦琐的事情常在心头，赵笑律几乎失去了静观万物的心情。难得这个周末偷闲半日，他便利用出去调盘学习的机会细细倾听、体察路上的风景与人事，这才恍然明了，日子里闪动着的动人微光，必须置换了心境才得以听见、看见。

昨天，他刚看完一个楼盘，临走时置业顾问给他一张名片，正面是一句广告语是“入主西三环，清盘倒计时”，下面是置业顾问的个人信息，背面则是不得不买项目的八大理由。

赵笑律眼前一亮，这不就是基于货架思维设计的名片吗？一张小小的名片，完整地传递了一个项目最小的信息压缩包，还能独立发起一次完整的进攻。赵笑律当即决定要给如意上院也设计一版这样的名片。

今天上午一到公司，他就把这个想法告诉了肖受历。肖受历表示认可，并给他看了一张名片作参考。如图 2–37–1 所示。

图 2–37–1　小马宋名片

“确实很少有人认真思考过为什么要做名片了。”肖受历停顿了片刻，接着说道，“以前名片是保存对方信息的一个重要手段，现在大家见面都互相加微信，名片反倒成了鸡肋。但是，名片也是客户体验地图里一个重要的客户触点，很值得重新设计一下。”

“你看，小马宋的名片就很讨巧，红白配很显眼，人名也很大，一眼就能看出你是谁。”

肖受历指着手机上的图，接着说，“更具参考意义的是，在名片背面还印上了五万元的优惠券。你想啊，你拿到这样一张名片是不是顿时就有话题了，这样一来不就更容易社交破冰了吗，而且还能大大提高名片的留存率，你可能用不上，没准你的朋友就用上了呢。说不准你还会觉得新鲜，直接拍照分享到朋友圈，这等于又多做了一次传播。”

听肖受历这么一说，赵笑律突然想到了什么，他兴奋地说道：“肖哥，我记得看到过乐纯酸奶 CEO 的名片，应该就是一张 100 块钱的代金券，我印象特别深刻，我找找一会儿发你。”赵笑律立即翻起手机相册。如图 2-37-2 所示。

图 2-37-2　乐纯酸奶 CEO 名片

“嗯，就是这张，我发你微信。”赵笑律接着说道，“设计名片其实是在设计一个场景。初次见面时，就可以向别人介绍说我是乐纯酸奶的 CEO，如果你没尝过我们的酸奶的话，可以拿这个 100 块钱的优惠券去买我们的酸奶，因为不同口味设计了不同的优惠券，所以还能顺便推销自己的公司。后来，在一次大会上，他发了一些名片，结果很多人主动过来要，可见把名片设计成爆款是多好的免费传播机会啊！”

“小马宋的名片和乐纯酸奶的名片都结合了自身特点，确实都挺好的，那你打算怎么给项目设计名片呢？”肖受历问。

“我们不能按照之前的形式了，不能放个 logo、电话和二维码就完事了，没有任何价值。”赵笑律又盯着手里的名片思考了一会儿，说道，“我觉得要把它当作一个小小的广告位来看待，平时的广告怎么做，名片就怎么设计。虽然它的空间有限，但该有的购买理由必须有，而且信息还要全，保不准哪个客户会多看几眼呢。如果可以写上凭此名片到访，领取一份礼品或者购房享受多少钱的优惠就更好了。”

肖受历点点头，说道：“跟项目上沟通一下，看如何执行吧。”

下午，名片一设计好，赵笑律就立即发给了肖受历。肖受历还在办公室，就直接把他叫了过去，说道：“你的效率很高，这值得夸奖，但我不得不打击你一下，这画面设计得太乱了，说白了不够美。《写给大家看的设计书》你肯定看过，公司的必读书目，之前兰园设计‘灵魂三问’时，我也提到过这本书，我书架上就有一本，去拿过来。”

顺着肖受历指的方向，赵笑律在书架上找到了这本书，并递给了肖受历。肖受历翻了一会，抬起头说：“什么叫‘不乱’呢？人们对‘秩序’有着发自内心的需求。有秩序的布局会让人身心愉悦，打破秩序、杂乱无章的布局则会让人不安、焦虑、排斥。这个‘秩序’，就是组织性、一致性、统一性和互补性，咱们看看你这张名片。”

肖受历把书递给了赵笑律，接着说，“第一，要素之间没分组，缺乏组织性；第二，要素之间没对齐，缺乏内在的一致性；第三，要素之间没呼应，缺乏统一性；第四，要素之间没对比，缺乏互补性，所以，看着就是不觉得美，你们设计的名片是不是也犯了这些毛病？”如图 2-37-3 所示。

图 2–37–3 没有秩序的名片设计

赵笑律点点头。“那符合‘秩序’应该是什么样子呢？下面这张重新设计过的名片，是不是不觉得乱了呢？因为上下的分组、靠右对齐的一致、粗细的统一、大小粗细的对比，暗合了你心中的秩序感。秩序感，就是一种美感。”如图 2–37–4 所示。

图 2–37–4 有秩序的名片设计

“所以，想把画面设计得美观，只需要记住这四个布局原则就行了：亲密、对齐、重复和对比，即使文字再多，都不成问题。我们总觉得美是个人感觉，说不清，道不明，其实，再不可捉摸的东西，依然有底层逻辑。”

“我确实没想那么多，我总觉得就应该专业的人干专业的事，我是个策划，画面交给设计师就行了。”赵笑律说。

“我并不是说要把你变成一名平面设计师，我希望你成为一名有美感的策划师，在看到设计师设计的画面时，可以提出一些有美感的建议。如果不懂这些原则，你想让设计师改，都不知道怎么表达，沟通的效率就会降低。”

“明白了，肖哥，我跟设计师沟通一下再改改。”

一个小时之后，赵笑律又来到了办公室，跟肖受历说：“肖哥，名片改好了。”

“行，先这样吧。最后再记住一点，哪怕是给名片，也是有方法的。置业顾问在给出名片的时候，可以对客户多说一句：‘稍等，我给你我的私人手机号码。’”如图 2-37-5 所示。

“明白，一定转达到位！”

图 2-37-5　如意上院的置业顾问名片

房地产营销工具箱

工具 1 再小的物料也是广告位。一张小小的名片是完整传递项目的最小的信息压缩包，还能独立发起一次完整的进攻。

工具 2 把画面设计得美观，只需要记住这四个布局原则就行了：亲密、对齐、重复和对比，即使文字再多，都不成问题。我们总觉得美是个人感觉，说不清，道不明，其实，再不可捉摸的东西，依然有底层逻辑。

工具 3 置业顾问在给出名片的时候，可以多说一句：“稍等，我给你我的私人手机号码。”

38. 朋友圈海报——一切即一，形成品牌资产

第 60 天　多云转阴　风力 1-2 级

“这海报字这么小，谁能看见啊。我点开了，还得先放大，再上下左右滑动一番，才能看清内容，谁会有这么大耐心啊！”肖受历刷了一会手机，然后抬起头，不耐烦地说道，“这样的朋友圈海报连一秒都活不过，简直就是浪费！”如图 2–38–1 所示。

“我最近也屏蔽了好多同行的朋友圈，不是发热销海报，就是发客户砸金蛋的视频，还有微信群成交截图，挺烦人的。”赵笑律也深有同感。

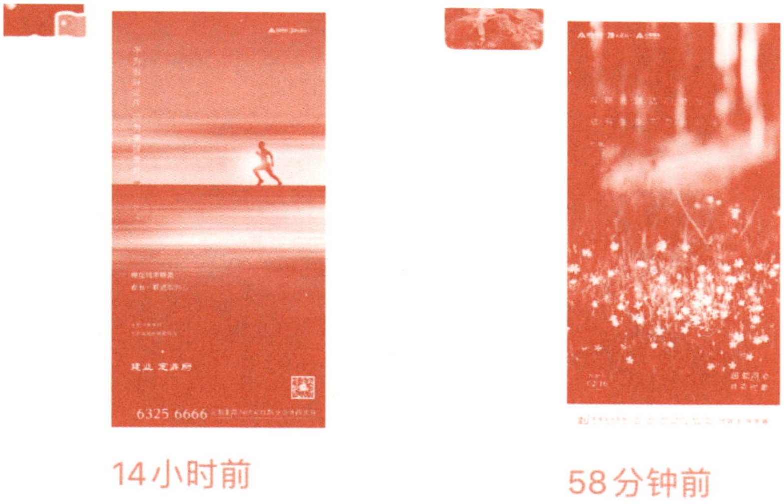

图 2–38–1　普遍追求小字大留白的朋友圈海报

“那你觉得微信朋友圈海报应该怎么设计才最有效？”肖受历又把问题抛给了赵笑律。

“先不论内容，起码字应该放大显眼一些吧，最好不用点开图，就能看清标题信息。”赵笑律说。

“嗯，这背后的逻辑还是货架思维。”

“我想起来了，兰园设计路名牌广告的时候用过这个方法，如意上院设计海报、单页、名片的时候也用过。”

“是的，对于海报来说，朋友圈就是货架。在这个货架上，有很多干扰信息，比如别人发的海报、文章链接、视频，还有各种微信图像等，你发的海报就是要和上下的这些内容竞争。”

“从货架思维的角度来看，朋友圈的背景是白色的，那我们设计的海报背景就要多用能与白色形成鲜明对比的颜色，红色、黄色、紫色都行，这样才能脱颖而出。”赵笑律对货架思维已经很上手了。

“还有，字尽量显眼一些，字体大小等于音量大小，字体粗细等于语调轻重。如果字小了，你发出的声音就不能被别人听见。另外，多用竖版，能抢占更多空间。”

“肖哥，你这样说我感觉特别像微商海报啊！”

“那可不，从销售的角度来说，有效的朋友圈海报就应该学习微商，显眼、内容直白、重点突出，目的就是卖货。”如图 2–38–2 所示。

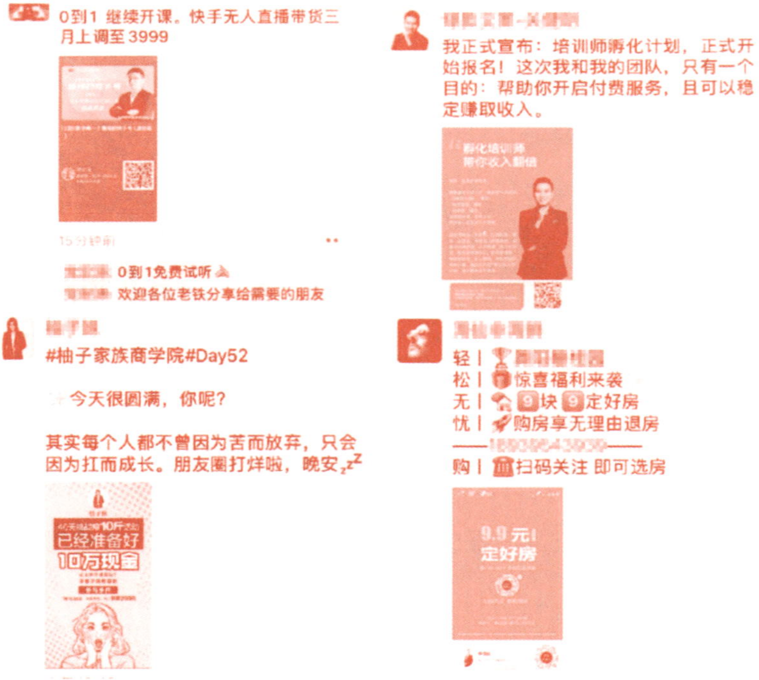

图 2–38–2　微商的朋友圈海报

“但是，这种方法开发商肯定不会接受，毕竟习惯了高大上，微商这海报一看就觉得太 low、太土了！”赵笑律有一些担忧。

“也不是说用货架思维设计的海报就丑啊，内容显眼和美观是可以调和的。”

肖受历又拿起手机在朋友圈翻看了一会，然后把手机递给赵笑律，说道，“你看这几张海报，信息很突出，也不丑啊。而且，就算是按照正常的形式设计朋友圈海报，也不应该是各种风格的大杂烩，今天一种风格，过几天又一种风格，隔一段时间又是新风格，谁能记住你啊？”肖受历说道。如图 2–38–3 所示。

图 2–38–3　大字且信息突出也可以很美

“肖哥，那你建议朋友圈海报应该怎么设计？”赵笑律问。

“我觉得朋友圈海报科学有效的第一原则就是被看见；其次，要能迅速分辨出是哪个楼盘发的，重复才能形成记忆，这种方式我称之为‘一切即一’。”

赵笑律疑惑地摇了摇头。

“就是把楼盘发的所有海报放在一起，看看像不像一种风格，甚至像一张海报。”肖受历接着说道，“这样风格统一、版式统一、主题统一，看起来像一张海报，就是‘一切即一’，这也是一种品牌资产的积累，就怕风格一直换，换来换去就把客户的固定印象给换丢了。”

“肖哥，那二十四节气朋友圈海报呢？也是这样设计？”

“对呀，还是‘一切即一’，比如有些项目包装了统一的主题，像小镇的 24 种气质，山的 24 位故人等，还有的项目在画面里用了统一且固定的符号，重复出现。”肖受历笑了笑，接着说，“不过，二十四节气海报对销售来说没什么价值，不纠结就行了。”如图 2–38–4 所示。

图 2-38-4　朋友圈海报设计要保持一种风格

“肖哥，你说为什么甲方都喜欢变来变去呢？保持一种风格有那么难吗？”

肖受历捋了捋标志性的胡须，沉思了片刻，说道：“可能是时间久了，自己看腻了，也可能是怕领导嫌自己偷懒，还有可能是不想让策划，尤其是广告公司白拿钱，最关键的是，别的营销动作都需要花钱，只有朋友圈海报不要钱，那就想着法地狠刷屏呗。”

“像我之前提报的一个新项目，必须设计一套甚至多套 VI 视觉，主画面和 slogan 也要准备好几个，好像不换换颜色，不换换画面风格，不换换 slogan，甲方感觉给广告公司的钱就亏了似的。”赵笑律叹了口气说道。

“形象是钉子，重复曝光是锤子，反复捶打才能深入人心。朋友圈海报改来改去都是在浪费时间，都是在做无用功，还不如把精力用到其他更有效的事情上。”

“确实是这个道理。”赵笑律点点头。

“我甚至觉得就设计一套项目的价值海报，在朋友圈滚动发、反复发就行了。因为你微信里的客户一直在新增，只有这样才能达到多次曝光的目的，让看过的再加深印象，之前错过的，没准哪次就看到了。”

“肖哥，那甲方又该认为广告公司偷懒了，不愿意创新，觉得我花钱找你来，你就弄这一套玩意应付我！”

“呵呵……”

房地产营销工具箱

工具 1 朋友圈海报科学有效的第一原则就是被看见。

工具 2 为什么甲方都喜欢变来变去？可能是时间久了，自己看腻了，也可能是怕领导嫌自己偷懒，还可能是不想让策划，尤其是广告公司白拿钱，最关键的是别的营销动作都需要花钱，只有朋友圈海报不要钱，那就想着法地狠刷屏。

工具 3 形象是钉子，重复曝光是锤子，反复捶打才能深入人心。

工具 4 二十四节气的朋友圈海报对销售来说没有什么价值，不纠结就行了。

工具 5 设计一套项目的价值海报，在朋友圈滚动发、反复发，因为你微信里的客户一直在新增，只有这样才能达到多次曝光的目的，让看过的再加深印象，之前错过的，没准哪次就看到了。

39. 营销不是万能的——业绩不以人的意志为转移

第 66 天　晴　风力 1—2 级

一场寒流自北而下，天气愈发寒冷，却怎么也冻结不了时间，哪怕是一瞬间。这不，转眼间，一年又过完了。往年本应快乐气氛最浓的元旦时节，此刻，却交织着深深的惆怅，别有一种伤感浮上心头。

肖受历和赵笑律都默默地在办公室坐着，谁也不吱声。肖受历点燃了一根烟，便低头刷起了手机。赵笑律则抿着唇角，紧紧地盯着白板上的几个数字发呆。

如意上院业绩

11 月：39 套

12 月：45 套

这是郑寻欢刚刚报给他们的如意上院的销售数据，尽管业绩是前三个月的三倍多，赵笑律却一点也高兴不起来，毕竟原定 204 套的任务，现在只完成了五分之二。

虽然郑寻欢告诉他，竞品平均一个月才卖 10 套，但依然改变不了如意上院没有完成任务的事实。回望过去的两个月，赵笑律辛苦耕耘，成功却对他避而远之。

窗外的枯枝败叶被凛冽的寒风吹起，在空中打了个卷儿，又无力地落下，光秃秃的树枝在寒风中颤抖，仿佛赵笑律体内那股沉寂已久的力量也跟着败落。在冬天，时常感到落寞是自然的。

“尽人事，听天命，我们已经全力以赴了。”肖受历放下手机，又吸了口烟，看着赵笑律宽慰道。再说了，我们并没有输，我们远远跑赢了市场，跑赢了竞品，只是没有跑赢老板的预期。”缥缈弥漫的烟雾中，肖受历看着赵笑律紧锁的眉头，接着说，“人定者胜天，天定亦能胜人。营销的结果，销售的业绩，并不以老板的意志为转移。”

又沉默了一会，赵笑律才张口问道：“肖哥，如果从 4P 的角度来看，产品、价格、促销、渠道中的产品以及价格这些我们无法控制的事情，是不是也会变成 TOC？”

“是的，营销不是万能的，营销解决不了产品、价格，还有市场的问题。”肖受历接着说道，“价格不是我们营销人能左右的，价值感的设计、解读、传递能力或者说效率，是营销力的差距所在。我们已经尽力把如意上院的价值解读做到最好了，否则，也不会在一个绝对内生型的市场，把一个强地缘的楼盘业绩做到翻三倍啊。”如图 2–39–1 所示。

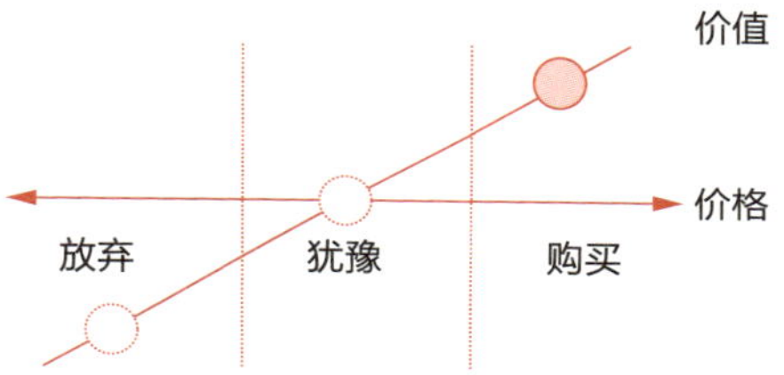

图 2–39–1　价值价格模型

“那么，营销的价值到底有多少？”赵笑律又问。

“宋家泰老师有一个观点，在分析一个项目成败的因素时有个 4321 原则，即拿地研判占 40%，设计定位占 30%，营销推广占 20%，市场机会占 10%。”肖受历拿起马克笔在白板上写了下来，接着转过身又说道，“也就是说，地拿错了或者在错误的时间拿了地，就算设计、销售、营销推广做得再好，市场机会每次都能捕捉到，整盘做完，也就勉强及格，赚钱是不用想了，不赔钱就不错了。

如果地拿对了或者在正确的时间拿了地，哪怕设计中规中矩，哪怕后期销售、营销推广很普通，点又很背，各种小反弹、小阳春都没有捕捉到，这个盘还是可以拿到 70 多分，赚点钱没有问题。”

“那是不是说营销能力就只占 20% 的分量？”赵笑律再问。

“绝对不是！在一个项目的操盘过程中，营销是 100% 的责任。一个房地产公司不能只有营销部的人懂营销，全公司的人都要懂；占了项目成败 40% 的拿地研判需要有非常强的营销能力；占了项目成败 30% 的设计规划同样也需要营销能力。”肖受历熄灭烟头，斩钉截铁地说。

“不过，营销终归还是要回到产品。”肖受历接着说道，“产品做得好，就相当于把一块千钧之石推上了万仞之巅，获得尽可能大的势能，然后在最高点一把推下去，用营销和渠道减小阻力，把势能转化为最大的动能，从而获得尽可能深远的用户覆盖。”如图 2–39–2 所示。

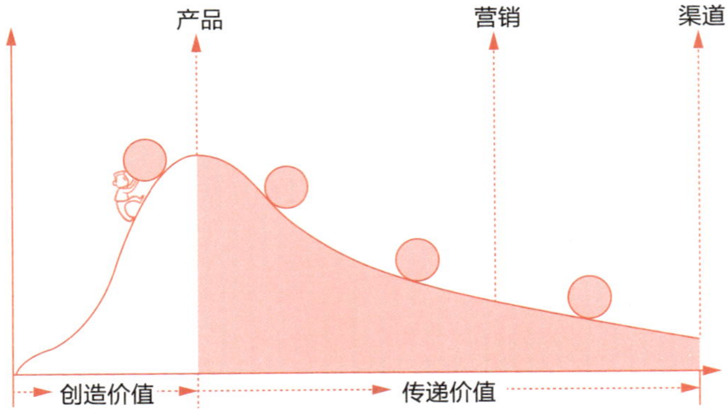

图 2–39–2　企业能量模型

“嗯，我明白了。”

“接受我们不能改变的，改变我们能改变的。”肖受历笑着说道，“起码这一年你成长了很多。”

赵笑律终于舒展了眉头，不再伤感苦恼，说道：“以前负责一个项目，我觉得事事都很复杂，都太棘手，人人都不停地在忙碌，却说不出个所以然来。”

“以前你面对的营销系统一片混乱，你没法控制，而现在，如果我们借助一些营销工具，正确地分析系统，就可以有条不紊地管理它。”

“是的，好好管理那些关键点就可以控制整个系统，而不只是靠一些表面的、救火式的行动。”

“你已经入门了，只需要长期坚守，踏实实践，就能在岁月中积累经验。”

看着赵笑律从一年前的迷茫，历经两个项目的磨炼，到如今心态和能力都在蜕变，肖受历很欣慰，他给两人都倒了一杯茶，说道：“来，喝茶。”

每每到了冬日，才能实实在在触摸到岁月。元旦是冬日中间的分界，有了这分界，便在元旦前感到岁月一天天变短，直到残剩无多。过了元旦忽然又有大把的日子，成了时光的富翁，一下子真的大有可为了。

得失成败已成过眼云烟，赵笑律整理着凌乱的思绪，向着新的一年迈去。

房地产营销工具箱

工具 1 销售的业绩并不以老板的意志为转移。

工具 2 营销不是万能的，营销解决不了产品、价格，还有市场的问题。

工具 3 在分析一个项目成败的因素时有个 4321 原则，即拿地研判占 40%，设计定位占 30%，营销推广占 20%，市场机会占 10%。

工具 4 营销终归还是要回到产品，产品做得好，就相当于把一块千钧之石推上了万仞之巅，获得尽可能大的势能，然后在最高点一把推下去，用营销和渠道减小阻力，把势能转化为最大的动能，获得尽可能深远的用户覆盖。

复 盘

40. 营销正三观——中观方法论，微观客户体感，宏观视野高度

这天中午，赵笑律埋头赶工手头的一项紧急任务，等他忙完，公司的同事都已经下楼吃饭了。他想着索性就晚点去，正好错开高峰期。正准备出去时，正好看见肖受历办公室的门敞开着，他走上前去探了下头，发现肖受历一个人在里面。赵笑律见状就敲了敲门："肖哥，吃饭了吗？"

"没呢，我下午要去见个客户，准备点资料。"

"那要不要帮你带一份？"

肖受历看了一眼旁边的手机：

"不用了，时间还来得及，一起去吃几口吧。"

于是，二人一道下了楼。在等饭的间隙，赵笑律开门见山地表达了自己最近的困惑："肖哥，我最近一直在想一个问题，我要怎样做才能成为像你这样的营销高手？"

肖受历正在低头看手机，面对突如其来的发问愣住了，随即反应过来，说："哈哈，你不是已经成长了很多嘛，再说，不用学我，我的路径不用复制。"

"那你还有没有书单推荐，公司的几本必读书目我都看完了，我想多向你取取经。"

"我的书单都在我的书架上，你随便挑，想看哪一本都行。不过，如果你只是看了很多书，却没有实践，只能是看个热闹，而且看完也就忘了，到最后可能什么都没学到。"肖受历放下手机，笑着说，"你这是受什么刺激了，怎么突然这么如饥似渴。"

"我就是想快点成长。"

"想成长是好事，可成长是个慢动作啊，就像我们吃饭一样，今天要吃，明天也要吃，而且每顿饭都要消化吸收了，这样你才能成长，哪能一口就吃出个胖子呢？公司的三本必读书你是看完了，可你看透了没有，想过怎么运用到实际工作中吗？光看不用，再多理论也都是空谈。"

这时，饭上来了，二人早就饿了，埋头就吃了起来。肖受历迅速扒拉了几口饭，又喝了口水接着说："不过，我可以分享一个方法，叫三观，它能指

导你成为营销高手。当然，它也能帮你判断一个人是不是高手，还能帮你评估这个人厉害在哪里，短板在哪里？”

“世界观、人生观、价值观？”赵笑律嘴里含着饭，来不及咽下去便问道。

“可不是这个三观，是梁宁老师讲的三观：宏观、中观、微观，我把它称为做事的三个层次，宏观是做事的视野高度，指的是打大仗的能力；中观是做事的方法，指的是对方法论、底层逻辑的掌握能力；微观是做事的细节，指的是客户体感。”

赵笑律立即来了兴趣，赶紧放下筷子。

“具备了宏观的视野和高度，你就能纵览全局、确定方向，先瞄准、再开枪，而不是只顾着埋头干就完了。而且，宏观能力强了，对项目的理解深度就非同寻常，落到营销上，对项目价值的阐述也就不一样。比如，兰园引入北京中央别墅区做价值对标，如果不具备宏观视野，就没法挖掘出这一层价值。

中观是做事的方法套路，像公司常用的营销方法论：价值价格模型、三元定位法、榴莲定位、七次曝光、峰终定律、心理账户等，还有其他很多心理学、行为经济学的概念模型，都是前人总结出来的有效经验，都是你成长的阶梯。你平时通过看书学到的理论知识，也都是中观方法论。

中观就像武功招数一样，可以指导我们迅速地作出判断。如果没有这些方法论做指导，你千辛万苦地涅槃顿悟，可能只是别人长期精进学习的基本功；你花费了半年精力折腾试错，别的高手可能一眼就能看穿。

比如，你的脑袋里装着逻辑五分法，就能很快对项目进行价值归类，如果你不懂得从城市逻辑、土地逻辑、品牌逻辑、产品逻辑、客群逻辑这五个维度来呈现项目的价值，就只能像很多广告人那样，几个人憋在会议室里搞头脑风暴，然后凭着经验和感觉，确定一句广告语，尽可能地拔高项目的调性。

如果你明白了‘七次曝光’，你就会当机立断地把 50 万元的营销费用精准覆盖到目标客群分布的地图上，而不是拍脑门，盲目地在市中心租下最贵的一块户外大牌，来展示极致的项目调性。

但是，只有中观可能会不接地气，毕竟只掌握了一些框架和理论，难免有纸上谈兵之嫌。如果你想成为高手，就需要补充微观体感。”

赵笑律正听得入神，肖受历话锋一转问："知道什么是体感吗？"说罢又埋头吃了几口饭，赵笑律一怔，他只能凭感觉从字面意思去解读："我玩过体感游戏，莫非'体感'就是要用身体去感受？"

肖受历是真饿了，他一股脑把剩下的饭全扒拉完了，才慢慢抬起头。

"体感就是身体感觉，像触觉、温觉、痛觉等吧。微观体感，就是要真实地感知每一个微小瞬间。看过纪录片《寿司之神》吧？"

"听说过，没看过。"

"小野二郎的学徒要花 10 年的时间去学习拧毛巾、用刀和料理鱼；小学课本上还讲了达·芬奇画鸡蛋的故事，一画就画了三年，这些都是 10000 小时的刻意练习，都是在建立细微的微观体感。

有时候，你会感觉行业里的冠军选手和普通选手之间差距大到让你认为根本就不是一个工种，其实，他们的差别就在微观体感上，把细节做到极致，你也可以成为这个领域的顶级高手。"

"肖哥，我听着微观体感更像产品经理的技能？"

"是的，但是对营销来说，你服务兰园和如意上院时去做的客户访谈就是微观体感，不相信经验主义，通过了解客户，洞察深层的购房需求。

比如，兰园的一个客户想要实现一家三代八口住别墅的梦想，他们对室内空间的构想是，要在一楼餐厅摆放一个大圆桌，这样一家人就能经常在一起吃饭，营造温馨融洽的氛围，有助于提升家庭温情，而不是样板间现在呈现的那样，一条长桌配上各种精致的餐具，流光溢彩，极尽奢华。另外，样板间地下室的冷库，开发商原本是设计放红酒提升逼格的，客户却打算将其作为冷库储存蔬菜、水果、肉类等生活用品，满足大家族的日常所需。

你看，开发商想呈现的和客户想要的明显错位了，如果我们一开始就做客户访谈，提前知道了客户的想法，是不是完全可以依据客户的需求来打造样板间，这样就少做了很多无用功，还大大提高了效率。而且，这些都是客户访谈才能获取的信息，绝对是猜不出来的。"

肖受历喝了口水，接着说道："如果你具备了中观和微观的能力，你就是一个高手了，如果你同时还拥有宏观的能力，国家政策、经济形势、阅历见识等，你就掌握了打大仗的能力，绝对就是大神级的存在。"

"肖哥，我就是个埋头苦干的广告人，从没想过去关注宏观的东西，中国的经济、房地产周期这些我都不懂，也不想懂，因为我信奉一句话：悲观者往往正确，乐观者往往成功。更何况，了解宏观市场有什么用？不还是要好好干活吗？”

“你这是大多数地产人的看法，踏踏实实干活自然没错。但是，不能像头黄牛一样只顾着闷头干活，还要记得随时抬头看看天，你还没做到操盘手的位置，等你统管整个项目了，就会明白大仗拼胜负，靠的是宏观能力这个道理了。在宏观层面，很多事已不只是那件事本身，其背后的逻辑、资源能力、运营能力、战略能力更重要。”

赵笑律听得聚精会神，饭也顾不上吃了，这些内容又颠覆了他的认知，他突然对宏观层面也感兴趣了。

“肖哥，这次调控会不会是暂时的啊？之前每次政策调控都是越调房价越高，越调反而市场越好。”

“以前的我们就不评判了，这次千万不要怀疑政策调控的决心，更不要抱有侥幸心理和幻想。王志纲老师认为，搞好房地产业不是单纯的政策问题，它背后暗藏的是一个时代的转向。当下这个时代的大道理，就是高质量发展和共同富裕，就是从原先的效率优先到公平优先，而在这个前提之下，一切小道理都要服从这个大道理。

如果说中国房地产走过的历程像一条滚滚东流的长河，那么这条大河 20 多年来的主流，自然是一大批以快速周转为核心的开发商，他们顺应潮流，赶上了中国经济高速增长的好时代。

在中国楼市十多年的黄金时代，主流开发商们的战略，《走向泛地产》这本书里只用了三句半就精准概括了，其中三句是高周转的资金运作，大规模的土地获取，适销对路、可高效复制的产品线；另外半句就是集团化的管控模式。

做好这三句半，核心秘诀在于‘天下武功，唯快不破’，比如‘5986’高周转模式，即拿地后 5 个月动工、9 个月销售、第 1 个月售出 8 成、6 成产品必须是住宅，一向为业内所推崇。

那时的房地产行业一直在脱实向虚，炒房风气盛行，不但违背了公平原则，还拉大了贫富差距。在这种背景下，政府明确提出了‘房住不炒’实属必然。明白了这个大道理，其他问题就迎刃而解了。如果抓不到大道理，只是就事论事，或者心存侥幸，被淘汰只是早晚的事。”

见赵笑律不再吭声，肖受历点了一根烟，一番吞云吐雾后，说道：“在我心里，‘三观’的正确排序应该是中观、微观、宏观，因为中观是基本功，教的是方法，学了就能用，科学而不走弯路。只拥有中观套路，顶多是个熟手，想要成为高手，就一定要补微观体感，否则，说起来都对，做事却都不到位。如果你修炼出了宏观的视野和高度，就能够在正确的阶段做正确的事，在不确定的阶段做确定的努力。运筹帷幄，战略规划，审时度势，顺势而为。”

“肖哥，你这么一分析，我发现确实身边有些人擅长方法套路，有些人精于细节，有些人很有大局观，但是几乎没有人同时具备这三种能力，怪不得有时候明明觉得一个人特别牛，但他就是做不好事情，原来是缺了一条腿，甚至两条腿。”

“三观是一个标尺，衡量别人，提升自己。宏观视野决定了决策的高度，视野广了，格局高了，看问题更通透了，就不容易焦虑了；中观方法论决定发现问题、解决问题、提高效率的能力；微观客户体感决定了动作是针对目标客户做出的，还是决策者凭经验臆想的。

平庸者之所以平庸，因为他既没有眼界高度，又不读书学习，习惯只凭经验做事，还眼高手低，从不亲自了解客户，悬在中间，高不成、低不就。”

“肖哥，我感觉能用‘三观’审视所有行业，所有人。”

“对呀，现在行业下行，很多人都在谋求转型，想离开地产行业。问题是很多人地产做不下去了，发现其他行业也做不了，你说为什么？”

“因为缺失‘三观’的能力。”

“是的，因为他积累的都是低质量的经验，经历的都是低水平的重复。既没有掌握通用的方法论，又不愿意躬身入局、脚踏实地，宏观能力更是不值一提。否则，营销人为何不能跨行转型？”

肖受历喝了几口水，又看了一眼手机：“好吧，时间差不多了，我要去见一个营销总。要不然你也跟我一起去，谈成了你来负责这个新项目，这不就又有机会提升‘三观’能力了嘛。”

“好啊！”赵笑律爽快地答应道。

房地产营销工具箱

工具 1 宏观、中观、微观是做事的三个层次：宏观是做事的视野高度，指的是打大仗的能力；中观是做事的方法，指的是对方法论、底层逻辑的掌握能力；微观是做事的细节，指的是客户体感。

工具 2 如果没有这些方法论做指导，你千辛万苦地涅槃顿悟，可能只是别人长期精进学习的基本功；你花费了半年精力折腾试错，别的高手可能一眼就能看穿。

工具 3 三观是一个标尺，衡量别人，提升自己。

41. 如何做好销售力物料——搜索第一，刻意练习

赵笑律把所有的销售力物料梳理成了脑图，并在微信上发给了肖受历。肖受历看了很满意，说道："是时候把这个胜利的果实分享给大家了。你准备一下，抽个大家都在的时间，在公司内部做个分享，并根据你这一两年的实践心得，告诉大家怎么做好销售力物料。"

赵笑律趁热打铁写了一篇演讲稿。来图灵公司快两年的时间里，算上主力负责的和友情协助的，他参与了七八个项目的销售力物料了，确实有太多可以分享的东西。

两天后，赵笑律在图灵公司做了名为"销售力物料指南"的全员分享，虽然略显紧张，但毕竟都是自己实操和熟悉的内容，还是底气十足地讲完了。

"我最想分享的是这部分内容，'如何做好销售力物料'。"末了，赵笑律用激光笔指了指背后的大屏幕，接着说道，"就拿'灵魂三问'来说吧，三个问题很简单，为什么买区域？为什么买项目？为什么现在买？谁都能张口就来，但能写好还真是个技术活。

我大概参与了七八个项目的销售力物料撰写，不敢妄称驾轻就熟，也尚未自成一套方法体系，但多少也积累了些经验，今天就和盘托出我个人的实战心得，交个底，供大家参考。

我先给大家展示一幅画，作者石涛是明朝一位鼎鼎有名的画家，跟八大山人齐名。这件作品长 280 厘米，宽 42.8 厘米，现在收藏于北京故宫博物院。我不懂绘画，也不是来聊什么笔触技法之类的，我特别喜欢右上角的这句话——搜尽奇峰打草稿，这也是这幅画的主题，意思就是把各种相貌不同的山峰都搜集起来，画成草稿。说白了，就是把各种山拼拼凑凑堆砌成了一幅画，如图 3–41–1 所示。

如何做好销售力物料？借着这幅画，我想分享的第一个点就是创意之前找参考，搜尽奇峰打草稿。万事找参考，这也是做好销售力物料的窍门。

无论是策划，还是文案、设计，只要用心找参考，出手就不会低于行业平均水平。假如有幸找到了优质参考，你就能做到行业 90 分以上的水平。找参考的能力是一个策略师的首要能力，具备了这一能力，你自己就是一个军

队，单兵作战，所向披靡。

图 3-41-1　明朝画家石涛作品

这个世界最遥远的距离，是知道和做到。这并不是说你知道了销售力物料，就能写得出来的。同样是‘灵魂三问’的展板，决定内容质量高低的，关键就在于资料的搜索和积累量。

我每次接到工单的第一个机械动作就是通过各种途径去搜资料。先在自己电脑的文件夹里搜，再在各种网站上搜，在搜狗微信、百度、知乎上搜，很多人只会看网页的前几页，我一般会翻到二十多页，甚至把整个网页浏览完。还有，我要强烈推荐一下得到 App，我目前的学分是 840，几乎每天都会听，它已经成了我的首席搜索工具，我也在上面买了很多课，建议大家多学多用。一般来说，把这些浏览器、App 搜索一遍，基本上该有的资料就都有了，也足够用了。

如果找不到参考怎么办？多换几个关键词，重复搜索。有些高手会把同一个关键词和相关关键词换成日文、英文、俄文、德文去检索，感兴趣的可以试一试。只要你目标明确，答案总会向你走来。

另外，一定要有意识地建立自己的资料库，看到好的广告、好的方案就随手存进去。我们每个人都应该努力把自己打造成行走的案例库，随用随取。

注意，一定要看十多年前经典的地产广告案例，像红鹤、揽胜、及时沟通、亲爱的广告等公司十年前的广告作品，因为很多优质的内容和表现形式他们都已经展现过，每次翻看，都能有一些新收获。

比如，我在博加广告的方案里无意中看到商务价值高地和天价自然区之间的关系图，每个商务价值高地背后都有一个天价自然区，像北京 CBD 距离西山别墅区 20 公里，广州金融城距离二沙岛富人区 8 公里，陆家嘴 CBD 距离联洋、碧云六七公里等，这正好适用于我当时服务的项目，参考这些内容，我们果断设计了一张展板，来提升项目的板块价值。

前人的思考就是我们成长的阶梯，我称之为'资料寻宝'。

当然，地产行业里把物料做得很有销售力的项目并不是很多，这时候可以参考学习其他行业，比如，我收藏的有教培的单页、奶茶店的海报、餐饮店的菜单等。

我很荣幸被肖哥称为'搜商第一'，说真心话，搜索真的没有捷径，都是一点一点地查、找，同时参考大量方法论，慢慢积累的。每次写销售力物料，我都要把自己掏空，搜到我再也搜不出资料来才肯罢休。搜到的资料越多，内容就越翔实。所以，按我的切身体会，知识储备是决定销售力物料内容好坏的最关键因素。

再比如，我想在一个山居别墅的'灵魂三问'里强调大自然的好处，为了能写清楚自然教育对孩子的意义，除了百度、微信里搜索出来的各种文章，我的资料来源如下：

书单

《学习的格局》

《钱从哪里来》

《打造自主学习的住宅》

《郑渊洁家庭教育课》

得到 APP

《如何培养面向未来的孩子》

《如何培养亲近自然的孩子》

《怎样培养有主动性的孩子》

《沈祖云全球教育报告》

另外，我也会结合运用一些方法论让内容更打动人。我自己最常用的方法就是心理账户。人的心理有两个账户，一个是花钱的，一个是存钱的，最容易花钱的就是对孩子、对家人的爱。

比如，因为忙于事业，疏于陪伴家人，那就买套带花园的房子送给太太，来弥补对她的亏欠；买个有很大公园配套的房子，来填补错过孩子成长的遗憾；买个南方海边的度假公寓，冬天也能温暖如春，是对父母最大的孝顺；自己操劳了半生，该好好享受人生的下半场了，那就买套象征身份的别墅，活出名堂等。

当然，我也会结合心理学、教育学的理论增强说服力，比如，你能陪伴孩子的只有 12 年，上初中以后他就会叛逆，就会远离家庭，开始有自己的朋友圈；孩子亲近大自然 1 小时，注意力和记忆力会增长 20% 等，基本上，我都会从孩子、家人入手，把房子包装为承载着对他们的爱的礼物。最终呈现的展板内容是这样的，赵笑律用激光笔指了指屏幕。如图 3-41-2 所示。

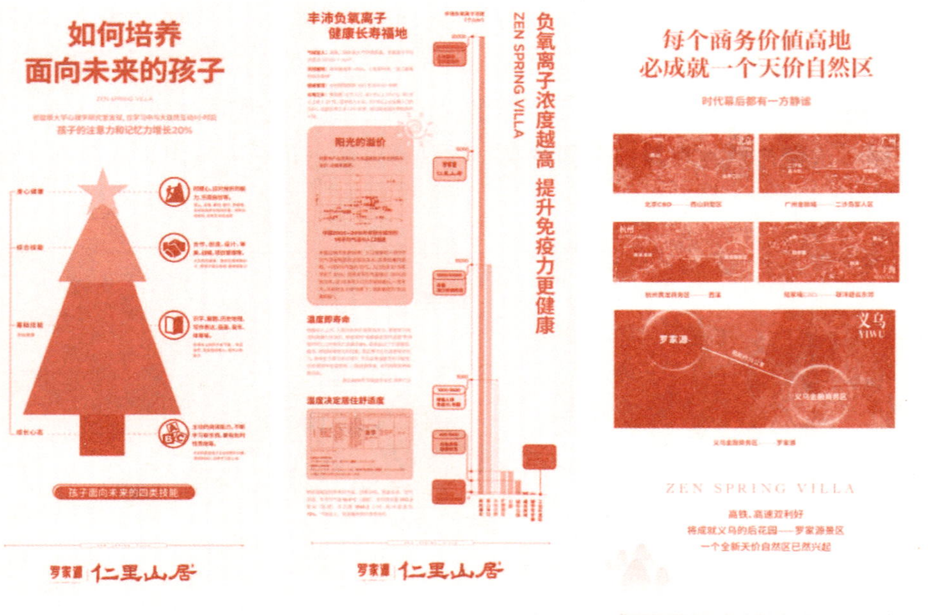

图 3-41-2　仁里山居“灵魂三问”展板（图灵营销作品）

我记得冯唐说过：“普通人想要快速摸清一个行业，成为这个领域的专家，就得想办法搞清楚这个行业的 100 个关键词。”所以，无论哪个行业，想要在有限的时间里入门上道，‘搜’可通用。

还以我个人为例，我曾经跨行业写过一本儿童戏剧教育手册，搜索了 20 多万字的资料，还买了十多本儿童教育书籍和杂志。最终，稿子交付时得到了从业几十年的教育专家的认可。在做汇报时，所在学校的校长当场就将课件拷贝走了，他觉得内容太有价值了，要留着自己用。

我要分享的第二点是答案在客户。

这是把控项目策略方向的，也是找参考资料的前提。如果你都不了解项目，不了解成交客户的购买动机，搜资料无异于大海捞针。只有了解了客户，确定了楼盘卖给谁，才会有针对性地去找资料。

客访是任何时刻都不能停的工作，要么去找置业顾问做访谈，要么直接找客户面谈，只有跟客户打交道多了，才能不断提升自己的判断力。当你越来越懂客户心理时，你的物料内容才更容易写到他们心窝里。

所有信手拈来的从容都不过是厚积薄发的沉淀。

我想分享的第三点是刻意练习，持续改善。

获得了知识，并不代表认知的提升，实践是把知识变成认知最关键的一环。同样地，如果你只知道方法论，而不去实践，充其量只是纸上谈兵。那么，怎么去实践精进呢？

我们都听过 10000 小时定律，但如果只是一个动作自动完成 10000 次、10000 小时，也不一定能成为高手。很多人号称自己有 10 年工作经验，其实，他只是把 1 年的工作经验重复了 10 次而已。重复不会带来进步，真正的进步，来自刻意练习。

所谓的刻意练习，是不断地反馈、调整，每一次都比上一次有进步。举个简单的例子，如果你希望提升摄影水平，只是多花时间练习，效果并不一定好。很多人花费了大量精力在上面，结果很多年过去了，水平还在原地踏步。最有效的方法是确定目标，列好计划，在高手的指导和反馈下精进练习。先做对，再做好，就是刻意练习，就是策略性思考。

在我们这个行业也是如此，熟能生巧的事情不一定会发生，低水平重复却司空见惯。原因就在于我们习惯为了完成工作而工作，不投入任何感情，不想有任何突破，仅以完成、应付为目的。

当然了，销售力物料并不是一劳永逸的，也需要迭代升级，也要有 1.0、2.0、3.0 等版本。一开始，不要苛求完美，差不多了先制作出来用上。随着对项目和客户的了解加深，再随时加入新的内容，设计成展板、手卡。每次更新都是在给置业顾问提供更精准的销售武器。重复提升效率的意义，不是一击必杀，而是让营销正向循环。

这就和丰田生产方式（TPS）的核心精神之一‘持续改善’是一样的，持续改善是建立基准，随时优化补充，但每次都要有进步。丰田的创始人大野耐一有一句非常有名的话：‘晓成事之规律，方持不灭改善心。’持续改善就是知行合一，知行合一就是持续改善。把每个细节做好，把基础夯实，凡事彻底、使劲儿地磨炼，量变就会带来质变。奇迹就是各种小创意积累到一定程度的必然结果。

最重要的是要保持空杯心态，既然学就认真学，既然爱就深入爱，刚开始不要过多追求为什么，用心做就对了。有些客户会夸我们做的物料怎么这么翔实，从哪里获得这么多内容？其实，哪有什么厉不厉害，积累了这么多年的从业经验，参与过这么多项目，看了这么多优秀案例，奔波于全国各地，视野更宏观，资源和经验更多点而已。

还有一点，销售力物料最终还要与销售团队结合，要及时给案场做培训，告诉他们这些物料的目的及用法。可以举办内部销讲比赛，调动置业顾问的积极性。只有销售团队不抗拒，并灵活使用了这个道具，才能更好地传达给客户。

最后总结一下，如果套用肖哥平时给我们讲的‘三观’理论，我刚才讲到的这些书单，还有得到 App 课程，以及心理账户、刻意练习，都是我在使用的中观方法论，访谈客户就是微观客户体感。引入商务价值高地和天价自然区的关系图，这和兰园拿北京中央别墅区来做价值对标如出一辙，都是宏观能力。宏观的视野高度有了，你对项目的价值解读和阐述就不一样了。

总而言之，做好销售力物料没有捷径，多了解项目和客户，多搜集资料，多写多练。无他，刻意练习，唯手熟尔！”

肖受历全程听了赵笑律的分享，并在最后做了总结性的发言：“对于图灵公司而言，最宝贵的财富，就是一路走来你们这些兄弟姐妹们的陪伴。我们笃信方法论可以快速、高效、科学地解决问题，也可以让大家获得更快的进步和成长。比如今天分享的销售力物料，就是我们公司新增加的一个方法论体系，每位公司同事都要迅速了解、熟练掌握，并学以致用。这是基本功，是你们专业能力和价值的体现。

那么，为什么要总结归纳这套销售力物料呢？或者销售力物料到底有什么用呢？

第一，对开发商来说，把这套物料打造成案场的接待标准，就能拉平所有置业顾问的水平差，弥补能力弱的，完善能力强的，甚至还能解决项目招聘难的问题。

刚才分享的这些物料都很直观，客户自己都能看懂。对项目来说，不仅从整体上提高了案场的接待效率，还降低了客户的识别、阅读和理解成本，进而降低楼盘的营销传播成本。而提高效率，就是在帮开发商省钱、赚钱，就是让营销步入正循环，甚至这套物料还能提高分销的效率。

比如，公司合作的一个地市项目采取了降价、激励、上分销的政策，售楼部的来访量也是水涨船高，三个月的时间里分别从 100 多组，增加到 500 多组，又增加到 1000 多组，被分销捆绑得也是越来越紧。但是，我们却通过案场的这套销售力物料，让项目在这三个月的转化率一直都维持在 16% 左右。

第二，对我们自身来说，把这些物料标准化成基本的服务内容，我们的日常工作都参考这个逻辑，不瞎忙，少做无用功，这也能降低大家的工作强度，大家也不用天天苦逼地改稿、返工，反过来还能提升自己的工作效率。既提升了甲方的效率，也提升了乙方的效率，进而提高整个房地产行业的营销效率。各位，这是不是也在给社会做贡献呐。

王志纲老师说：‘生命是一本账。算一年的账，你收获的是生意；算三年、五年的账，你收获的是项目；算十年、八年的账，你收获的是企业；算 20 年、30 年的账，你收获的是一份事业，是一种人生，是一个时代。’

所以，我们不要只盯着眼下的行业动荡，要把眼光放长远一些。只要你对这个行业充满信心，就请坚持下去。如不热爱，就是苦熬；如不热爱，趁早离开。

无论这个行业怎么变，大家都不要过于焦虑，扎扎实实地练好基本功，一步一个脚印地提升自己的能力。因为，唯有能力可以穿越周期，唯有能力可以抵抗一切冲击。”

肖受历拿起马克笔在白板上写下了一句话：

设计，出手就是美
策划，事事讲逻辑
文案，句句有洞察

然后转过身，继续说道：“我们最宝贵的坚守是团队的成长。我希望图灵公司的设计师出手就是美，不要局限于地产圈，其他行业也能驾驭自如；策划要具备营销思维，事事讲逻辑，要站在操盘手的角度去思考问题；文案要句句有洞察，真正懂得客户的心理，写出具有销售力的广告。

我希望每个员工，都经历‘出窍、开窍、归窍’的洗礼，都能成为‘不用扬鞭自奋蹄’的冠军。我希望每个人都能‘三观’傍身，既拥有宏观的视野和高度，又能把中观方法论内化成自己的招数，还具备微观层面感知每一个微小瞬间的能力。我希望每一个图灵人都可以成为真正有价值的人，即使有一天厌倦地产行业了，也可以无视行业和工种，转投品牌、产品等职能，或者自己创业，并依然可以有个不错的收入。

最后，希望大家都可以在这个不确定的时代，创造属于自己的确定性，并向世界交付你的价值。”

分享结束了，肖受历又把赵笑律叫到了办公室。不知道这是第几次了，他们又隔着茶台相视而坐，时间仿佛又回到了赵笑律来面试的那天。茶具、沙发、椅子、书架都没有变，不过又新添了一个书架，早已摆满肖受历新买的书。此时的两个人，也早已没有了当初的陌生和拘谨。肖受历始终没有领导的架子，赵笑律也把他当作老大哥，说话从不避讳。

但是这次，是赵笑律先打破了沉默：“时间过得好快啊，本来计划一年梳理完，没想到这一弄就两年快过去了。”

“慢一点好，结硬寨，打呆仗，慢一点，走得稳，慢一点，反而快。”

“可不是嘛，我这体重也渐长，唉……现在都胖了快 20 斤了。”赵笑律低头拍了拍自己的肚子，无奈地叹口气。

“那都是知识惹的祸，知识能让一个人膨胀。”肖受历不忘调侃赵笑律。

“那也没见你长胖啊，难不成你这一年多都没有学习新知识。”赵笑律不甘示弱地埋汰肖受历。

“我是取其精华，去其糟粕，而且是有选择地吸收消化，你还得多加练习才能融会贯通。”赵笑律见口头上讨不到便宜，只能耸耸肩，不再搭话。说话的间隙，肖受历已经泡好了茶。顿了顿，看着赵笑律说：“说正事啊，销售力物料标准化已经完成了，接下来有什么打算啊”

“打算？”赵笑律没听明白意思，在心里嘀咕：难道要我离职？

肖受历看出了赵笑律的疑惑，补充道，“要不要再考虑个新的选题？”

赵笑律长舒了口气，说道：“销售力物料只是 1.0 版本，我寻思着后期有新的内容了，再及时升级优化。另外，我想整理一下营销方法论，尤其是关于商业的。”

肖受历点点头，“营销方法论是个大工程，这个不急，慢慢来。”说罢抿了口茶：“而且，你只看理论，没有案例，没有实操，容易绕弯路，做无用功。”

“也是，那肖哥，你有什么想法？”

“要不要跟我一起梳理一下公司的营销案例？这些年，我们也积累了好些案例了，找出十个有代表性的，值得好好复盘一下。”

“好，这个我特别愿意，有你作为激励，我就不孤独了，就更有动力写了，哈哈！”赵笑律立马来了兴趣。

“那就这么定了，下一本书就是图灵公司十大营销案例。”

“好的，肖哥，乐意参与！”

“来，喝茶！”

房地产营销工具箱

工具 1 创意之前找参考，搜尽奇峰打草稿。知识储备，是决定销售力物料内容好坏的最关键因素。

工具 2 搜索真的没有捷径，都是一点一点地查、找，同时参考大量方法论，慢慢积累的。

工具 3 客户调研是一门艺术，三观越修，访的质量就越高。

工具 4 持续改善是建立基准，可以随时优化补充，每次都能获得进步。重复提升效率的意义不是一击必杀，而是让营销正向循环。

工具 5 唯有能力可以穿越周期，唯有能力可以抵抗一切冲击。设计，出手就是美；策划，事事讲逻辑；文案，句句有洞察。

42. 认知差距——你永远做不好认知以外的营销

两个故事，到此就结束了。这本书到底想说什么？

第一，我们践行、检验了一些比较普遍存在的“认知差距”，即行业普遍存在的惯性动作是不科学的，把这些不科学的做科学了、做对了，就能赚到超过行业平均水平的收益。

第二，由于房地产行业具有大宗商品交易的特性，这些“认知差距”对企业收益总额的影响巨大。

第三，这些“认知差距”既简单，又复杂。简单在于本书所有内容都有理论依据，前人已经充分地提炼总结；复杂在于超出了许多从业者的认知惯性，看起来“太慢了”，还是要坚持琢磨“放大招”。这份复杂性进一步巩固了“认知差距”的存在，最终短视者被分销“绑架”，长期主义者成为时间的朋友。

第四，“超级案场”是一切问题的杠杆解，重量级永远排在第一位。

这里，我想再花点篇幅拆解一下全书内容。

第一，广告不一定失效，被分销“绑架”可能是咎由自取。

这里讲的“广告”，不仅指狭义上的线下、线上广告，也指各种活动中的“非渠道”营销费用。比如线上广告，我们亲历多次，听同行讲今日头条广告投放没效果。

我在序言中提过，书中案例是由若干个真实案例汇总加工而成，兰园项目原型中的一个，就经历过这个问题。该项目曾经投放过今日头条的信息流广告，但是因为沿用行业高调性的惯用手法，没有匹配到对位客群，导致投出的广告完全无效。我们用了三个月，才说动这个项目的老板，用本书中的方法再次投放今日头条。至今，该项目已经在今日头条连续投放近两年，投放内容也根据成交客户分析的画像不断更新，越积累越精准，目前带来的成交量与渠道分销平分秋色。由于兰园是别墅项目，高总价，所以今日头条成交的费效比甚至优于渠道分销。

线上曝光量增加，投放内容匹配目标客群，给该项目带来的附加好处是，渠道分销带访的积极性提高，现在看来，都是“七次曝光”理论使然。还有个好处，就是置业顾问招聘问题、积极性问题都迎刃而解了。这个项目现在的年销售额是之前的近 10 倍（原来两年才卖了不到 10 套）。

能让“无效”的广告变成“有效”的广告，除了广告力提升之外，也归因于我们将“超级案场”系统落地，内部转化率提升和外部广告力提升产生了化学反应，扭转了整个项目的态势，转动了项目的增长飞轮。

第二，将超级案场落地执行，让企业获利丰厚。

飞轮转动后，该项目年度回款额增长了 3.15 亿元，营销费率从 12% 降至 3%，节省资金成本高达 3150 万元。见表 3–42–1 所示。

表 3–42–1 执行超级案场后，项目节省的资金成本 单位：万元

	套总价	套数（套）	回款	分销			广告投入	案场年固定成本（20 万元 / 月）	年度营销费用	营销费率	节省资金成本（融资成本按年化 10% 计算）
				分销成交套数（套）	佣金比例	分销佣金					
前一年	700	5	3500	5	5%	175	0	240	415	12%	
超级案场（合作当年）	700	50	35000	20	5%	700	100	240	1040	3%	3150

如果兰园项目当初没有选择我们的超级案场服务，而是通过提高分销佣金的方式，将佣金由 5% 提高到 10%，借此拉动分销的积极性，那么对比实际情况就会发现，该项目将增加 2700 万元营销费用，营销费率会达到 11%。见表 3–42–2 所示。

表 3–42–2 提高分销佣金后，项目增加的营销成本 单位：万元

	套总价	套数（套）	货值	分销			广告投入	案场年固定成本（20 万元 / 月）	年度营销费用	营销费率	节省资金成本（融资成本按年化 10% 计算）
				分销成交套数（套）	佣金比例	分销佣金					
前一年	700	5	3500	5	5%	175		240	415	12%	
超级案场	700	50	35000	20	5%	700	100	240	1040	3%	3150
提高分销佣金	700	50	35000	50	10%	3500	0	240	3740	11%	3150

在实际情况中，一个销售遇阻的项目，即使大幅提升了佣金比例，也很

难撬动分销的积极性，因为分销的积极性是由佣金点位、结佣速度和成交难度综合决定的。

另外，如果项目采取降价 10% 的策略，并保持分销佣金 5% 不变，即使可以达成 50 套的销售目标，也将折损 3500 万元货值，并增加 775 万元营销费用。见表 3–42–3 所示。

表 3–42–3　分销佣金不变，项目降价所增加的营销费用　　单位：万元

	套总价	套数（套）	货值	分销			广告投入	案场年固定成本（20万元/月）	年度营销费用	营销费率	节省资金成本（融资成本按年化10%计算）
				分销成交套数（套）	佣金比例	分销佣金					
前一年	700	5	3500	5	5%	175		240	415	12%	
超级案场	700	50	35000	20	5%	700	100	240	1040	3%	3150
降价 10%	630	50	31500	50	5%	1575	0	240	1815	6%	2800

通过上述三种情况对比发现，“认知差距”的变现价值一览无余，而超级案场服务（含推广提升）的成本也不过几十万元，放在这个项目上，就相当于两三套房子的分销费用而已。

这还只是单一项目，如果考虑集团公司的所有项目，整体与行业平均水平拉开了“认知差距”，将会产生多少收益呢？

第三，一时被分销绑架不可怕，可怕的是失去了未来的可能性。

分销绑架这事，可以用这几个词语描述：饮鸩止渴、一锤子买卖、寅吃卯粮。

饮鸩止渴是说单一依赖分销有毒，负作用很多。比如，把推广、活动、自渠都砍了，这不是人家分销要绑架你，而是你自己卸下铠甲，把自己绑结实了，然后把自己送给人家。又比如，多数企业执行“分销带访成交的客户，置业顾问佣金打折”的政策，这就会导致有真本事的置业顾问赚不到钱，那么他凭什么给你干？“销冠”永远都抢手，选择多得很，这也印证了劣币驱逐良币的道理。

一锤子买卖是指钱花了，但是只管一次用，未来的销售工作该难还是难，并不会因为当下花出去了天价的分销费用而有所好转。

寅吃卯粮指的是将全案营销预算提前用完，后面完全没有腾挪空间，只

能听天由命了。

这里还是以上文提到的兰园项目原型之一为例。项目飞轮转动起来以后，推广、扩充了成交渠道，跟分销也良性合作着，同时，又发现了另外一条通道——做样板间。在逐渐积累了一定量的成交业主后，通过对业主的深入访谈，我们发现项目一开始对目标客群的假设就错位了，导致最早的几个样板间完全没有描述出业主向往的生活场景。

比如，样板间一层做了老人房，地下二层做了一个冷库，摆着红酒、雪茄。实际访谈业主时发现，三代同堂是一类明显客群，他们普遍表示一层的餐厅太小了，从平层搬出来就想要个大圆桌，享受每天一大家人围坐用餐其乐融融的感觉。所以，业主装修时会果断舍弃老人房，从而扩大餐厅的空间。同时，地下二层最打动他们的是冷库可以用来储藏一家人的食材，因为家里有小孩，对食材的丰富程度和安全性等要求都很高。

于是，该项目按照几类成交客群的需求，重新做了几个样板间。是的，不是一个，而是几个。因为新样板间不仅展示效果好，更打动客户，甚至有的客户图省事，干脆买了后来做的样板间，直接入住了，这样的样板间也成了“精装房”的补充。

不断更新对目标客群的理解，不断做新样板间，使项目进入了一个良性循环，项目的飞轮转得更快了。如果当初项目被迫以降价、提高分销佣金来破局，就不会有后面这些动作的可能性了。

第四，杠杆解——超级案场做好了，多数问题迎刃而解。

超级案场营销体系有以下几个特点：

首先，在营销链条上，它是最关键的瓶颈。如果转化率做不好，去谋求推广效果也好、分销带访也好、案场积极性也好、公司支持力度也好，都会事倍功半。

其次，超级案场体系需要的费用微乎其微。躬身入局从微观洞察客户，积累中观方法论去解读、挖掘、设计项目的价值，同时，通过可视化物料拔高、拉平一线销售人员整体的接待质量，这些都约等于不用花钱的营销动作。

最后，超级案场是杠杆解。看似纷繁复杂的分销合作、推广效果、团队士气等问题，一旦从超级案场着手了，就会迎刃而解；活得还不错的项目，如果做好了超级案场，就能将以上问题防患于未然。

通过 TOC 分析发现，超级案场就是项目营销的关键瓶颈和杠杆解。我们应该在此屏蔽废动作，发动饱和攻击，坚信慢一点反而快，踏踏实实做好细节，而不是瞎折腾。

当飞轮转动时，一切资源都会向我们靠拢，飞轮越转越快，时间就成了我们的朋友。而瞎折腾的人，还在原地踏步。

人名释义

肖受历——销售力

赵笑律——找效率

刘　白——留白

梅　哲——没辙

夏　芒——瞎忙

崔　华——催化（营销催化剂）

龚　深——躬身（躬身入局）

郝　好——好好（口头禅）

吴　勇——无用

郑寻欢——正循环

参考文献

1. [以] 艾利 · 高德拉特，[美] 杰夫 · 科克斯 . 齐若兰，译 . 目标（第 3 版）[M] . 北京：电子工业出版社，2019.

2. 华杉，华楠 . 超级符号就是超级创意 [M] . 南京：江苏凤凰文艺出版社，2019.

3. 华杉，华楠 . 华与华方法 [M] . 上海：文汇出版社，2020.

4. [美] 克劳德 · 霍普金斯 . 李宙，章雅倩，译 . 科学的广告 + 我的广告生涯 [M] . 长春：北方妇女儿童出版社，2016.

5. [美] 大卫 · 奥格威 . 林桦，译 . 一个广告人的自白 [M] . 北京：中信出版社，2015.

6. 吴军 . 吴军阅读与写作讲义 [M] . 北京：新星出版社，2021.

7. [美] 艾 · 里斯，[美] 杰克 · 特劳特 . 邓德隆，火华强，译 . 定位——争夺用户心智的战争（经典重译版）[M] . 北京：机械工业出版社，2021.

8. [美] 劳拉 · 里斯 . 寿雯，译 . 视觉锤——视觉时代的定位之道（珍藏版）[M] . 北京：机械工业出版社，2020.

9. [美] 乔纳 · 伯杰 . 乔迪，王晋，译 . 疯传——让你的产品、思想、行为像病毒一样入侵 [M] . 北京：电子工业出版社，2020.

10. [美] 奇普 · 希思，[美] 丹 · 希思 . 姜奕晖，译 . 让创意更有黏性——创意直抵人心的六条路径 [M] . 北京：中信出版社，2014.

11. [美] 奇普 · 希思，[美] 丹 · 希思 . 靳婷婷，译 . 行为设计学：打造峰值体验 [M] . 北京：中信出版社，2018.

12. 何帆 . 变量——本土时代的生存策略 [M] . 郑州：大象出版社，2021.

13. 何帆 . 变量 4——大国的腾挪［M］. 北京：新星出版社，2022.

14.［日］仁科贞文，［日］田中洋，［日］丸冈吉人 . 广告心理［M］. 北京：外语教学与研究出版社，2008.

15. 陈勇 . 超级转化率——如何让客户快速下单［M］. 北京：中信出版社，2019.

16. 陈利文 . 房地产营销 19 讲——战略、术法与生命的意义［M］. 广州：广东经济出版社有限公司，2010.

17. 陈利文 . 地产销售 4.0——思维、标准与技术要点［M］. 北京：中国经济出版社，2020.

18. 郑振飞 . 地产操盘手——房地产营销策划关键环节与实战案例［M］. 北京：中国经济出版社，2020.

19. 史玉柱 . 史玉柱自述——我的营销心得（剑桥增补版）［M］. 上海：文汇出版社，2017.

20.［美］罗宾 · 威廉姆斯 . 苏金国，李盼，等，译 . 写给大家看的设计书（第 4 版）［M］. 北京：人民邮电出版社，2020.

21.［美］罗伯特 · 西奥迪尼 . 闾佳，译 . 影响力（全新升级版）［M］. 北京：北京联合出版有限公司，2021.

22.［美］诺瓦 · 戈尔茨坦，［美］史蒂夫 · 马丁，［美］罗伯特 · 西奥迪尼 . 符李桃，译 . 说服——如何赢得他人的信任与认同［M］. 北京：中信出版社，2018.

23. 王志纲 . 王志纲论战略——关键阶段的重大抉择［M］. 北京：机械工业出版社，2021.

24. 王志纲 . 走向泛地产［M］. 厦门：鹭江出版社，2015.

25.［美］丹尼尔 · 卡尼曼 . 胡晓姣，李爱民，何梦莹，译 . 思考，快与慢［M］. 北京：中信出版社，2012.

26. 江南春 . 人心红利——存量博弈下的企业增长方法论［M］. 北京：中信出版社，2020.

27. 叶茂中 . 冲突（第 2 版）［M］. 北京：机械工业出版社，2019.

28. 叶茂中 . 广告人手记［M］. 北京：北京联合出版公司，2016.

29. [荷] 柏唯良 . 朱宇，译 . 细节营销 [M] . 北京：机械工业出版社，2009.

30. 吴昊 . 需求制造——让产品畅销的方法 [M] . 广州：广东经济出版社，2018.

31. 吴昊 . 生活方式——房地产的社会价值 [M] . 广州：广东经济出版社，2020.

32. 孟庆祥 . 华为饱和攻击营销法 [M]. 北京：北京联合出版公司，2021.

33. 刘鑫 . 走向科学的地产营销 [M]. 广州：碧桂园，2018.

参考的得到 App 上的课程：

1. 梁宁产品思维 30 讲
2. 梁宁增长思维 30 讲
3. 刘润 5 分钟商学院 · 基础
4. 刘润 5 分钟商学院 · 实战
5. 刘润 · 商业洞察力 30 讲
6. 跟华杉学品牌营销 30 讲
7. 华杉讲透孙子兵法 30 讲
8. 汪志谦 · MOT 体验设计课
9. 郝广才 · 创意思维课
10. 跟郑征学销售：怎样赢得客户信任
11. 跟张威华学销售：高效成交的 8 个节点
12. 跟叶云燕学保险销售：6 个快速成交法
13. 跟张磊学做 ToB 销售
14. 跟张弛学市场调研
15. 贝壳 · 怎样做好房产经纪人
16. 王志纲年度报告 · 2021
17. 何帆报告 2021—2022
18. 如何培养面向未来的孩子
19. 如何培养亲近自然的孩子

参考的微信公众号：

刘润、华与华、小马宋、李叫兽、智纲智库、观念研究院、真叫卢俊、德科地产频道、孙长毅

附　录
图灵营销介绍

以终为始，死磕营销。

图灵营销信奉“营销是科学”，擅长用方法论解决营销问题，是一个能够瞄准结果定策略的推广团队，是甲方操盘手的左右脑，可能是郑州最具营销思维的广告公司。

图灵营销价值观：精进学习 闻过则省 反求诸己 长期主义

图灵营销使命：营销力让商业体验更美好

图灵营销服务内容：前期定位 营销顾问 大包代理 地产推广 品牌咨询

图灵营销工作路径：

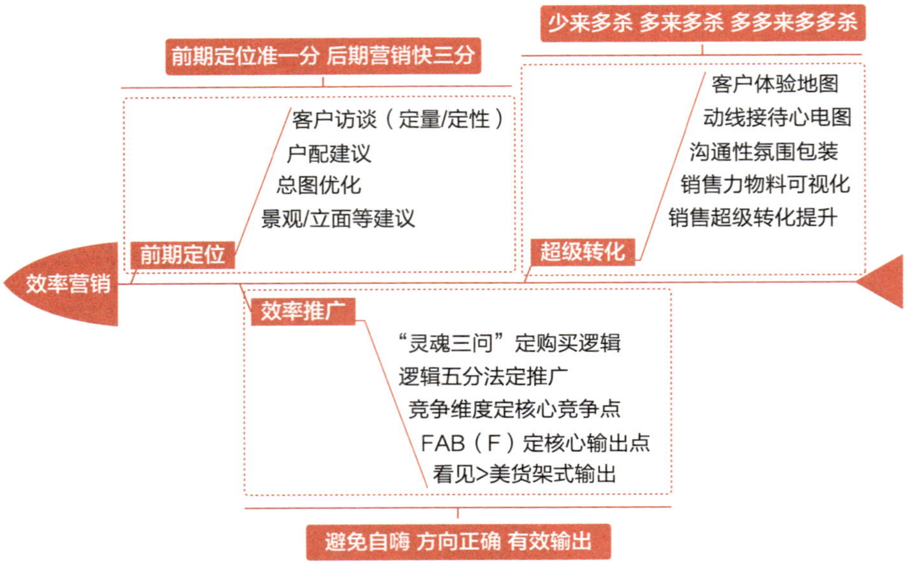

图灵营销超级案场专项服务

前置工作模块 客户访谈、项目分析	1. 成交客户分类画像（分类别客户需求、家庭结构、关注点） 2. 项目量价结构分析（推货结构、定价策略、竞品点对点） 3. 团队接待能力分析（性格测试、率值分析、团队管理分析）
产品展示模块 决策购买、逻辑沟通	1. 购买逻辑销讲 2. 分客群金句说辞 3. 成交客户白皮书 4. 区位图展现升级 5. 沙盘讲解辅助优化 6. 户型讲解场景优化 7. 样板间体验优化 8. 项目讲解白皮书
氛围营造模块 动心起念、情绪沟通	整个客户来访动线中的心理脉动沟通设计 阵地—停车—进门前—讲解区—样板区—延伸动线……
团队战力模块 拉平智商差、拉升群体表现	1. 超级销讲夹 2. 底层培训提升，包括 DISC、影响力、心理账户 + FAB 话术、长期主义的销售心法、金字塔式说辞沟通、如何打造朋友圈 3. 对练—实操—考核—优化—提升

后　记
慢下来，更精细

高周转时代因为“快”的要求，除了营销内功变弱了，更大的弊端是，土地研判和产品设计的草率，这两者如果出“错”，会有非常严重的后果。

有时大企业出于抢运营节点的考虑，小公司出于省钱的考虑，都在前期定位调研走形式，甚至干脆不做，靠标准化、靠拍脑袋。

某 TOP 房企，在集团标准化的指导下，在四线城市做出了 95 平方米的洋房，占洋房总套数的一半。规划这类户型的动机是控面积、控总价。这样的规划在一线城市或许没问题，但居然标准化到了一个四线城市。结果刚需客户不买，改善客户看不上。怎么办呢？除非降价到接近高层。

这就是省了不该省的时间，结果虽然抢回了那一星期、半个月的运营节点，却将项目的销售周期拉长了一年甚至两年。省了不该省的钱，结果把产品做错位，少花那十几万元的调研费，却损失掉几亿元的货值或资金成本。

一个人失败的原因往往是他之前成功的原因。企业也是。2021 年倒下的企业，大都是“高周转”的极致拥趸。抛弃成功的经验，重新审视自我，无疑是一件很困难的事。地产行业的变革，需要从业者花很长时间去适应。

我还有另外一个身份：DISC 认证讲师。

作为个体，人是复杂多变的；当人作为群体的一员时，就非常容易被理解。总的来说，人有 D（老虎）、I（孔雀）、S（猫头鹰）、C（考拉）四种行为风格。

如果从 DISC 角度去看地产人，也会得到从“快”到“慢”会非常不适应的结论。

DISC性格模型

扫码关注李海峰DISC

在DISC行为风格模型中，D行为风格，果敢勇猛，积极进取，行动迅速，这正是“高周转”时代总经理、土地投拓、营销这三个岗位需要的特质。而D行为风格的人会遇到的挑战，或者说他们的弱势，正是硬币的反面：急于求成，少耐心，少谋划。所以，会出现大量的短视、不耐，项目遇阻时会频繁换人，招聘时迷信成功履历，操盘时追求放大招。D行为风格的这些特质，将会成为他们在地产“慢时代”的巨大挑战。

“快时代”精耕细作，运筹帷幄的C行为风格，一直被D行为风格压制。接下来，C们出头的机会会变多。当然了，缺少方法论的C即使想的多，可能也只会挑刺、犹豫，甚至成为杠精。而 D，如果内化了足够多的方法论，就能做到果断地做出正确判断，而非武断地一意孤行。

曾经的行业形势，筛选、塑造、成就了适应它的人，而从黑铁时代开始，新的行业形势，会重新选择能够适应它的人。过往的成功者，如果不去努力拥抱变化，去辛苦地调整自己，注定会被抛弃。

本书提及了营销环节的很多科学理论，很多细致操作。如果把动作耐心做对了，就可以不依赖分销或者顺畅合作了。不去做这些“长效”的“慢”的事，就只能降价，只能被分销绑架。

如果你是一名高层管理者，甚至是老板，在你决定是否要降价，是否大幅提高分销佣金前，不妨先以此书为清单标尺，认真审视一下自己的项目，基本功是否做对了，做到位了。如果等到项目出现重大问题再想办法解决问题，终归是下下策。以终为始，步步为营，才是最优解。

扁鹊三兄弟。扁鹊名声最大，以救治病危之人成名。二哥在病人有微小症状之时，治表症，并灭病根。大哥最牛，遇病人，有恶疾隐患尚无显状，即化之。大哥医术最强，二哥次之，扁鹊本自认是家族里医术最拉垮的，却也是家族中唯一千古流芳的。可见“眼窝子浅”“不见棺材不落泪”等种种，顺应人性，亘古不变。

如今，我的公司也在挣“扁鹊”的钱。我内心却感慨，大哥、二哥医术更高。奈何“病人”只愿为临危付费，却不识大哥二哥的价值。

孙子曰：“故善战者之胜也，无智名，无勇功。”踏踏实实地把事做好了，就没有英雄拯救危难的戏码了。真正牛逼的人，用不着，也没机会留下声明，因为所有的“患”已经“防于未然”了。

图灵营销的核心方法论，半数以上在这本书中已经和盘托出了。有缘读者可以自己修，自己做。当然，图灵也欢迎合作，跟合作伙伴一起，以战养兵。

这是一个多么坏的时代，多少地产从业者彷徨失措；这又是一个多么好的时代，褪去的潮水，扒掉了乘风划水者的底裤，让他们裸泳，也让真正的价值浮出水面。

图灵营销　杨涛

致　谢

一事的成功，须仰仗许多缘分，这本书的完成，也不例外。

首先，要感谢陈利文老师的无私推荐，我们得以与中国经济出版社建立连接。其次，要感谢葛晶老师及其团队，他们对本书的排版、编校、设计等环节投入了大量心血，字斟句酌，为本书增色不少。因为有他们，这本书才得以顺利出版、发行。再次，要感谢图灵营销的所有同事，尤其是杨鹏飞对文中配图的大力支持。最后，要感谢所有为本书写推荐语的老师们，他们是（排名不分先后）：

小丰（《小丰现代汉语广告语法辞典》/《七宗醉》作者）
苏绪柒（地产自媒体人）
路应刚（地产自媒体人）
黄章林（品牌营销专家/阿那亚研究会召集人/文旅学盟首席培训师）
程鸿蔚
郑振飞（山东新智盟地产策略机构董事长/《地产操盘手》作者）
刘显才（九龙辰品创始人）
曾筱静（地产抖音大V）
郭文青（向前一步文化传播创始人）

很多老师我都素未谋面，只是厚着脸皮在微信上联系了他们，他们却不吝笔墨，诚心推荐。同时，杨涛老师的一些朋友也为本书提供了诚恳且宝贵的建议，并真诚推荐，他们是（排名不分先后）：

王勐（中骏集团执行总裁）

陈硕（远洋秦皇岛项目群营销总监）

蔡雪梅（E–lab创始人）

林暾（上海菩悦资产运营中心总经理）

刘垚（中建玖合地产集团营销总监）

张智晴（鸿坤集团营销负责人）

当然，这里还要感谢所有合作过的开发商，因为你们的信任和认可，我们得以将这些营销方法进行实践，并整合成案例，实现与你们的合作共赢。

有这许多自发的至诚，鞭策我们加倍努力，谨在此一并表示深切的感谢。